“十四五”国家重点出版物出版规划项目

航海导航技术系列丛书

航海导航仪器制造技术

The Manufacturing Technologies of Maritime Navigation Instruments

丛书主编 赵小明

高焕明 忽敏学 李立杰 郭路宝 等编著

国防工業出版社

·北京·

内 容 简 介

本书主要针对航海导航仪器结构及需求特点，在总结多年科研生产经验与成果的基础上，介绍了航海导航仪器主要制造技术及特点、计量技术及特点和多余物控制技术，并对新工艺应用进行了展望。全书共9章，第1章概述航海导航仪器结构特点、制造技术特点及其发展历程；第2章简要介绍航海导航仪器常用材料及其应用；第3章介绍航海导航仪器精密加工技术特点及其主要应用；第4章介绍航海导航仪器粘接与灌胶技术特点及其主要应用；第5章介绍航海导航仪器特种制造技术特点及其主要应用；第6章介绍航海导航仪器多余物控制技术；第7章介绍航海导航仪器精密测量技术；第8章介绍航海导航仪器精密装配技术及其主要应用；第9章对新技术在航海导航仪器中的应用进行了介绍及展望。

本书的特点是注重理论分析与工程实践相结合，并给出了实际案例，可供航海导航仪器制造领域的科研和管理人员、从事航海导航仪器制造技术研究的工程技术人员，以及高校相关专业的研究生、本科生参考。

图书在版编目（CIP）数据

航海导航仪器制造技术 / 高焕明等编著. — 北京：国防工业出版社，2025. 6. — ISBN 978-7-118-13730-9

Ⅰ. U666. 1

中国国家版本馆CIP数据核字第2025AM7868号

※

国防工業出版社 出版发行

（北京市海淀区紫竹院南路23号　邮政编码100048）

雅迪云印（天津）科技有限公司印刷

新华书店经售

*

开本 710×1000　1/16　**印张** 13¾　**字数** 270千字

2025年6月第1版第1次印刷　**印数** 1—1500册　**定价** 158.00元

国防书店：（010）88540777　书店传真：（010）88540776

发行业务：（010）88540717　发行传真：（010）88540762

“航海导航技术系列丛书”编委会

《航海导航仪器制造技术》编写组

主　　编　高焕明

副 主 编　忽敏学　李立杰　郭路宝

参编人员　王宪云　胡　勇　张青青　陈　祝

　　　　　侯文超　程　雷　尹　滦

丛书序

地球表面71%是蓝色的海洋，海洋为人类的生存和发展提供了丰富的资源，而航海是人类认识、利用、开发海洋的基础和前提。从古至今，人类在海洋中的一切活动皆离不开位置和方向的确定——航海导航。

21世纪是海洋的世纪，国家明确提出了建设海洋强国的重大发展战略，提高海洋资源开发能力，发展海洋经济，保护海洋生态环境，坚决维护国家海洋权益，建设海洋强国。随着海洋资源探查、工程开发利用、环境保护、远洋运输等海洋经济活动不断走向深海和远洋，海洋权益的保护也需要强大的海上力量。因此，海工装备、民用船舶及军用舰艇都需要具备走向深远海的能力，也就对作为基础保障能力的航海导航提出了更高的要求。航海导航技术的发展与应用将成为支撑国家海洋战略的关键一环。

近年来，基于新材料、新机理、新技术的惯性敏感器件不断涌现，惯性导航、卫星导航、重力测量、舰艇操控、综合导航等技术均取得了突飞猛进的发展。“航海导航技术系列丛书”紧跟领域新兴和前沿技术及装备的发展，立足长期工程实践及国家海洋发展战略对深远海导航保障能力建设需求，凝聚了天津航海仪器研究所编写人员多年航海导航相关技术研究成果与经验，覆盖了海洋运载体航海导航保障所涉及的运动感知、信息测量与获取、信息综合、运动控制等全部流程；从理论和工程实现的角度系统阐述了光学、谐振、静电等新技术体制惯性敏感器及其航海惯性导航系统的原理技术及加工制造技术，基于惯性、水声、无线电、卫星、天文、地磁、重力等多种技术体制的导航技术以及综合导航系统技术、航海操纵控制理论和技术等；以基础性、前瞻性和创新性研究成果为主，突出工程应用中的关键技术。

丛书的出版对导航、操纵控制等相关领域的人才培养很有意义，对从事舰船航海导航装备设计研制的工业部门、舰船的操纵使用人员以及相关领域的科技人员具有重要参考价值。

印春明

2024年1月

前　言

本书主要供航海导航仪器制造有关专业工程技术人员参考，其编撰目的是使从事航海导航仪器制造技术研究和设计的工程技术人员较系统地了解航海导航仪器的主要结构特点、材料特点及制造技术特点，在工程实践中，掌握航海导航仪器的基本制造方法。

全书围绕航海导航仪器典型制造技术这一中心，针对航海导航仪器典型产品对象，通过分析航海导航仪器结构特点及其材料特点，结合航海导航仪器主要制造方法及特点、计量技术及特点和多余物控制技术，对航海导航仪器制造技术进行总结，并使其具有一定的系统性。对于专业理论和一般教科书中讲述较多的理论推导问题，本书不作详述，以引用为主，编著的重点是理论应用和工程实践。

全书共 9 章，第 1 章概述航海导航仪器结构特点、制造技术特点及其发展历程；第 2 章简要介绍航海导航仪器常用材料及其应用；第 3 章介绍航海导航仪器精密加工技术特点及其主要应用；第 4 章介绍航海导航仪器粘接与灌胶技术特点及其主要应用；第 5 章介绍航海导航仪器特种制造技术特点及其主要应用；第 6 章介绍航海导航仪器多余物控制技术；第 7 章介绍航海导航仪器精密测量技术；第 8 章介绍航海导航仪器精密装配技术及其主要应用；第 9 章对新技术在航海导航仪器中的应用进行了介绍及展望。各章之间在系统上相互联系，又具有相对的独立性，读者可根据需要选读其中的部分内容，供工程实践时参考。

本书由高焕明任主编，忽敏学、李立杰、郭路宝任副主编。其中：第 1 章由高焕明、李立杰编写；第 2 章由李立杰、高焕明编写；第 3 章由王宪云、胡勇、程雷、李立杰编写；第 4 章由张青青、侯文超编写；第 5 章由郭路宝、张青青、胡勇编写；第 6 章由忽敏学编写；第 7 章由陈祝编写；第 8 章由胡勇、侯文超、程雷编写；第 9 章由尹滦、李立杰编写。在编写过程中，得到了天津航海仪器研究所广大工程技术人员的支持与协助，聂鲁燕、陈文博、蒋效雄、马明山、陈鹏、朱学毅、付天章、徐海辉、郑林等提供了部分材料，王永康、李锦昶参与了本书部分内容的校对工作，在此对各位同事的支持与帮助深表感谢！

由于编写时间和编者的水平所限，书中疏漏和不妥之处敬请读者指正！

编著者

2024 年 12 月

目 录

第1章 概述 001

1.1 航海导航仪器结构特点 001

1.2 航海导航仪器制造技术及特点 002

1.2.1 航海导航仪器制造技术 002

1.2.2 航海导航仪器制造技术特点 003

1.3 航海导航仪器制造技术发展历程 005

参考文献 007

第2章 航海导航仪器常用材料及加工特点 008

2.1 概述 008

2.2 铝合金材料及加工特点 008

2.2.1 常用铝合金材料 008

2.2.2 铝合金的加工特点 008

2.3 钛合金材料及加工特点 010

2.3.1 常用钛合金材料 010

2.3.2 钛合金材料的加工特点 011

2.4 钢结硬质合金 GT35 材料及加工特点 012

2.4.1 钢结硬质合金 GT35 材料特点 012

2.4.2 钢结硬质合金 GT35 材料加工特点 013
2.5 磁性材料及加工特点 013
2.5.1 软磁合金材料及加工特点 013
2.5.2 软磁铁氧体材料及其加工特点 015
2.5.3 永磁合金材料及加工特点 016
2.6 工程陶瓷材料及加工特点 018
2.6.1 氧化铝陶瓷 019
2.6.2 云母基可加工玻璃陶瓷 020
2.7 石英玻璃材料及加工特点 021
2.7.1 石英玻璃材料特点 021
2.7.2 石英玻璃加工特点 023
2.8 低膨胀合金材料及加工特点 024
2.8.1 低膨胀合金材料种类及特点 024
2.8.2 低膨胀合金材料加工特点 026
2.9 铝基复合材料及加工特点 026
2.9.1 铝基复合材料的性能 026
2.9.2 铝基复合材料的加工特点 027
参考文献 029

3
第3章 精密加工技术 030
3.1 概述 030
3.2 精密车削技术 033
3.2.1 精密车削的特点 033
3.2.2 典型零件车削工艺 034
3.3 精密铣镗技术 039
3.3.1 精密铣镗加工技术要点 039
3.3.2 典型零件铣镗工艺 040

3.4 精密磨削技术 050
3.4.1 精密磨削技术要点 050
3.4.2 典型零件磨削工艺 052
3.5 研磨技术 060
3.5.1 研磨技术要点 060
3.5.2 典型零件研磨工艺 063
3.6 抛光技术 067
3.6.1 抛光技术要点 067
3.6.2 典型零件抛光工艺 068
参考文献 074

4 第4章 粘接与灌胶技术 075

4.1 概述 075
4.2 粘接技术 076
4.2.1 常用胶黏剂及特点 076
4.2.2 配胶工艺及要求 077
4.2.3 典型连接形式及粘接工艺 078
4.3 灌封技术 079
4.3.1 常用灌封材料及特点 079
4.3.2 常用灌封材料 079
4.3.3 常用灌封方式 081
4.3.4 典型零件灌封工艺 082
参考文献 086

5 第5章 特种制造技术 087

5.1 概述 087

5.2 热处理技术 087
5.2.1 钢的热处理 088
5.2.2 铝合金的热处理 089
5.2.3 钛合金的热处理 090
5.2.4 功能合金的热处理 091
5.2.5 GT35 钢结硬质合金的热处理 096
5.3 镀覆技术 100
5.3.1 镀覆技术简介 100
5.3.2 电镀技术 101
5.3.3 金属转化膜技术 105
5.4 镀膜技术 110
5.4.1 镀膜技术简介 110
5.4.2 石英玻璃镀膜方法 112
参考文献 115

6 第6章 航海导航仪器多余物控制技术 116

6.1 导航产品多余物概述 116
6.2 惯性元件结构特点与典型多余物问题 118
6.2.1 液浮陀螺仪多余物 118
6.2.2 动压电机多余物 120
6.2.3 石英加速度计多余物 123
6.2.4 多余物影响机理研究 125
6.3 多余物预防和控制 128
6.3.1 多余物预防管理 128
6.3.2 多余物检测试验技术 128
6.3.3 多余物预防和控制措施 130
6.4 多余物去除 133
6.4.1 多余物去除方法 133

6.4.2 多余物清洗技术 136
参考文献 143

7
第7章 精密测量技术 144
7.1 概述 144
7.2 尺寸测量的常用方法 144
7.2.1 长度尺寸测量 144
7.2.2 内径测量 145
7.2.3 外径测量 147
7.2.4 常用的非接触式测量 148
7.3 形位精度测量的常用方法 150
7.3.1 平面度测量方法 150
7.3.2 圆度测量方法 151
7.3.3 平行度测量方法 152
7.3.4 垂直度测量方法 152
7.3.5 同轴度测量方法 154
7.4 表面粗糙度测量的常用方法 156
7.4.1 常用的仪器和方法 156
7.4.2 方法选择原则 156
7.4.3 比较样块触觉比较法 157
7.4.4 小型粗糙度检查仪测量 157
7.4.5 轮廓仪测量 157
7.5 球体类零件的精密测量方法 158
7.5.1 干涉显微镜测量 159
7.5.2 三坐标机测量球面 161
7.5.3 典型球类零件的精密测量 163
参考文献 164

8 第8章 精密装配技术 165

8.1 概述 165

8.2 惯性平台装配技术 166

8.2.1 轴系径向、轴向定位技术 166

8.2.2 基准标定技术 166

8.2.3 轴系静平衡技术 167

8.3 液浮陀螺装配技术 168

8.3.1 浮子组件静平衡技术 168

8.3.2 磁悬浮元件干态调整技术 170

8.3.3 充液技术 171

8.4 动压电机装配技术 172

8.4.1 总装及测试工艺流程 172

8.4.2 总装及测试技术 174

8.5 石英摆片加速度计装配技术 176

8.5.1 摆部件装配技术 177

8.5.2 敏感表芯低应力焊接技术 178

8.5.3 密封与气密性检测技术 180

8.6 静电陀螺仪装配技术 181

8.7 谐振陀螺仪装配技术 183

8.7.1 谐振子调平技术 183

8.7.2 谐振子与基座连接技术 184

8.7.3 谐振子与基座间隙测量技术 185

参考文献 186

第9章 新技术应用及展望 187

9.1 激光加工技术 187

9.1.1 激光加工的基本原理与特点 187

9.1.2 常用激光加工设备 188

9.1.3 激光加工工艺及在航海导航仪器制造中的应用及展望 190

9.2 超声加工技术 193

9.2.1 超声加工的基本原理与特点 194

9.2.2 常用超声加工设备 197

9.2.3 超声加工工艺及在航海导航仪器制造中的应用及展望 198

参考文献 201

第1章 概述

航海导航技术是一门涉及精密机械、计算机、微电子、光学、自动控制、材料等多种学科和领域的综合技术，包括系统技术、惯性元件技术及其测试技术，其中制造技术是基础性、关键性技术之一。

航海导航仪器制造技术是仪器制造技术的一个分支，是在机械制造技术基础上发展起来的，同时导航仪器研制需求也促进了机械制造技术的发展。

1.1 航海导航仪器结构特点

航海导航仪器是一种光机电一体化的精密机械装置，与其他精密机械和仪器相比，其结构具有以下几个方面的特点。

（1）导航仪器的关键零、部件的尺寸精度、形状误差和配合精度要求达到微米级或亚微米级，要求表面粗糙度 $Ra<0.05\mu m$，甚至小于 $0.012\mu m$；新型导航仪器中，许多关键零件除了对尺寸形位精度及表面粗糙度有较高要求，对于零件表面损伤层控制及表面质量稳定性也提出了较高要求。

（2）导航仪器结构中，多采用垂直交叉轴孔系的框架台体（或框架－浮筒）结构，它是用各种类型的支承悬挂起来的。这种结构的轴、孔同轴度、位置度和垂直度等形位公差都要求达到微米级、亚微米级或角秒级的精度。在整个结构装成以后，各轴的相互同轴度、垂直度等也要求长期保证角秒级的精度，要求结构件有较高的尺寸稳定性。

（3）导航仪器结构中，许多关键零件（如框架、壳体等）多为薄壁低刚度零件，壁厚一般只有 2～4mm；液浮式陀螺仪的浮筒壁厚只有 0.4～2mm；挠性陀螺仪的挠性接头与挠性杆的细颈处厚度一般只有 0.01～0.02mm 或

0.03～0.05mm；石英加速度计石英玻璃材料摆片挠性梁厚度一般只有0.02～0.04mm，加速度计所用轴尖直径一般只有0.3～0.5mm。

（4）导航仪器框架、台体类组合件的轴上一般皆装有轴承元件和传感器、力矩器等电磁元件，这些元件安装以后所要求的同轴度也都是微米级或亚微米级的精度；这些支承的干扰力矩和电磁元件的电磁有害力矩都要求限制在十分之几微牛·米或百分之几微牛·米。

（5）导航仪器结构中，一般皆有活动部件，这些部件的相对位置精度及其质心所允许的偏移量都要求甚严，活动间隙为微米级，可靠性要求非常高，因而结构要求尽可能是等刚度的，对多余物控制较为严苛。

（6）导航仪器所用材料种类多、性能指标要求严格且稳定性好。随着惯性器件的更新，不断出现许多新型的、特殊要求的材料和形状复杂的构件，同时要求很高的精度与表面粗糙度。

综合上述各点可知，航海导航仪器具有精度高、壁薄、刚度低、形状复杂以及尺寸稳定性要求高等结构特点。而这些结构特点所表现的严格要求，必须采用精湛的制造技术，通过精密超精密加工、精密量测、高稳定性连接技术、精密装配以及其他特种制造技术才能达到。

1.2 航海导航仪器制造技术及特点

1.2.1 航海导航仪器制造技术

航海导航仪器以各类惯性导航系统为主，包括惯性导航平台、各类惯性元件以及机电产品等。其制造技术所涉及的范围甚广，包括：铸造、锻造、冲压、塑料压制与焊接等制取毛坯的工艺；常规的切削加工工艺与精密加工工艺；表面涂镀、绕线、灌胶与热处理工艺；电加工、超声加工、离子束加工、光学加工等特种加工工艺；精密检测、精密装配和调试技术，以及上述工艺过程中所应用的仪器设备和工艺装备。此外，还涉及加工基准面、尺寸准确度、表面粗糙度、表面损伤层、形位精度稳定性等精密加工的机理性问题和环境条件等技术问题。

航海导航仪器制造的工艺过程，同一般精密机械、仪器制造过程一样，大致可分为毛坯制造、零件加工、仪表装配调试和鉴定验收4个阶段。导航产品制造技术的主要内容是零部件加工（包括基本计算理论、精密加工工艺与典型零件、部件的加工以及包括热处理表面处理在内的特种工艺）、装配与调试（包括装配与调试的理论基础、典型的装配方法）的工艺过程和有关检测技术与测试技术以及零部件加工与装配调试过程所需的工艺装备与测试装备等。

航海导航仪器中零部件一般具有精度高、壁薄、颈细、刚度低、尺寸范围大、形状复杂以及尺寸稳定性要求高等结构特点，涉及了多种具有特殊性能的特种材料，同时对表面质量以及材料磁性能、膨胀系数、绝缘性能等方面分别提出了一定的要求。为了实现零部件上述相关尺寸形位及性能要求，在产品研制中涉及的制造技术种类繁多，主要包括以下几方面。

（1）精密加工技术：主要包括车削、铣削、磨削、研磨、抛光等。

（2）特种制造技术：主要包括各类有色金属及磁性材料的时效、高低温、真空退火等热处理，表面镀覆技术以及镀膜技术等。

（3）粘接与灌胶技术：主要包括密封粘接技术以及环氧树脂灌胶技术等。

（4）精密计量技术：主要包括各类尺寸及形位精度计量技术等。

（5）环境和多余物控制技术：包括多余物分析、预防、控制与去除技术等。

（6）精密装配技术：主要包括惯性平台轴系静平衡技术、液浮陀螺仪浮子组件静平衡技术、充液技术等。

1.2.2 航海导航仪器制造技术特点

航海导航仪器制造技术难点主要集中在平台惯性导航系统中的惯性平台以及各类精密惯性敏感器件的精密加工装配中，其特点可概括为以下几个方面。

1. 精度问题是导航仪器制造中的关键

加工精度、装配精度和测量精度等问题是惯性平台及各类精密惯性敏感器件制造技术中的关键。这些精度是靠精密加工、精密装配、精密测量和其他有关辅助技术来保证的。精度和误差是一对矛盾的两个方面。要提高产品的精度，必须减小误差。因此，必须研究误差的规律、误差的来源、误差产生的概率、误差的分配、误差的处理、消除和补偿，以及测量方法的选择等。

在导航仪器制造技术的发展中，精密加工所能达到的精度从零点几毫米到几微米，以至零点几微米。加工精度主要取决于加工机床、刀具、加工方法和操作技术水平。随着惯性器件的精度与小型化程度的不断提高，一些关键零部件加工更加困难。因为在定位、装夹、加工与装配过程中，极易导致零件的变形和产生应力而不易达到和保持高精度要求。特别是在一些支承构件上出现许多高精度锥面、球面和其他特殊形状的零件，它们除了需要采用精密机床和精密工艺装备来加工，还需要大量的手工或机械研磨的工作，而这种研磨工作又往往要与精密计量工作多次反复交替进行，才能达到最后要求。又如，在惯性平台或惯性器件的精密配合中，配合件之间所要求的尺寸精度只有 1 ~ 3μm。一般只能采用配对或配做加工的方式才能达到上述精密装配要求。随着数控技术、计量检测技术的发展，导航仪器制造精度和批生产工艺稳定性都得到了较大提升。

2. 导航仪器构件的变形是影响产品精度与性能的重要因素

惯性平台及惯性器件的变形是影响零部件加工、装配精度和产品性能及其稳定性的重要因素。从产品的故障分析来看，许多故障与其构件变形有关，特别是仪表性能的稳定性好坏与变形有着密切关系。构件的变形，不外乎弹性变形、塑性变形和微塑性变形。对于在加工或装配过程所产生的塑性变形来说，一般是采取热循环处理和稳定处理以及超声振动等方法来减小或消除其残余应力。产品一旦装成以后或在运转中，一般就不允许再发生塑性变形，但此时它却能产生构件的弹性变形与微塑性变形，而且难以预测其规律和影响。特别是微塑性变形的问题比较复杂，它不仅与结构、受力状态、环境条件有关，而且与原材料本身的特性与稳定性、残余应力、金相组织及其变化情况等有着密切关系。

上述各种变形的原因，主要存在于结构因素和工艺因素之中。结构因素包括结构对称性、结构的刚性及其不等刚性、零部件的连接方法、材料的选择及其匹配、配合面的间隙与过盈选择等是否合理。工艺因素包括：加工与装配过程中所引起的残余应力；加工与装配的技术要求是否确实得到保证；形状、位置与尺寸精度的计量，力与力矩的测试是否准确；热处理与稳定处理是否合理；所用工艺装备是否恰当等。为此，应针对上述变形原因在结构与工艺两个方面采取措施。例如，在结构方面，应改进结构、合理选择材料并使之匹配恰当，使结构处于最佳应力、应变状态，并使活动组合件的质心偏移量稳定。在工艺方面，则应改善金属材料的热处理并严格控制相变；加工中选择最佳切削用量、控制好装夹力和切削力；装配中控制好装配力和力矩、控制焊接质量，使装配件中残余应力最小，并使之处于最佳约束状态之中；进行零部件和整机的高低温循环稳定处理，是稳定结构参数的重要措施。只有选择好稳定处理的温度、循环处理的次数与时机，才能达到预期的效果。

3. 精密测量技术是航海导航仪器制造技术的重要手段

精密测量技术是指精密检测技术（精密计量学）和产品性能测试技术，它们都是航海导航仪器制造技术的重要手段。精密检测（精密计量）技术是伴随着精密机械与仪器制造的发展而建立起来的。它包括精度理论、误差原理、公差配合和互换性原理，以及各种力学量、电磁量的动、静态检测方法等。

影响航海导航仪器质量稳定性的重要原因之一，就是对精密零件的计量和对产品技术参数、性能指标测试不够准确、置信度差。因此，随着惯性器件零件进入精密和超精密加工范围，在线计量手段必须与之相应地配备和完善起来，否则必然影响惯性器件研制与生产的正常进行。另外，还应重视对计量方法、测试方法以及计量、测试原理等方面的研究。

航海导航仪器研制与生产中，除了要使用一般的和高精度的计量仪器、电测仪器、光学测量仪器和测振仪器，还需要使用高精度动平衡与静平衡设备和微力矩测试仪。

4. 航海导航仪器制造技术同产品的原理、结构有着特殊紧密的关系

航海导航仪器制造技术，特别是装配、调试技术同导航仪器的原理、结构有着特殊紧密的关系。实践证明，在导航仪器的制造过程中，只有把产品的原理、结构与工艺交织、融合在一起，才能最终达到产品性能的要求。

在导航仪器的研制与生产中，随着产品设计的变化，制造技术也会具有不同的特点。不同类型的导航仪器，其制造技术会明显地反映出各自的技术特征。例如，不同支承形式的惯性器件，在制造过程（特别是装配、调试过程）中所采用的技术与相应的设备、工艺装备都有很大的差异。

5. 航海导航仪器制造中广泛应用新材料和各种专门技术

在航海导航仪器发展的过程中，不断采用许多新的材料，例如，金属铍、压电陶瓷、工程陶瓷、碳化硼晶体和石英玻璃等。这些材料性脆，加工性能差，且不易达到高精度与表面粗糙度的要求。铍的优点很多，如比强度高、密度小、弹性模量高、泊松比小、膨胀系数小、尺寸稳定，它是导航仪器的理想材料。但是，铍不仅难以加工，且铍粉尘对人体有害，因此需要完善的防护设备。陶瓷类材料硬度高、脆性大，需要采用金刚石刀具或陶瓷刀具来加工，并使之达到微米级的精度。此外，还有高稳定度的新磁性材料、恒弹性合金等新材料，都会给零件加工，特别是精密加工带来一定难度。超声加工、激光加工、离子束加工等特种加工技术的发展，极大推动了导航仪器新材料加工技术难题的解决，推进了新型惯性器件的研制。

1.3 航海导航仪器制造技术发展历程

我国航海导航仪器制造技术的发展经历了以下几个进程。

1. 从低效手动加工技术到掌握高效精密加工技术

在航海导航仪器关键零、部件的加工中，开始只有一般的加工技术水平，所能达到的加工精度有限。例如，对高精度液浮陀螺仪框架的加工，最初采用手动铣床，通过对机床附件与主轴间的形位精度调整，同时依赖操作人员的技能水平，可加工出满足使用要求的框架，由于这种方法的局限性，其成品率和生产效率都难以达到所期望的效果。然而，通过相关机床设备的更新换代以及工艺技术的日益发展，实现了液浮陀螺仪框架的高效精密数控加工，该方法使产品获得了更高的精度、可靠性与稳定性。又如，在加工技术中，从陀螺仪浮子外圆镜面手动车削发展到数控高效金刚石镜面车削；从低效手动加工平台框架发展到掌握高精度平台台体等复杂构件的精密加工。上述事例说明了惯性器件制造技术，从低效手动加工技术发展到掌握高效精密加工水平的进程。

2. 从仿制简单的元件到掌握各种复杂的高精度电磁元件的制造技术

航海导航仪器中要使用陀螺马达、传感器、力矩器等电磁元件。开始只能仿制与生产精度不高的异步马达和简单的电位计与机械式的力矩元件。随着技术的发展，虽然也能逐步制造同步马达和其他电磁元件，但由于当时制造技术水平有限，产品的质量与生产效率难以满足。后来更新了动平衡设备，掌握了高速动平衡技术，显著提高了转子动平衡精度；通过优化砂轮参数及磨削工艺，解决了铝镍钴和钐钴磁钢等电磁元件的加工表面质量问题，制造水平大大提高。例如，能掌握小型化而高精度的异步马达和磁滞同步马达以及各种类型的高精度传感器和力矩器的制造技术，并开始掌握永磁马达的复杂技术等。此外，还有导电环制造工艺（如焊接、灌封、精密车削工艺等）的不断改进，从原来只能生产几个环的导电环提高到能生产小型化数十个环的导电环元件。上述各种元件制造技术水平的提高，是航海导航仪器制造技术发展中的一个重要标志。

3. 从试制一般精度的滚珠轴承式惯性仪表到生产成批高精度三浮惯性仪表

从低精度惯性仪表开始，到中等精度的产品的前一阶段中，都是制造滚珠轴承的仪表和宝石轴承的加速度计。当时，陀螺仪的漂移率为每小时几度至十几度、加速度计（表）的精度为 $10^{-3}g$。后来，在研制与生产高精度液浮、磁悬浮惯性仪表时，遇到许多高难度的技术问题与技术故障。例如，陀螺仪性能不稳定、马达的振动和仪表的抖动现象以及框架浮子组件残余应力导致微变形等一系列理论与实践的难关。在经过技术攻关、工艺试验研究，并采取一系列相应有效工艺措施和环境净化措施之后，这些难题皆得到解决，并取得工艺研究成果。从此，成功掌握了高精度惯性仪表制造技术，并开始进入能同时进行多型号、多品种和不同精度等级的三浮惯性仪表的批生产阶段，满足了各种航海导航仪器的需要。

4. 从制造位置捷联式仪表到试制与生产陀螺稳定平台系统

显然，高精度惯性仪表与元件的试制成功和应用计算机进行自动化测试等，给试制与生产陀螺稳定平台系统打下了良好的基础。在研制与生产复杂的平台系统时，又突破了另一批制造技术的难关。例如，解决了复杂台体的精密加工与计量技术，以及平台装配、调整和测试等技术问题，终于使优质陀螺稳定平台研制成功并定型生产。从而，由原来只能生产位置捷联式惯性仪表的阶段跨入了生产优质、高精度的陀螺稳定平台系统的阶段，这是惯性器件制造技术发展中的一个重要进程。当前，已经实现了高精度多轴系静电陀螺稳定平台系统的研制生产以及航海导航仪器仪表的跨代式发展，将航海导航仪器制造技术推向了一个全新高度。

随着超精密加工机理研究、机床制造技术、检测技术、材料制备技术以及多学科融合技术等快速发展，新型高精度导航仪器，如原子陀螺仪、谐振陀螺仪等技术发展和成熟，必将把导航仪器制造技术推向新的阶段。

参考文献

[1] 张崇猛，蔡智渊，舒东亮，等．船舶惯性导航技术应用与展望［J］．舰船科学技术，2012，34（6）：3－8．

[2] 吴敏镜，易维坤，周安石．惯性器件制造技术［M］．北京：中国宇航出版社，1989．

[3] 易维坤，杜斌．航天制造技术［M］．北京：中国宇航出版社，2003．

第2章　航海导航仪器常用材料及加工特点

2.1　概述

航海导航仪器结构复杂，产品性能要求高，不同零件对于材料加工性能、尺寸稳定性、导磁性及绝缘性等均提出了相应要求。因此，航海导航仪器所用材料涵盖了常用有色金属、磁性材料、复合材料、硬脆材料等多种材料，航海导航仪器常用材料及其应用如图2.1所示。

2.2　铝合金材料及加工特点

2.2.1　常用铝合金材料

铝合金是航海导航仪器的重要结构材料，密度较小，约为2.7g/cm^3，接近于钛合金和不锈钢的比强度，具有优良的力学性能。铝合金的工艺性能优良，变形铝合金容易进行切削加工或压力加工；铸造铝合金具有优良的铸造性能，可以用砂型、金属型、压力铸造等方法铸造成型。由于铝合金具有这些优良的特性及较高的导电、导热性能，使之在航海产品的惯性器件上应用广泛。

航海导航仪器中常用铝合金包括硬铝合金（常用牌号2A12、5A06、7075）和铸铝合金（常用牌号ZL101、ZL424）。

2.2.2　铝合金的加工特点

铝合金的种类虽然很多，但其加工性能有以下共同特点。

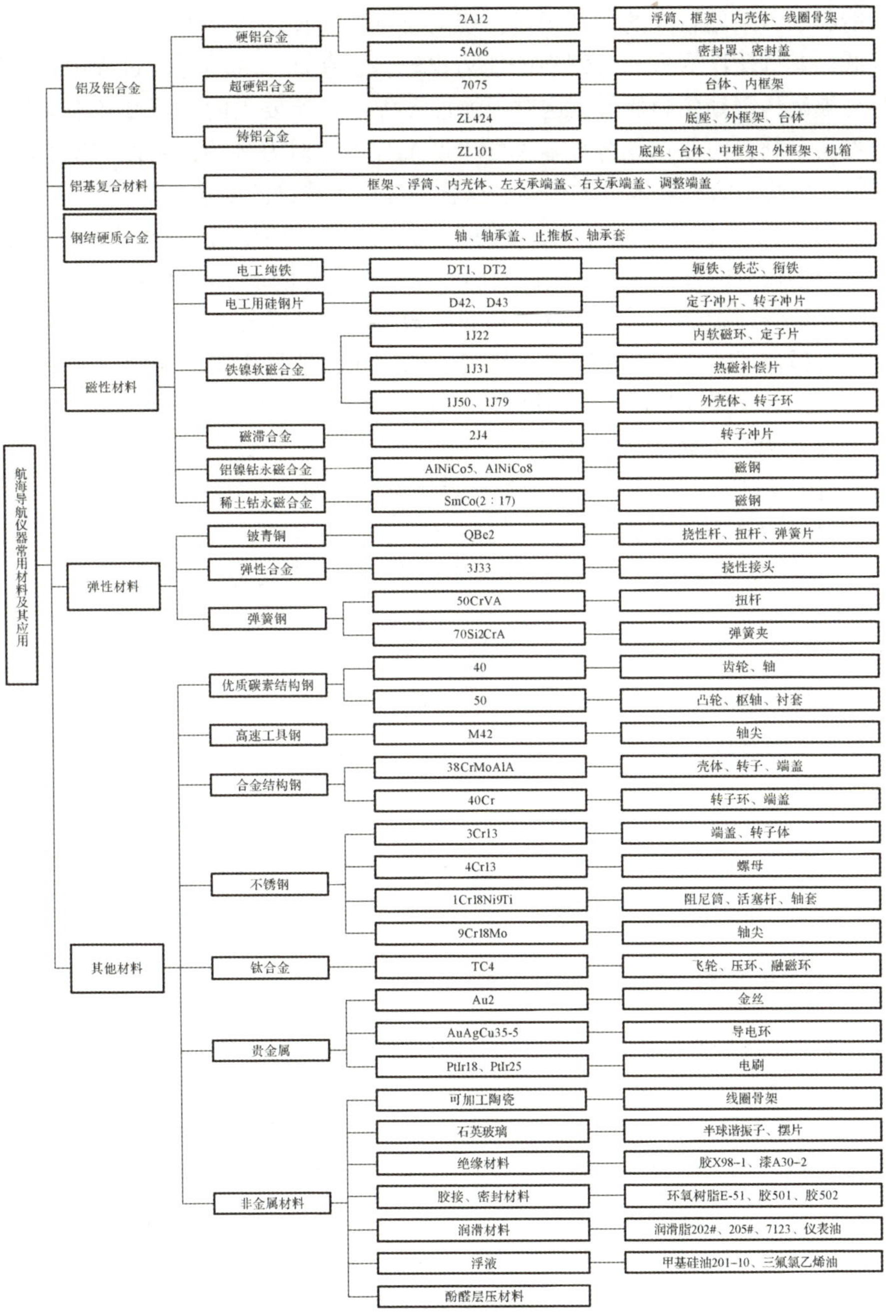

图2.1 航海导航仪器常用材料及其应用

(1) 铝合金的硬度、强度相对较低，铝合金的最高硬度只能达到 HB = 1.2GPa，抗拉强度最高只能达到 0.5GPa。硬度、强度低，切削性能较好，一般情况下可采用较大的切削用量，切削时可以不使用冷却润滑液。材料的硬度低，其抗塑性变形和抗划伤的能力也较差，在加工和传递的过程中，工件容易被磕伤、划伤和变形，这对于惯性器件零件所要求的高精度和表面粗糙度极为不利，因而在铝合金零件的生产过程中，对刀具的锋利性、零件的夹紧方式、排屑方式和零件的传递、保管都提出了严格的要求。

（2）铝合金的弹性模量小，约为72GPa，在切削力和夹紧力的作用下，容易产生较大的弹性变形和塑性变形，高精度零件的加工尺寸容易发生变化，精度容易受到影响。对于薄壁、悬壁结构的零件，在外力作用下更加容易变形，选择合理的切削参数以减小切削力的影响，选择正确的夹紧方法使夹紧力均匀，对于保证零件精度和提高零件的尺寸稳定性都是十分重要的。

（3）铝合金的结晶组织均匀，强度、硬度较低，有利于采用天然单晶金刚石精密切削，精度可达亚微米级，表面粗糙度 $Ra<0.025\mu m$。

（4）铝合金的导热系数大，切削过程中，可以带走大部分的热量，刀具的磨损减小，有利于延长刀具的寿命和控制零件的尺寸精度。

（5）铝合金的熔点低，在温度升高后合金的塑性增强。切屑排出时，在高温、高压作用下切屑底层与前刃面间的摩擦很大，滞留现象严重，容易产生积屑瘤，影响零件的尺寸精度和表面质量。在高精度零件切削时，除选用合理的切削参数以减小切削热的产生外，选择合适的切削液导出切削热也是极其必要的。

2.3 钛合金材料及加工特点

2.3.1 常用钛合金材料

钛合金材料密度小、比强度高、耐高温、耐腐蚀，性能优越，广泛应用于航海及航空航天领域。随着世界制造业的发展，各领域对于关键部件的材料性能要求越来越高，各国都在开发低成本和高性能的新型钛合金。最广泛使用的钛合金是 Ti－6Al－4V（TC4）、Ti－5Al－2.5Sn（TA7）以及工业纯钛（TA1、TA2 和 TA3）。

根据相组成，钛合金可分为 α 合金、β 合金以及 α＋β 合金，我国分别以 TA、TB、TC 表示。为了获得更好的机械性能，改善加工性能，消除或减少加工过程中产生的残余应力，需要对钛合金进行消除应力退火或完全退火的热处理。TA1、TA7、TB6 和 TC4 钛合金化学成分如表 2.1 所示，其退火处理后室温下的力学性能如表 2.2 所示。根据表 2.2 可以看出，钛合金性能优良：

密度小，仅为钢密度的 60% 左右；强度高，其比强度是现代金属材料中最高的；热强性能好，耐腐蚀，热处理后其表面形成致密的氧化膜隔绝外界环境，能适应各种恶劣的工作环境。

表 2.1　钛合金化学成分

牌号	元素成分（质量分数）/%								
	Ti	Al	V	Sn	Fe	C	H	N	O
TA1	纯钛	—	—	—	0.15	0.07	0.012	0.03	0.12
TA7	平衡	4.0~6.0	—	2.0~3.0	0.50	0.08	0.015	0.05	0.20
TB6	平衡	2.3~3.4	9.0~11.0	—	1.6~2.2	0.05	0.01	0.03	0.03
TC4	平衡	5.5~6.75	3.5~4.5	—	0.25	0.05	0.012	0.05	0.18

表 2.2　退火后常温下的性能参数

牌号	密度 /(g/m^3)	导热率 /(W/m·K)	屈服强度 /MPa	抗拉强度 /MPa	弹性模量 /GPa	延伸率 /%
TA1	4.5	15.24	≥275	≥343	108	≥25
TA7	4.5	—	—	≥785	108	≥10
TB6	4.62	—	≥1035	≥1005	104	≥6
TC4	4.2	—	≥830	≥895	114	≥14

2.3.2　钛合金材料的加工特点

钛合金的种类虽然很多，但其加工性能有以下一些共同的特点。

（1）切削力过大。钛合金高化学活性，导致在加工过程中容易与其他成分发生反应，黏附在摩擦表面并增加摩擦，且材料特性导致钛合金加工过程中，刀具前刀面与被切削层材料的接触区域减小，使得单位区域内受到的作用力变大。

（2）切削温度过高。钛合金导热系数低，致使在加工过程中不断升高的热量逐渐累积，进而导致切削区域中的温度提升，这会使加工过程中负荷过大并影响加工质量。

（3）加工硬化现象严重。由于钛合金具有化学活性高的特性以及在切削加工过程中热量的累积提升了钛合金与自然环境中的 O_2 和 N_2 等气体发生反应的概率，进而加大了加工表面产生硬化现象的概率，影响了加工品质和效率。

（4）刀具寿命较短。切削过程中切削温度过高和切削加工过程中的加工硬化现象，都会加快刀具的崩刃、破损，降低刀具的使用寿命。

（5）加工质量较差、效率较低。

2.4 钢结硬质合金 GT35 材料及加工特点

2.4.1 钢结硬质合金 GT35 材料特点

硬质合金是由硬质相（硬质化合物）以及黏结相（一般为金属）通过粉末冶金的方法制成的一种性能优越的合金，是一种颗粒增强型金属基复合材料。其硬质相的硬度、熔点、化学稳定性较高，红硬性好，而黏结相韧性好，使硬质合金强度和硬度兼备，同时硬质合金还具有耐腐蚀、耐磨损等优点。硬质合金的性能优异，所以在各个领域的应用十分广泛。例如，硬质合金可应用于车刀、铣刀和刨刀等，还可应用于汽车、飞机、火箭等各个核心部件。

钢结硬质合金是硬质合金的一种，以钢为黏结相（基体），TiC、WC 等为硬质相，充分发挥 TiC 的硬度、耐磨性以及钢基体的韧性。钢结硬质合金 GT35 是钢结硬质合金的一种，以 CrMo 低合金钢为黏结相，以 TiC 陶瓷颗粒为硬质相，用粉末冶金方法制备而成。钢结硬质合金 GT35 的化学成分如表 2.3 所示，力学性能参数如表 2.4 所示，这种硬质合金材料具有优异的力学性质；且硬质相的热稳定性好，TiC 粒子的熔点为 3150℃，具有良好的抗高温氧化性能；TiC 晶粒呈圆形，在烧结过程中晶粒长大倾向小，因而所制成的合金摩擦系数小，略带有自润滑性；同时具有耐磨性、耐腐蚀性、抗卡性等特点。

表 2.3 钢结硬质合金 GT35 的化学成分

成分	Ti	Fe	Cr	Mo	C
含量/%	35	60.5	2	2	0.5

表 2.4 钢结硬质合金 GT35 的力学性能参数

牌号	钢基类型	硬质相类型	密度/(g/cm³)	硬度		抗弯强度/MPa
				退火（HRA）	淬火（HRA）	
GT35	CrMo 钢	TiC	≥6.4	≤74	≥85	≥1270

由于钢结硬质合金 GT35 优异的性能，在高精度液浮陀螺仪动压陀螺电极轴承中较多地采用了该材料作为基体材料。图 2.2 所示为钢结硬质合金 GT35 材料典型零件。

图 2.2　钢结硬质合金 GT35 材料典型零件

2.4.2　钢结硬质合金 GT35 材料加工特点

钢结硬质合金 GT35 的结构特点是细小硬质颗粒弥散分布在铬钼钢基体上，而铬钼钢基体具有一定强度和硬度支撑着起主要耐磨作用的硬质颗粒，这样的结构特点使得其具有独特的优良性能和加工特点。和常规硬质合金材料相比，钢结硬质合金 GT35 加工特点主要包括以下几方面。

（1）可热处理。在一定的热处理规范下，可改变组织的结构，使其软化和硬化，也可通过不同的处理方法改善其性能，以适应使用中所希望达到的要求，获得较佳的综合性能。这种材料经淬火处理变形量很小（0.01%～0.05%），对加工制作形状较复杂的零件极为有利。

（2）可机加工。在软化处理（退火处理）后，可承受各种切削加工，如车、铣、刨、钻和磨等，克服了普通硬质合金难以加工的困难。

（3）可进行一定的变形加工。钢结硬质合金 GT35 具有一定的可锻性及一定的塑性变形能力，在一定的加热规范下，可进行模锻，也可进行自由锻。经锻打的坯料，除了可改变形状，还可使材料性能得到进一步改善。

2.5　磁性材料及加工特点

2.5.1　软磁合金材料及加工特点

2.5.1.1　软磁材料种类

软磁材料是一种实时磁化的材料，要求材料未加磁场应不含磁性，即使加入弱磁场也应有较好的磁性能，而一旦磁场取消，材料的磁剩应在较低的水准或趋近于没有；同时，考虑材料的重复使用情况，材料应有较小的磁损耗和较小的磁滞回线面积。外磁场退出后，具有较低的剩磁。软磁材料的使用环境差异较大，对磁性能的要求也不尽相同，但一般要求材料具有较高的磁导率和较低的矫顽力及损耗。软磁合金的种类较多，用途各种各样，因此分类方法也是多种多样的。按照合金组成元素，其可以分为以下几种类型。

（1）电工纯铁：当钢铁的含铁量高于 99.5% 时，一般称为工业纯铁。

（2）铁硅合金：含硅量在 0.5%~4% 的铁合金。

（3）铁镍合金：铁镍软磁合金是一种即使在弱磁场之下也具有较高的初始磁导率和最大磁导率以及较低的矫顽力的合金。

（4）铁铝合金：含铝量在 6%~16% 的软磁合金。

（5）铁钴合金：含钴量在 50% 左右的软磁合金。

软磁材料是航海导航中制作各种陀螺电机、传感器和力矩器的铁芯以及其他电磁元件的重要材料，一般具有以下要求。

（1）要求有高的磁导率。

（2）要求有小的矫顽力。

（3）要求有较高的磁饱和强度。

（4）要求有高的电阻率，减小铁芯的涡流损耗。

2.5.1.2　软磁材料加工特点

虽然软磁材料种类较多，但在惯性元件产品中所用软磁材料一般具有以下加工特点。

（1）软磁合金板料或者带料分为冷轧和热轧两种，冷轧材料的磁性能优于热轧材料。

（2）软磁材料零件如冲片在使用时一般需进行叠装组合，零件冲制后应全面去除毛刺，避免叠装组合后因毛刺造成局部短路，以减少涡流损耗。

（3）软磁材料在热处理后塑性下降，硬度与脆性增加，加工较为困难，在叠装组件加工时切削力和切削热容易引起叠片组件开裂或表面烧伤。因此，叠装后进行精加工的组件加工余量要小，切削参数必须合理。

（4）软磁材料的磁性能取决于合金的纯度和合金的热处理，热处理是提高磁性能的必要手段。

（5）软磁合金对机械应力较为敏感，机械应力会使磁性能显著下降，所以在合金最终热处理后应防止撞击、振动、弯曲、冲压等对零件磁性的影响，避免或减少磁性能损失。

2.5.2 软磁铁氧体材料及其加工特点

铁氧体一般是指含铁的磁性复合氧化物。广义上的铁氧体是指铁族或过渡金属的复合硫族化合物。铁氧体中，由于氧离子的存在，磁性离子间的交换作用较弱，其饱和磁化强度比金属磁性材料小，居里温度也较低。铁氧体是一种半导体性的磁性材料，其电阻率远比金属要高，而且随着温度的升高，其电阻率呈指数规律下降，可用于高频的微波波段。铁氧体是一种具有介电性质的磁性材料，某些铁氧体具有很高的电容率。按照特性和应用，铁氧体主要分为软磁铁氧体、永磁铁氧体、旋磁铁氧体、矩磁铁氧体及压磁铁氧体五大类。

航海导航仪器中常用的铁氧体主要为软磁铁氧体，该材料属于无机非金属材料中的功能陶瓷材料，简单地讲，就是特种陶瓷材料。软磁铁氧体通常用于弱磁场下，是一种易于磁化也易于退磁的铁氧体材料，经固相反应形成铁氧体的金属氧化物或其他化合物，在混合均匀之后，经球磨、干燥，压成特定的形状，在大约 1000℃ 的温度下进行预烧后，再一次充分研磨和混合，加入适量的黏合剂，压成所要求的形状或者作为塑性物质挤压成管状、棒状或条状，然后在 1200～1400℃ 烧结，准确的温度取决于所需的铁氧体特性。在最后的烧结过程中，炉膛中的环境条件起着重要的作用。目前，软磁铁氧体的典型代表且有实用价值的主要是锰锌铁氧体 $MnZnFe_2O_4$ 和镍锌铁氧体 $NiZnFe_2O_4$。软磁铁氧体的晶体结构一般都是立方晶系尖晶石型，这是目前各种铁氧体中用途较广、数量较大、品种较多、产值较高的一种材料。它主要用作音频甚至高频段（1kHz～300MHz）的各种电感元件，广泛用于通信、家电、办公自动化、电子对抗等领域。

航海导航仪器常用的软磁铁氧体为锰锌铁氧体，是一种典型的硬脆材料，一般不能像金属材料那样可用车、铣、刨、钻等方法进行加工，但可以进行磨削、切割、研磨抛光，有时还可用超声波钻孔等方法，以满足尺寸精度、形位公差和粗糙度的要求。加工过程中会出现由于材料原因以及砂轮或工艺参数不当导致的粗糙度差、崩边及开裂问题。图 2.3 所示为软磁铁氧体材料典型零件。

图 2.3　软磁铁氧体材料典型零件

2.5.3 永磁合金材料及加工特点

永磁材料是一类重要的功能材料，在现代生产和生活中占有不可替代的地位，是一种一经磁化即能保持恒定磁性的材料，具有宽磁滞回线、高矫顽力和高剩磁的特点。实用中，永磁材料工作于深度磁饱和及充磁后磁滞回线的第二象限退磁部分，常见的永磁材料为铁氧体永磁材料、铂钴永磁材料、铝镍钴永磁材料、钐钴永磁材料以及钕铁硼永磁材料，其中钐钴永磁材料和钕铁硼永磁材料同属于稀土永磁材料，上述材料中除铁氧体永磁材料外均为航海导航仪器动压陀螺电机及力矩器中常用的永磁材料，大多采用粉末冶金方法制备。

2.5.3.1 铂钴合金材料及其加工特点

通常所用的大多数永磁材料都具有较高的硬度和脆性，给机械加工带来了很大不便，而铂钴合金则以其良好的变形塑性弥补了这一不足。同时，铂钴合金还是优良的永磁材料，具有较高的矫顽力和磁能积，磁稳定性好，耐腐蚀，可在酸、碱、盐介质下工作，由于其价格昂贵，因此主要用于其他永磁材料无法工作的恶劣、特殊环境之中，如航空、航海、航天等军工领域。

虽然铂钴永磁合金是高性能永磁合金中唯一可以承受冷、热加工的合金，也能加工成板、棒、丝、管等各类形状，相对于其他永磁合金而言，具有良好的塑性变形，使得其在加工过程中能够避免开裂、崩边等问题。但是，其自身特性原因只能采用磨削、线切割等加工方法，并且加工过程中容易出现砂轮及工艺参数不当等原因导致的表面粗糙度差等问题。图 2.4 所示为铂钴合金材料典型零件。

2.5.3.2 铝镍钴合金材料及其加工特点

铝镍钴合金是金属永磁材料的一种，也是目前温度稳定性最好的一类永磁合金。铝镍钴合金虽然其磁性能低于稀土永磁材料，但它突出的磁稳定性使其在航海领域的应用依旧不可替代，铝镍钴磁钢制备方法主要有粉末冶金法和铸造法。

铝镍钴永磁材料主要用于液浮加速度计力矩器中，该材料属于典型的硬脆材料，机械强度低、性脆、硬度高，只能采用磨削、线切割等方式进行加工，但是在加工过程中会出现由于材料原因以及砂轮或工艺参数不当导致的崩边及开裂问题。图 2.5 所示为铝镍钴合金材料典型零件。

图 2.4　铂钴合金材料典型零件

图 2.5　铝镍钴合金材料典型零件

2.5.3.3　钐钴合金材料及其加工特点

兼具高居里温度和优良磁稳定性的钐钴合金是高温永磁应用领域的首要选择，在电子通信、电子干扰与对抗、精确制导定位、航空航天等国防装备中发挥着不可替代的作用，是世界各国尖端技术发展和战略竞争的热点之一。近年来，钐钴永磁合金也开始应用于地铁和高铁的大功率牵引。与传统交流电机相比，大功率牵引电机可显著减轻列车自重并降低运行能耗，同时钐钴永磁合金还在航天飞行器动力系统以及石油钻探等方面具有良好的应用前景。表 2.5 所示为钐钴永磁合金主要物理力学性能指标。

表 2.5　钐钴永磁合金主要物理力学性能指标

性能名称	性能指标
密度/(g/cm^3)	8.2～8.6
维氏硬度（HV）	450～900
抗压强度（垂直于取向方向）/MPa	≥650
抗压强度（平行于取向方向）/MPa	≥650
抗弯强度（垂直于取向方向）/MPa	≥90
抗弯强度（平行于取向方向）/MPa	≥80
断裂韧度（垂直于取向方向）/($MPa \cdot m^{1/2}$)	≥1.0
断裂韧度（平行于取向方向）/($MPa \cdot m^{1/2}$)	≥1.0
热膨胀系数（垂直于取向方向）/($\times 10^{-6}$/℃)	11～11.2
热膨胀系数（平行于取向方向）/($\times 10^{-6}$/℃)	6.9～7
牌号：SmCo24，SmCo26，SmCo28，SmCo30，SmCo32，检测温度：20～100℃	

由于钐钴永磁合金材料的特性，使得其主要用于各类动压陀螺电机以及传感器中，另外该材料属于典型的硬脆材料，只能采用磨削、线切割等方式进行加工，但是在加工过程中会出现由于材料原因以及砂轮或工艺参数不当导致的崩边及开裂问题。图 2.6 所示为钐钴永磁合金材料典型零件。

图 2.6　钐钴合金材料典型零件

2.6　工程陶瓷材料及加工特点

目前，工程陶瓷材料在航海导航仪器中正扮演着越来越重要的角色，在陀螺传感器、力矩器以及摆式加速度计、重梯加速度计等产品的精密骨架类零件中，较多地采用了工程陶瓷材料，涉及的品种主要包括氧化铝（95% Al_2O_3 和 99% Al_2O_3 两种）陶瓷、云母基可加工陶瓷以及锰锌铁氧体等，这些零件多数具有较为苛刻的精度要求、相对复杂的结构形状以及较小的壁厚尺寸，导致其存在加工难度大、加工效率低以及废品率较高的问题，部分零件的加工问题目前仍是高精度惯性元件产品研制生产工作中的瓶颈。

工程陶瓷按其用途和性能可分为结构陶瓷和功能陶瓷两大类，前者主要是利用陶瓷的力学性能，后者主要是利用陶瓷的其他物理性能，包括导电和半导体性能、绝缘性和介电性、磁性和热学性等。陶瓷材料中的化学键以共价键和离子键为主，这两类化学键都具有较强的方向性和较高的结合强度，这就使得结构中难以发生显著的位错运动。与金属材料相比，陶瓷材料具有以下特性。

（1）比金属弹性模量大得多，这是因为陶瓷材料具有强固的离子键和共价键。

（2）在压缩状态下的弹性模量一般大于拉伸状态的弹性模量，使其具有抗压不抗拉的特点。

（3）膨胀系数小，硬度高，脆性大，韧性低，对缺陷较为敏感。

（4）熔点高，具有优良的耐高温、抗氧化性能。

（5）自由电子数目少、导热性和导电性较小。

（6）耐化学腐蚀性好，耐磨损。

工程陶瓷是由粉末状材料成型后在高温下烧结而成的，由于烧结时收缩率大，无法保证尺寸精度，需要进行机械加工。目前，工程陶瓷常用的加工方法为金刚石砂轮磨削，而由于工程陶瓷材料具有较小的线膨胀系数，硬度高，易产生裂纹，抗拉、抗冲击性能差以及高脆性等特点，导致其加工难度较大、加工效率低以及成本较高。在工程陶瓷元件总成本中，加工成本占 30%～60%，对于许多精密元件，其加工费用甚至可高达总成本的 90%。

近年来，随着硬脆材料加工机理研究和金刚石、立方氮化硼等刀具技术的发展，实现了对硬脆陶瓷材料精密加工和微纳加工。

2.6.1　氧化铝陶瓷

氧化铝陶瓷属于传统陶瓷，主要用作结构材料，是研究最成熟的高熔点氧化物陶瓷，在机械、化工、电子等领域具有广泛的用途。氧化铝原料来源丰富，价格低廉。按组成可将其分为氧化铝陶瓷和高铝陶瓷两大类。

氧化铝陶瓷的氧化铝含量在 99% 以上，烧结温度高，当原料粒度较粗时，烧结温度可达 1700℃。为了改善烧结性，降低烧结温度，往往添加少量 MgO、Cr_2O_3、TiO_2 等作为烧结助剂，利用生成固溶体或者生成晶界相，活化晶格，抑制晶粒长大，从而促进烧结，材料的烧结属于固相烧结。烧结后材料的主晶相为刚玉相，性能较好。氧化铝陶瓷具有如下特性：①力学性能高；②电阻率高；③硬度高；④熔点高、耐腐蚀；⑤优良的光学特性；⑥离子导电性。

氧化铝陶瓷的制备工艺较为简单，将氧化铝粉末与添加剂进行球磨混合，然后成型，成型方法有干压法、等静压法、注浆法、挤压法、注射成型法、热压注法以及热压法等。除了热压法，干压法和等静压法坯体可以进行加工，获得所需形状和尺寸的坯体；对于注浆法坯体要进行修坯；挤压法、注射成型法、热压注法所得到的坯体要排除结合剂，才能进行烧结。氧化铝陶瓷一般采用常压烧结，烧结方法对材料的性能影响很大，要根据组成、制品形状和性能要求，制定合理的烧结方法。

通常，习惯把 Al_2O_3 含量在 99% 左右的陶瓷称为“99 瓷”，把含量在 95%、90%、85% 和 75% 左右的陶瓷分别称为“95 瓷”“90 瓷”“85 瓷”和

"75 瓷"。一般将 Al_2O_3 含量在 85% 以上的 Al_2O_3 陶瓷称为高铝陶瓷，Al_2O_3 含量在 99% 以上的 Al_2O_3 陶瓷称为刚玉陶瓷。Al_2O_3 陶瓷的机械强度很高、导热性能良好。图 2.7 所示为氧化铝陶瓷材料典型零件，表 2.6 所示为几种 Al_2O_3 陶瓷的主要性能。该材料由于硬度高，一般采用金刚石砂轮磨削方法进行加工。加工过程中会出现由于材料原因以及砂轮或工艺参数不当导致的砂眼、崩边及开裂问题。

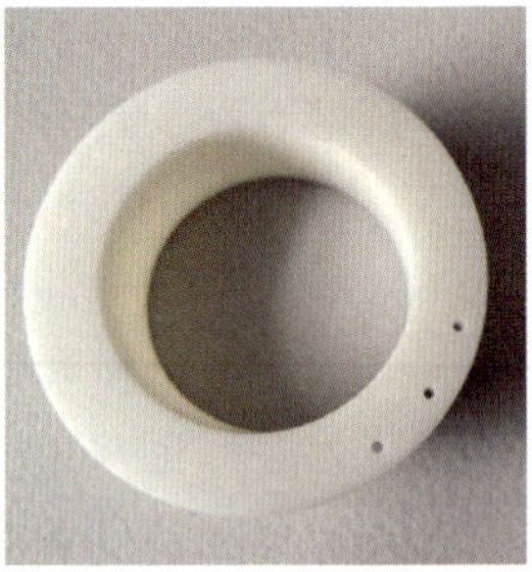

图 2.7 氧化铝陶瓷材料典型零件

表 2.6 Al_2O_3 陶瓷的主要性能

性能参数	氧化铝陶瓷种类	
	95 氧化铝陶瓷	99 氧化铝陶瓷
Al_2O_3 含量/%	95	99.9
体积密度/(g/cm^3)	3.7	3.89
抗弯强度/MPa	28.00	49.00
线膨胀系数（25~800℃）/($\times10^{-6}$/℃)	7.6	7.6
导热系数/(W/(m·K))	21	37
绝缘强度/(kV/mm)	10	10

2.6.2 云母基可加工玻璃陶瓷

云母基可加工陶瓷主要是以 Al_2O_3、ZrO_2、Si_3N_4、莫来石陶瓷为基体，加入一些软相化合物制成。根据加入化合物的种类，又可分为两类：一类是加入稀土磷酸盐（如 $CePO_4$、$LaPO_4$等）的复相陶瓷；另一类是加入六方氮化硼（h-BN）的复相陶瓷。这些复相陶瓷的组织特点是母相陶瓷晶粒细小（约 0.3μm），尺寸均匀，加入的第二相化合物弥散分布在母相陶瓷晶体内。其可加工性能可能与以下因素有关。

（1）$LaPO_4$晶体内存在大量位错，本身具有良好的可加工性。

（2）$CePO_4$、$LaPO_4$等稀土磷酸盐和 h-BN 具有类似云母的层状结构，在外力作用下，层与层之间容易滑移和解理。

（3）这些化合物热力学稳定，高温烧结时不与母相陶瓷起反应，因而与基体界面结合较弱，机械加工时，界面上容易形成微裂纹，通过这些微裂纹的分叉和连接使材料去除。

Davis 等发现经一定工艺制备的复相陶瓷，如莫来石/$LaPO_4$、Al_2O_3/$LaPO_4$ 以及 Ce－ZrO_2/$CePO_4$，可用传统的 WC 刀具进行钻孔。目前，可加工复相陶瓷都采用烧结法制备，这类可加工陶瓷具有良好的化学相容性、高熔点、氧气氛下的稳定性，以及在水、CO_2 甚至腐蚀环境下的稳定性，可以用传统的金属加工方法和刀具进行加工。该材料具备良好的加工性能、真空性能、电绝缘性能以及耐高温、耐化学腐蚀等诸多优良性能。国家军用标准 GJB 56A—95《陀螺仪用可加工陶瓷规范》列出了陀螺仪用可加工陶瓷的主要物理力学性能指标，参见表 2.7，图 2.8 所示为云母基可加工陶瓷材料典型零件。该材料虽然也属于硬脆材料，但是由于上述介绍的材料内部结构原因，可以采用传统的车铣方法进行加工，但对于尺寸精度及表面质量要求较高的环节则一般采用磨削方法。加工过程中会出现由于材料原因以及砂轮或工艺参数不当导致的砂眼、崩边及开裂问题。

表 2.7　陀螺仪用可加工陶瓷主要物理力学性能指标

外观及内部缺陷	体积密度 /(g/cm^3)	弯曲强度 /MPa	压缩强度 /MPa	平均线膨胀系数/(1/K)	导热系数 (W/(m·K))
均匀乳白色； 内部气孔尺寸 小于 0.2mm；无裂纹	2.5～2.8	≥108	≥491	(－55～200℃) $\leqslant 7.5\times10^{-6}$	(常温及 500℃) ≥1.7

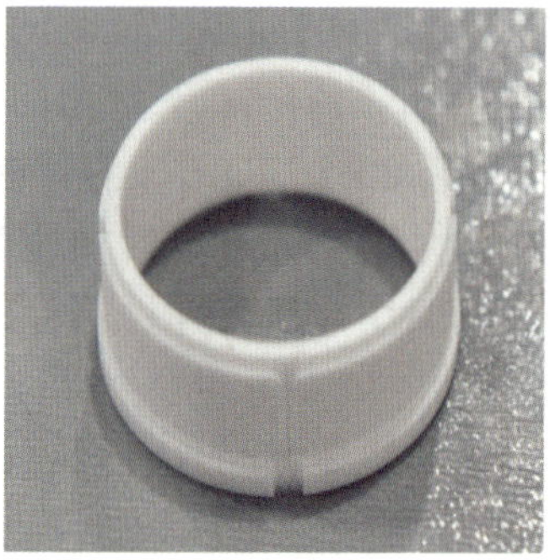

图 2.8　云母基可加工陶瓷材料典型零件

2.7　石英玻璃材料及加工特点

2.7.1　石英玻璃材料特点

石英玻璃是 SiO_2 单组分玻璃，具有高度紧密且完整的结构网络。其特有的结构使它具有其他材料无法取代的物理和化学性能，因此广泛应用于高科技领域，尤其在光学、电子技术等领域中占有重要地位。在航海导航仪器中，石英玻璃是石英加速度计、半球谐振陀螺的核心材料。随着我国空间科技与国防科技的发展，惯性导航系统对石英玻璃的性能提出了越来越高的要求。然而，石英玻璃的传统应用领域集中于光学、光通信、半导体及电光源等领域，在惯性导航领域中的应用仅仅占据石英玻璃市场的极小部分。

石英玻璃具有高度紧密的结构网络，同时原子间具有很高的键强，因而其具有非常低的热膨胀系数、电导率和较高的机械强度、耐热温度、抗热冲击性、抗腐蚀性和介电性能。石英玻璃具有优异的化学稳定性。一般情况下，石英玻璃与水不发生反应，具有抗水溶性。在高压和高温条件下，石英玻璃在水中只有微量溶解。在高浓度或高温情况下，石英玻璃不与酸反应，但氢氟酸和磷酸除外。在室温下，石英玻璃即可被氢氟酸溶液腐蚀。石英玻璃在很多种类的金属、非金属和盐的高温熔体中不发生反应。石英玻璃不易与 H_2、N_2、O_2、CO 等气体发生反应，而且在 Cl_2、Br_2、HCl 和 SO_2 气体中也能保持稳定。另外，石英玻璃具有优异的耐辐照性能，可以耐宇宙射线，不透原子核裂变产物。石英玻璃的化学稳定性取决于 Si—O—Si 网状连接结构的牢固性，而羟基缺陷断开了网络中的 Si—O 键，降低了石英玻璃的化学稳定性。石英玻璃具有优异的热性能，其耐高温性能远远超过任何一种玻璃。它的熔化温度在 1713℃以上，软化温度为 1580℃ ±10℃，退火温度为 1140℃ ±20℃。石英玻璃能承受 1000℃以上的高温，短时间可在 1450℃高温下使用，不透明石英玻璃可在 900℃高温下使用。石英玻璃的导热系数随温度升高而增大，石英玻璃的膨胀系数一般为 $5\times10^{-7}/℃$，为普通平板玻璃的 1/18。

在航海导航仪器应用中，尤其是针对挠性加速度计、半球谐振陀螺用石英玻璃材料，主要考虑石英玻璃作为精密弹性器件的各种性质，主要包括以下几方面。

（1）各向同性。材料的结构决定其性能，理想的石英玻璃具有长程无序结构，这种结构决定了其各类性能在三维任意方向上均无差异。

（2）材料内耗。振动的石英玻璃即使与外界完全隔绝，其机械振动也会逐渐衰减。这种使机械能量耗散变为热能的现象称为材料的内耗，即固体在振动当中由于内部的原因而引起的能量消耗，也称为材料的阻尼。尽管石英玻璃是内耗较低的材料之一，但当惯性导航系统对精度的要求达到一定程度时，石英玻璃的内耗就必须加以考虑。

（3）应力。石英玻璃中的应力主要包括热应力和结构应力。热应力一般在制备或加工过程中产生。结构应力是由于玻璃因化学组成不均匀导致结构不均匀而产生的应力，不同的化学组成其热膨胀系数也有差异。

（4）力学性能。常温下，透明石英玻璃的密度为 2.20～2.21g/cm^3，密度由于杂质含量的不同而略有区别，热处理也会对石英玻璃密度产生影响。从物理定义上来说，石英玻璃并非传统意义上理想的弹性材料。石英玻璃在室温下没有显著的塑形行为，在去除载荷后能迅速恢复形状而几乎不发生变形，并且其性能受温度的影响较小，因而石英玻璃是一种优异的弹性材料。石英玻璃的各向异性使其在超薄、精密弹性器件的加工、使用方面更具优势。与其他玻璃材料不同，石英玻璃的弹性模量随温度的升高而略有增加。作为一种脆性材料，石英玻璃的强度受表面质量影响较大。表面缺陷、污染、析晶及表面结构不均匀都可大幅降低石英玻璃的强度，可以说，石英玻璃的薄弱点决定了其强度，如表面极小的微裂纹可在应力作用下迅速扩展，甚至导致玻璃断裂。因此，在加工、研究惯性导航系统用石英玻璃精密器件时，需要注意表面质量对玻璃强度的影响。

（5）热学性能。石英玻璃有极高的热稳定性，能经受急剧的温度变化而不产生破裂，经过高低温循环后也能保持较高的稳定性。石英玻璃的热膨胀系数很低，经过掺杂的石英玻璃可实现零膨胀甚至负膨胀。

（6）结构缺陷。石英玻璃中的结构缺陷严重影响其使用性能，尤其对惯性导航用精密器件而言，结构缺陷的存在不但影响品质因数、弹性模量等性能，甚至可导致器件断裂等突发失效的状况。

2.7.2 石英玻璃加工特点

为了得到航海导航仪器用的石英玻璃元件，需要经过多个加工工序，将石英玻璃块体原材料按要求加工成具有复杂结构的精密器件。例如，石英摆片的加工，一般需要机械冷加工、热加工、化学加工三类加工工艺。其主要工艺特点如下。

（1）机械冷加工。石英玻璃的莫氏硬度为 6.5，属于脆性难加工材料。脆硬材料的主要冷加工方法是磨削加工，而不是切削加工。按照加工步骤分类，冷加工大体可分为外观成型和表面抛光处理。惯性导航系统用石英玻璃的机械冷加工主要存在亚表面质量与尺寸精度两大问题。其中，尺寸精度需要依靠设备结合工艺来实现，如半球谐振子的圆度、同轴度等指标对加工、检测设备提出了极高要求。而亚表面质量则是影响惯性仪表精度的一大难题，石英玻璃的亚表面微裂纹及裂纹内部含有的微小杂质颗粒不但会造成能量损耗，而且在后续化学加工中易导致刻蚀速率不一致而形成缺陷或尺寸不一致。

（2）热加工。石英玻璃的热加工是指在高温状况下进行的石英玻璃制品的加工，其目的是获得所需形状或者降低残余应力。石英玻璃热加工成型的方式主要有灯工吹制、熔断、密封、熔接、激光加工、热顶成型、高温扩管、火焰抛光等，各类常规石英玻璃仪器、器皿、电光源、大规格石英玻璃扩散管及其连接，以及各式石英玻璃等异型及非常规石英玻璃制品的加工等均要采用热加工技术。对于石英玻璃在机械冷加工、热加工过程中产生的热应力，需要通过热处理（退火工艺）进行去除，即将样品加热到退火上限温度后进行保温，使制品各部分的温度均匀以消除玻璃中的热应力，再经过缓慢降温使样品在冷却过程中不再产生永久应力或仅产生微小的永久应力，退火上限温度、冷却速率需要根据石英玻璃的类型、形状确定。需要指出的是，退火工艺仅能去除热应力，而难以消除结构缺陷，如在石英玻璃吹制、拉制过程中产生的断键、硅氧网络变形等无法通过退火工艺来完全恢复。

（3）化学加工。为了对石英玻璃器件的特定部位进行减薄，或者去除表面损伤层，通常需要使用化学刻蚀方法进行加工。除氢氟酸和热磷酸外，石英玻璃耐各种酸、王水、中性盐等化学物质的侵蚀。因此，一般使用氢氟酸对石英玻璃进行刻蚀，并加入乙酸等缓冲剂。在石英摆片挠性梁的加工中，使用特制模具，用氟橡胶将不需要酸刻蚀的部位掩盖，并放入刻蚀溶液中，将1mm左右的挠性梁部位减薄至几十微米。对石英半球谐振子进行酸刻蚀，可以减少表面损伤层带来的表面损耗，提高品质因数。需要注意的是，石英玻璃的杂质、应力、缺陷会影响刻蚀速率，进而影响刻蚀深度的一致性。此外，化学刻蚀会使石英玻璃表面粗糙度增大，表面的细微缺陷、杂质聚集部位都会通过刻蚀而显著放大，进而影响玻璃的后续加工及使用性能。

2.8 低膨胀合金材料及加工特点

2.8.1 低膨胀合金材料种类及特点

低膨胀合金具有极低的膨胀系数，完全不符合正常热膨胀规律，为反常热膨胀现象，又称为因瓦合金。低膨胀合金大都应用于在一定的环境温度要求尺寸近似恒定的元器件中，主要如下。

（1）精密仪器仪表，光学仪器中的元件，如精密天平的臂、标准件的摆杆、摆轮、钟表的外补偿等。

（2）长度标尺，如大地测量基线尺。

（3）各种谐振腔、微波通信的波导管、标准频率发生器等。

（4）标准电容器的叶片和支承杆等。

（5）液态天然气、液态氢、液态氧等的储蓄罐和运输管道。

（6）热双金属片的被动层。

（7）高分辨率阴极射线管（显像管）中的阴罩。

（8）宇航工业复合材料零件的模子。

在航海导航仪器中用到低膨胀合金的一般是石英挠性加速度计，据统计，目前用到的低膨胀合金共经历三代，如图 2.9 所示，具体如下：

（1）第一代低膨胀合金：因瓦合金 4J36。

（2）第二代低膨胀合金：超因瓦合金 4J32。

（3）第三代低膨胀合金：铌因瓦合金 4J32A。

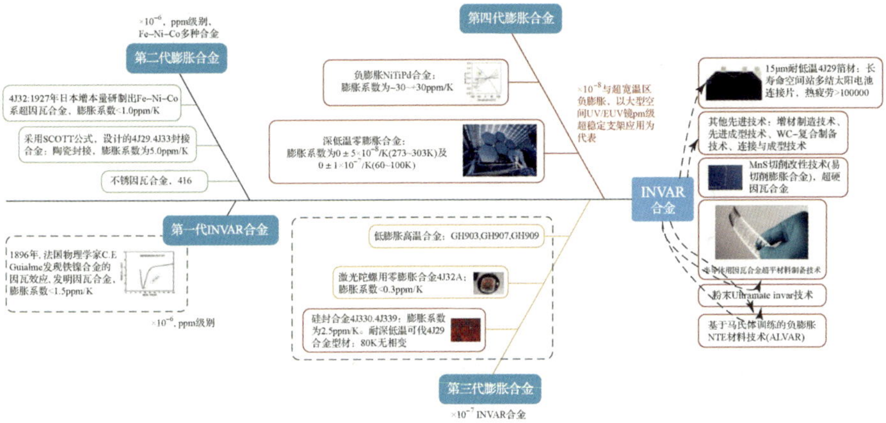

图 2.9　膨胀合金发展史

不同合金经热处理后的平均线膨胀系数 $\bar{\alpha}$ 如表 2.8 所示。

表 2.8　典型低膨胀合金平均线膨胀系数

低膨胀合金发展阶段	平均线膨胀系数 $\bar{\alpha}$（不大于）/（$\times 10^{-6}$/℃）		
	20～50℃	20～100℃	20～200℃
第一代	1.4	1.3	1.2
	0.8	1.1	2.0
第二代	0.7	0.8	1.4
第三代	0.2	0.3	0.9

石英加速度计中核心零件导磁环材料选用的是第一代低膨胀合金，和石英玻璃的线膨胀系数仍有较大差别，在不同的温度点工作时，变化较大的预负载导致零偏和标度因数不稳定。导磁环的材料由第一代低膨胀合金升级为第三代低膨胀合金，提高了敏感表芯部件的稳定性，减小了电容差值的变化，

使零偏也更稳定。低膨胀铁镍、铁镍钴合金作为导磁环材料时，还需要保证一定的软磁性能，由于软磁性能和低膨胀性能的热处理温度不同，因此需要进行热处理工艺调整。经过工艺试验后，兼顾软磁性能和低膨胀性能的合金材料性能对比如表2.9所示。

表2.9 加速度计用低膨胀合金材料性能

合金类型	初始磁导率$\mu_{0.4}$/(mH/m)	最大磁导率μ_m/(mH/m)	饱和磁感应强度B_s/T	矫顽力H_c/(A/m)	平均线膨胀系数α/($\times10^{-6}$/℃)			
					20~50℃	20~70℃	50~70℃	20~100℃
铌因瓦合金(不同热处理工艺)	1.384	6.907	1.221	37.62	0.7655	0.8079	0.8716	0.9361
	2.047	11.35	1.226	21.32	0.8058	0.8542	0.9267	0.9843
	2.153	11.74	1.237	20.19	0.7662	0.8063	0.8666	0.9412
	2.208	12.77	1.231	17.89	0.8089	0.8547	0.9325	0.9794
	1.965	11.18	1.237	21.66	0.6588	0.7085	0.7830	0.8280
因瓦合金	3.6	9.96	1.26	13.8	1.8			

2.8.2 低膨胀合金材料加工特点

低膨胀合金作为一种特殊软磁材料，虽然具有不同牌号，但其一般均具有以下加工特点。

(1) 材料加工特性与软磁材料相近，加工过程中刀具磨损较快，且容易出现毛刺等影响零件使用性能的缺陷，加工过程中应选择合适的加工方法和工艺参数。

(2) 该材料的膨胀性能和磁性能取决于热处理，热处理是达到相应磁性能和低膨胀系数的必要手段。

(3) 对机械应力较为敏感，机械应力会使磁性能显著下降，所以在合金磁性能热处理后应防止撞击、振动、弯曲、冲压等对零件磁性的影响，避免或减少磁性能损失。

2.9 铝基复合材料及加工特点

2.9.1 铝基复合材料的性能

铝基复合材料是以铝或铝合金为基体的金属基复合材料。目前，铝基复合材料的增强体主要是一些陶瓷材料或纤维材料，铝基复合材料可按增强体类型分为连续增强铝基复合材料和非连续增强铝基复合材料，其中非连续增强铝基复合材料又可分为颗粒增强、晶须增强、短纤维增强等。

连续增强铝基复合材料主要是指长纤维增强铝基复合材料，纤维比较长而且还是承力主元。长纤维在沿轴方向上具有很高的强度和弹性模量，因而纤维增强铝基复合材料具有很高的强度和韧性。但是，由于连续纤维增强铝基复合材料有明显的各向异性，且增强体材料价格相对较贵，制备工艺复杂，因而目前只能应用于一些高性能材料的制备。B 纤维、SiC 纤维、Al_2O_3纤维、碳纤维是目前主要应用的几种连续纤维增强体。

非连续增强铝基复合材料，增强体主要是短纤维、晶须和颗粒。根据复合材料的相关理论，对于非连续增强复合材料，其金属基体在承受外力载荷时起主导作用。非连续增强铝基复合材料加入增强体的目的，主要是利用增强体材料的高硬度、热稳定性、尺寸稳定性弥补金属基体的不足，使复合材料拥有高弹性模量、高耐磨性、高硬度等。短纤维增强体主要有 Al_2SiO_5、Al_2O_3、C、BN，长度一般为几毫米；颗粒增强体主要有 Al_2O_3、SiC、VC、WC、ZrC、TiC、Si_3N_4、ZrB_2、MgO、Cr_7C_3、ZrO_2 等。由于增强体制备技术的发展，尤其是短纤维和颗粒增强体材料制备工艺的快速提高，使得短纤维和颗粒增强铝基复合材料的应用研究得到了较快的发展。

航海导航仪器中用到的铝基复合材料属于颗粒增强金属基复合材料，一般以 SiC 为增强相，以铝及其合金为基体材料，具有比强度高、热稳定性好、耐磨性好、线膨胀系数低等优良的物理力学性能，同时具备能够承受高温、抗疲劳、抗断裂以及耐腐蚀等优良特性。铝基复合材料除了以上的性能特点，又因为铝合金的制造和加工技术比较成熟，铝合金的价格相对于其他有色金属合金价格便宜，使得铝基复合材料制备成本相对其他复合材料制备成本低。

2.9.2　铝基复合材料的加工特点

硬质颗粒 SiC 的加入，虽然极大地提高了基体材料的力学性能，但同时也给加工带来困难。由于金属基体材料与增强相之间在物理力学特性上的差异，导致二者在切削加工中有不同的行为。基体材料承受较大的变形，而增强相承受较大的应力；剪切角不是常数，而是周期性的变化，随着增强颗粒体积分数和尺寸的增大，剪切角增大。切削颗粒增强金属基复合材料，刀具主要磨损机理是前、后刀面的磨料磨损。此外，还可能发生黏着磨损、扩散磨损和崩刃，在刀面上存在沟痕、凹坑和刻画痕迹，图 2.10 所示为加工铝基复合材料典型的刀具磨损形貌。

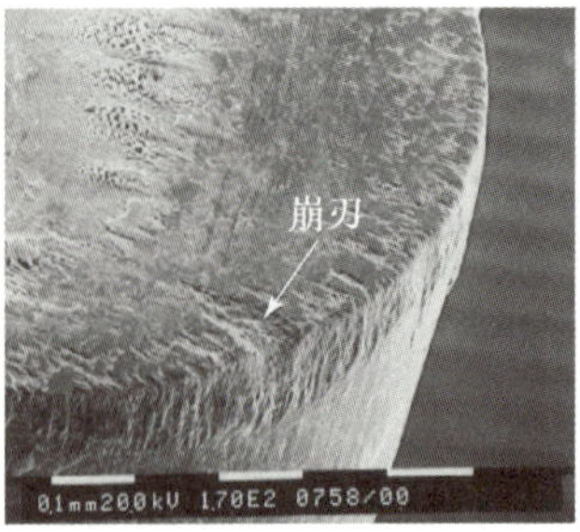

(a) 刀具崩刃形貌

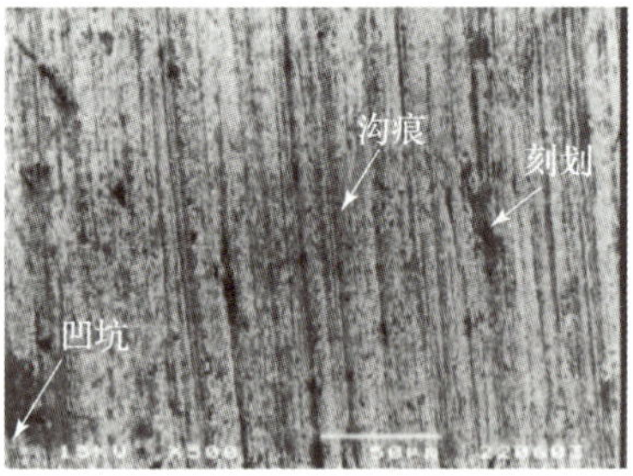

(b) 刀具沟痕、凹坑和刻划形貌

图 2.10　加工铝基复合材料典型的刀具磨损形貌

SiC 颗粒增强铝基复合材料加工表面易出现各种缺陷，在 SiC 颗粒的周围存在孔洞、裂纹，并有颗粒脱落、挤压破碎留下的痕迹（图 2.11），影响加工表面的质量。

(a) 典型表面形貌

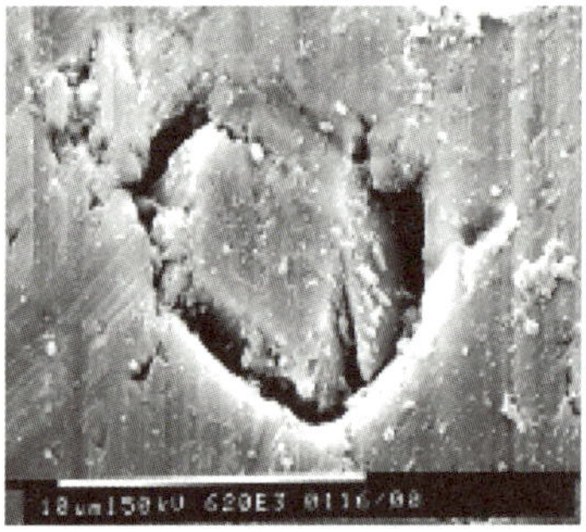

(b) 颗粒周围的孔洞

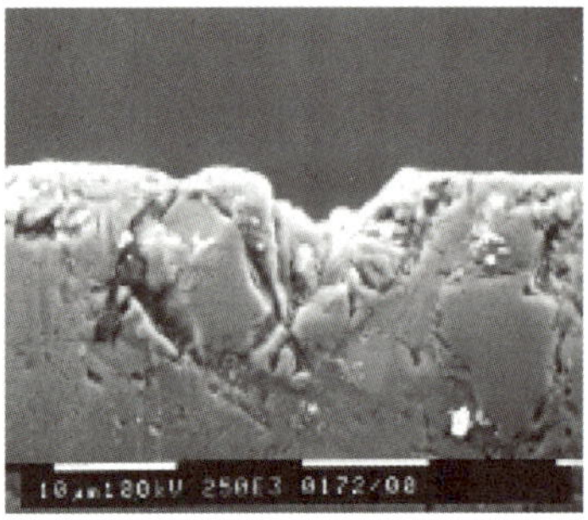

(c) 颗粒脱落

(d) 颗粒破碎

图 2.11　铝基复合材料已加工表面形貌

铝基复合材料难加工特性主要表现在以下几个方面。

(1) 刀具磨损剧烈，寿命短，加工成本高。

(2) 在已加工表面上存在各种缺陷，难以实现精密加工。

(3) 干式切削加工中产生积屑瘤，影响加工质量。

（4）切削过程中脱落、破碎的硬质增强颗粒与切削液混合在一起，对机床产生不良影响。

（5）激光加工等特种加工技术的应用范围有限，且加工效率低。

参考文献

[1] 吴敏镜，易维坤，周安石．惯性器件制造技术［M］．北京：中国宇航出版社，1989.
[2] 沈雪红，张定华，姚倡锋，等．钛合金切削加工表面完整性形成机制研究进展［J］．航空材料学报，2021，41（4）：1－16.
[3] 张桂冠，孙玉利，范武林，等．钛合金加工表面完整性的研究现状与展望［J］．航空制造技术，2022，65（4）：36－55，79.
[4] 王志．TiC－CrMo 钢钢结硬质合金的制备与性能研究［D］．北京：北京科技大学，2017.
[5] 匡禄生．GT35 钢结硬质合金的热处理．［J］．金属加工（热加工），2009（19）：37－39.
[6] 詹友基．陶瓷结合剂金刚石砂轮高速磨削硬质合金的机理研究［D］．泉州：华侨大学，2013.
[7] 熊拥军．高致密、高强度 TiC 钢结硬质合金的研究．［D］．长沙：中南大学，2011.
[8] 孙元成，宋学富，张晓强，等．惯性导航系统用石英玻璃材料［J］．导航与控制，2019，18（5）：1－10，48，131.
[9] 计植耀，马跃，王清，等．高性能软磁合金的研究进展［J］．材料工程，2022，50（3）：69－80.
[10] 科埃．磁学和磁性材料［M］．影印版．北京：北京大学出版社，2014.
[11] 程戎，雷国莉，王凌峰，等．高温高饱和磁通密度软磁铁氧体研究进展［J］．中国陶瓷，2018，54（12）：1－6.
[12] 刘舜尧，张春友．GT35 钢结硬质合金应用技术研究［J］．稀有金属与硬质合金，2001（2）：25－29，35.
[13] 姜世和，王会鹤，袁海波，等．金属基复合材料的特性及其技术在工程中的应用前景［J］．汽车科技，2002，（6）：21－24.
[14] 王基才，尤显卿，郑玉春，等．颗粒增强铝基复合材料的研究现状及展望［J］．硬质合金，2003（1）：51－55.
[15] 张元好，曾大新．颗粒增强金属基复合材料的制备与应用［J］．湖北汽车工业学院学报，2002（4）：24－28.
[16] 王莹，刘向东．碳化硅颗粒增强铝基复合材料的现状及发展趋势［J］．铸造设备研究，2003（3）：18－22.

第 3 章　精密加工技术

3.1　概述

就先进制造技术的实质性而论，主要有精密和超精密加工技术以及制造自动化两大领域。前者包括精密加工、超精密加工、微细加工，以及纳米加工，它追求加工精度和表面质量的极限，可统称为精密工程；后者包括设计、制造和管理的自动化，它不仅是快速响应市场需求、提高生产率、改善劳动条件的重要手段，而且还是提高产品质量的有效方式。两者有密切联系，许多精密和超精密加工要靠自动化技术才能达到预期目标，而不少制造自动化则有赖于精密加工才能达到设计要求。精密工程和制造自动化具有全局性、决策性的作用，是先进制造技术的支柱。

通常，按照加工精度，可将机械加工分为一般加工、精密加工、超精密加工三个阶段。由于生产技术的不断发展，划分的界限将逐渐向前推移，今天的精密加工可能就是明天的一般加工。因此，其划分的界限是相对的，且在具体数值上随技术进步不断变化。美国是最早研制开发超精密加工技术的国家。早在 1962 年，美国就开发出以单点金刚石车刀镜面切削铝合金和无氧铜的超精密半球车床，其主轴回转精度为 0.125μm，加工直径为 100μm 的半球，尺寸精度为 ±0.6μm，粗糙度为 $Ra=0.025\mu m$。1984 年，又研制成功大型光学金刚石车床，可加工重 1350kg、直径为 1625mm 的大型零件，工件的圆度和平面度达 0.025μm，表面粗糙度为 $Ra=0.042\mu m$。在该机床上采用多项新技术，如多光路激光测量反馈控制，用静电电容测微仪测量工件变形，32 位机的数控机床（Computer Numerical Control，CNC）系统，用摩擦式驱动进给和热交换器控制温度等。英国是较早从事超精加工技术研究的国家之一，从1979年起，开发用于制造X射线望远镜的金属反射镜的立式超精密金刚石刀车床；日本的超精密加工技术的研究开发滞后于美国20年，但由于得到有关方面的重视和努力，发展较快。与美国不同，日本完全是出于民用工业的考虑来发展超精密加工技术的，从多棱体反射镜加工机床到磁头微细加工机床、磁盘端面车床，发展到非球面加工机床和短波X射线反射镜面加工机床；德国、荷兰以及中国台湾的超精密加工机床也都处于世界先进水平。精密加工所要解决的问题包括：一是加工精度，包括形位公差、尺寸精度及表面状况，有时有无表面缺陷也是这一问题的核心；二是加工效率，有些加工可以取得较好的加工精度，却难以取得较高的加工效率。精密和超精密加工与国防工业有密切关系，航海导航仪器产品在制造中有大量的精密和超精密加工的需求。

1. 精密加工和超精密加工的范畴

当前，精密加工是指加工精度为1～0.1μm、表面粗糙度为$Ra=0.1\sim0.025\mu m$的加工技术；超精密加工是指加工精度高于0.1μm、表面粗糙度$Ra<0.025\mu m$的加工技术，因此，超精密加工又称为亚微米级加工。但是，目前超精密加工已进入纳米级精度阶段，故出现了纳米加工及其相应的技术。

从精密加工和超精密加工的范畴来看，其应该包括微细加工、超微细加工、光整加工、精整加工等技术。

微细加工技术是指制造微小尺寸零件的加工技术；超微细加工技术是指制造超微小尺寸零件的加工技术，它们是针对集成电路的制造要求而提出的，由于尺寸微小，其精度是用切除尺寸的绝对值来表示，而不是用所加工尺寸与尺寸误差的比值来表示的。

光整加工一般是指降低表面粗糙度和提高表面层力学机械性质的加工方法，不着重于提高加工精度，其典型加工方法有珩磨、研磨、超精加工及无屑加工等。实际上，这些加工方法不仅能提高表面质量，还能提高加工精度。精整加工是近年来提出的一个新的名词术语，它与光整加工是对应的，是指既要降低表面粗糙度和提高表面层力学机械性质，又要提高加工精度（包括尺寸、形状位置精度）的加工方法。

2. 精密加工和超精密加工方法

根据加工方法的机理和特点，精密和超精密加工方法可以分为去除加工、结合加工和变形加工三大类。

（1）去除加工：又称为分离加工，是从工件上去除一部分材料，传统的机械加工方法，如车削、铣削、磨削、研磨和抛光等，以及特种加工中的电火花加工、电解加工等，均属于去除加工方法。

（2）结合加工：利用物理和化学方法，将不同材料结合（bonding）在一起。按结合的机理、方法、强弱等，它又分为附着（deposition）、注入（injection）和连接（jointed）三种。①附着加工，又称为沉积加工，是在工件表面上覆盖一层物质，是一种弱结合，典型的加工方法是镀。②注入加工，又称为渗入加工，是在工件表面上注入某些元素，使之与基体材料产生物理化学反应，是具有共价键、离子键、金属键的强结合，用以改变工件表层材料的力学机械性质，如渗碳、渗氮等。③连接，将两种相同或不同材料通过物理化学方法连接在一起，如焊接、粘接等。

（3）变形加工：又称为流动加工，是利用力、热、分子运动等手段，使工件产生变形，改变其尺寸、形状和性能。

从材料在加工过程中的流动分析，去除加工是使材料逐渐减少，一部分材料变为切屑，这种流动称为分散流；结合加工是使材料逐渐增加，这种流动称为汇合流；变形加工是使材料基本不变，这种流动称为直通流。多年来，传统加工的概念一直局限于去除加工和表面结合加工。近年来，提出了电铸、晶体生长、分子束外延和快速成型等加工方法，突破了传统加工概念。

从加工方法的机理、特点和传统来分类，精密和超精密加工又可分为传统加工、非传统加工和复合加工。传统加工是指刀具切削加工、固结磨料和游离磨料的磨削加工；非传统加工是指利用电能、磁能、声能、光能、化学能和核能等对材料进行加工和处理；复合加工是采用多种加工方法的复合作用，进行优势互补，相辅相成。当前，在制造业中占主要地位的仍是传统加工方法。

虽然现代技术可以支撑导航产品的制造，但这个过程也面临着许多困难和挑战。首先是导航产品的质量、可靠性和安全性问题。由于导航产品制造的复杂性和工艺上要求的精度，加上长时间的运行和不可避免的环境变化，使得导航产品制造在质量、可靠性和安全性方面存在很大挑战。

其次是导航产品的使用周期问题。实践证明，导航产品在使用期间，其操作环境常常会发生变化，从而影响导航产品的使用寿命。同时，导航产品的组装和测试等过程也对使用寿命有很大影响。要克服这些问题，有必要加强导航产品制造技术的研究和探索新的设计思路，以提高导航产品的使用寿命和效益。

最后是导航产品的成本问题。导航产品的制造需要技术和资源的投入，因此导航产品的制造成本非常高。在导航产品的制造过程中，制造商需要尽量降低成本，提高导航产品的成本效益，以便更好地满足经济需求。

总之，导航产品的制造需要特定的技术和工艺配合，以保证导航产品的高质量和稳定性。同时，也需要克服各种各样的困难和挑战，才能更好地服务于现代社会的各种需求。

3.2 精密车削技术

3.2.1 精密车削的特点

车削加工是机械加工中一种最基本的加工方法，它是通过旋转工件，利用刀具对工件进行切削加工的过程，其经济精度一般为 IT11 ~ IT06，表面粗糙度为 $Ra = 12.5 \sim 0.8\mu m$。随着数字控制技术的发展，出现了数控车床与车削加工中心等现代化的制造设备，它以高柔性、高效率、高精度等传统加工所不能及的独特优点，正逐渐成为现代机械加工的重要技术装备之一，使车削加工逐步由一般加工向精密加工领域转变。

根据车削加工的方式和特点，精密车削可以分为复杂构件精密车削、低刚度构件精密车削、难加工材料精密车削和复合加工精密车削。

（1）复杂构件精密车削：针对几何形状复杂、结构层次较多、包含较多质量特征、尺寸和形位精度较高的零件的精密车削加工，通常包括沟槽、深孔、斜面、螺纹、曲面等典型难加工要素。其是采用 CNC 数控车床通过专用工装夹具的安装定位、运用工序集中原则、辅以相关精密测量手段，完成各关联尺寸车削加工的方法。例如，陀螺仪框架、壳体，加速度计导磁环、支架等。

（2）低刚度构件精密车削：针对刚度差、易变形、尺寸及形位精度要求较高零件的精密车削加工，通常包括薄片、空心盘类；薄壁、中空筒类；薄壁半球、非球壳体类；细长轴类等弱刚性、高精度零件。其是采用增加辅助支撑、运用吸振减振材料、优化刀具及切削参数等措施，减小零件变形，提升表面质量，完成相关高精度尺寸车削加工的方法。例如，陀螺仪浮筒、外罩，动量轮壳体、基座等。

（3）难加工材料精密车削：针对切削加工性差的材料零件的精密车削加工，其通常包括微观高硬度材料、宏观高硬度材料、加工硬化倾向严重材料、切削温度高材料、高塑性材料、高强度材料、化学活性大的材料，极易产生刀具磨料、黏结、剧烈磨损和崩刃，零件积屑瘤、鳞刺等加工缺陷。其是采用合理选择刀具材料及几何参数、合理选择冷却介质及方式、优化切削参数及工艺路线等方法，完成相关高精度尺寸车削加工的方法。例如，电机用纯铁、软磁合金零件，动压气浮轴承硬质合金零件，淬火钢、可加工陶瓷等零件。

(4) 复合加工精密车削：针对综合形位精度较高零件，为避免二次装夹误差影响，采用车铣、车磨等复合加工方式，一次装夹完成各相关尺寸的车削加工方法。例如，半球谐振陀螺中石英玻璃零件半球谐振子、液浮陀螺仪中可加工陶瓷零件力矩器线圈骨架等。

3.2.2 典型零件车削工艺

3.2.2.1 浮筒

薄壁零件因为具有质量小、节约材料和结构紧凑等特点，广泛应用于各工业领域。但是，薄壁零件的机械加工比较棘手，也一直困扰着整个机械行业。薄壁零件是指直径与壁厚之比 $D/\delta = 50 \sim 150$、壁厚 $\delta = 0.25 \sim 2\mathrm{mm}$ 的零件。这种零件是典型的低刚度零件，相对刚度较低，加工工艺性差，对振动、切削力及切削温度等均十分敏感，加工易变形和产生振动，不易控制加工精度和提高加工效率，越接近最终加工尺寸时加工越困难。因此，采用何种手段最大限度地提高薄壁件的加工精度是一个典型工艺难题。

液浮陀螺仪中重要零件浮筒属于典型的薄壁圆筒类零件，其典型浮筒结构如图 3.1 所示。该零件材料为2A12－T4，零件长度为40mm，外径为44mm，壁厚为0.4mm。

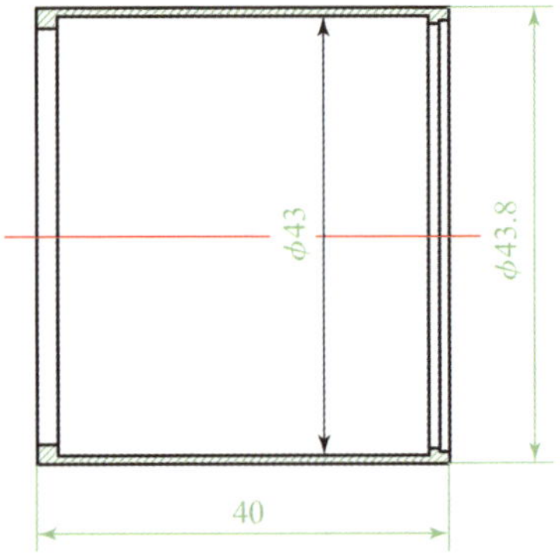

图 3.1　典型浮筒结构示意图

该工件外径与壁厚之比 $D/\delta \approx 109$，属于典型薄壁圆筒工件。该薄壁零件结构简单，主要由内孔和外圆组成，而该工件的尺寸、形位公差要求却很高，装夹困难，机加工过程极易变形，质量难以保证。三个主要尺寸公差均不大于0.01，内孔、外圆圆柱度、外圆相对内孔的同轴度均要求不大于0.005。

1. 浮筒加工工艺难点

薄壁圆筒工件的主要加工难点在于工件壁薄、刚性差，易产生装夹和加工变形，进而造成尺寸和形位精度超差。

在加工中需要控制和减少变形。而造成工件变形的因素很多，受力是变形的主要因素，主要是夹紧力和切削力。具体通过设计合理的工艺流程及装夹方式、加工参数，减少受力变形。

2. 浮筒加工解决措施

工艺方案设计在机械加工中起到至关重要的作用，合理的工艺路线有利于零件的精度保证和加工效率的提高。工艺路线的选择一般分为粗加工、半精加工和精加工三个阶段，并在工序之间安排时效热处理，以去除内应力。

根据上述加工难点，在加工薄壁圆筒工件中采用粗、半精、精等多次加工的方式，并配合多次热处理消除应力，保证了工件的加工精度。在粗加工和半精加工中，留有一定的加工余量。

该工件较为关键的要求为内孔及外圆的尺寸、形位公差。因此，内孔及外圆的精加工应放在最后完成。

在粗加工时，为了便于装夹，采用工艺柄的方式装夹工件，在精加工前切断工艺柄。

在精加工时，以端面定位，采用胶黏的方式装夹工件，最大限度降低装夹应力；同时控制加工参数，减小加工应力的产生。车削过程中，采用金刚石精密车削技术，保持刀具锋利，减小切削深度，降低切削速度，以减小切削力和切削热。充分浇注切削液，以减小切削力和切削热对零件变形的影响。如果车削过程中还出现振刀现象，可以用软橡胶衬套、泡沫塑料、软布包等软性吸振材料填充或者包裹零件，能够有效减小振动和消除噪声。

基于以上分析，浮筒的加工工艺流程如下：粗加工→人工时效→半精加工→高低温稳定处理→半精加工→热处理→精加工→成品检验。

3. 浮筒常用加工设备

浮筒属于典型薄壁套筒类零件，属于回转体，其加工方法通常以数控车削为主。为了解决浮筒零件的变形问题，满足零件的加工精度，除了通过对工艺方案、装夹方法及刀具等各环节的研究分析，还要使用符合零件加工精度要求的加工设备来完成精密加工。根据浮筒的精度要求，其精加工对机床主轴回转精度、导轨精度、进给精度等指标均有很高要求。

3.2.2.2 导磁环

为了满足最终的使用要求，石英挠性加速度计表中的核心零件导磁环采用因瓦合金，图3.2所示为导磁环平面结构示意图，该零件属于典型的回转类难加工材料零件，具有隔离电容工作面及焊接的径向窄槽，该零件不仅尺寸形位精度要求较高，同时对表面粗糙度及膨胀系数、磁性能提出了一定的要求。

1. 导磁环加工工艺难点

通过对该零件进行分析，可以得出该零件的工艺难点主要包括以下几方面。

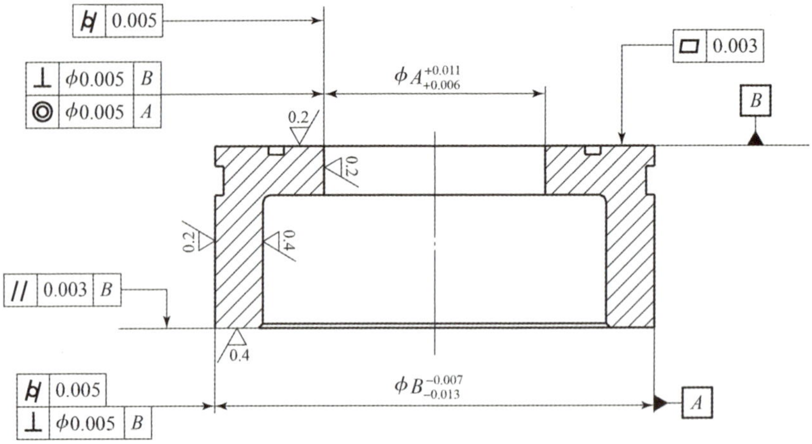

图 3.2　导磁环平面结构示意图

（1）导磁环的表面粗糙度、尺寸精度和形位公差要求较高，作为加速度计工作时的电容面，要求基准面 B 的平面度不大于 0.003，粗糙度 $Ra \leqslant 0.2\mu m$；作为磁钢装配时的径向基准以及力矩器的工作面，要求内孔的尺寸公差不大于 $\Phi A_{+0.006}^{+0.011}$；为了保证上、下导磁环之间以及基准孔 A 与线圈的同轴度，对装配基准面也提出了一定要求，即要求外圆的尺寸公差不大于 $\Phi B_{-0.013}^{-0.007}$，并且其与内孔的同轴度不大于 $\Phi 0.005$，与电容面 B 的垂直度不大于 $\Phi 0.005$，同时为了维持真空度，对零件各表面的粗糙度都提出了一定要求。

（2）图纸要求导磁环工作面 B 面所有锐边倒钝，无毛刺，而因瓦合金属于难加工材料，材料较黏，加工时表面残留的毛刺很难去除，很容易碰伤零件表面。

（3）隔离电容工作面及焊接的径向窄槽尺寸精度高，无法在线检测，精度难以保证。

因此，导磁环尺寸和形位精度的控制、低膨胀性能和磁性能的保证以及毛刺的去除是工艺技术关键难点。

2. 导磁环加工方案

为解决导磁环加工难点，制定解决措施如下。

（1）上、下导磁环两端面采用磨加工的方法保证表面粗糙度和平行度，后续采用倒压板一次装卡精车外圆和内孔成活的方案，从而保证较高的尺寸和形位精度，为保证其较高的尺寸形位精度和表面粗糙度，不仅应选择高精度车床作为主要加工设备，同时也应选择合适的加工刀具及工艺参数，确保工件表面较高的粗糙度要求。

（2）为了降低上、下导磁环钳工去刺时的加工难度以及避免碰伤零件，在铣加工时对各铣加工部位边缘进行倒钝（倒角比余量大0.1），保证加工成活后仍留有约0.1的倒角。

（3）为保证隔离电容工作面及焊接的径向窄槽尺寸精度，精车加工过程中除了选择合适刀具，还应通过对外圆及内孔尺寸的精密测量，间接保证其尺寸精度，采用倒压板装夹方式在一次装夹过程中完成上述窄槽及内孔外圆的精密加工，以保证其形位精度。

（4）为防止后续加工和周转过程中对电容面造成划伤，磨加工后零件采用单独装袋保存和周转，并且加工时应注意不要划伤零件表面。

3. 导磁环常用加工设备

导磁环属于典型薄壁套筒类零件，属于回转体，其主要精度为数控车削加工保证。根据导磁环的精度要求，其精加工对机床主轴回转精度、导轨精度、进给精度等指标有很高的要求。

3.2.2.3　导电环

输电装置作为一种重要的精密产品，广泛应用于航海、航天等领域的精密转台、离心机、自动控制、惯性导航系统等设备，随着工业化的逐渐发展，输电装置作为电信号高效传输的重要元件也更多地应用于真空环境。在工作状态下，由于输电装置要对电信号进行高效传导，因此其能否稳定正常地工作对整机的正常使用至关重要。由环境变化带来的意外情况，如部件间的摩擦热无法及时排除等都将会严重影响该部件的工作状态。在高速转动的工作环境下，输电装置将受到和其他部件间产生的摩擦力，以及自身不平衡引起的转动力矩影响，这些力矩都将影响输电装置的导电性能，甚至带来极其严重的后果。

输电装置主要构件有导电环、电刷组件、壳体部件、向心轴承及其他封闭零部件，如图3.3所示。其特点是尺寸小、精度高、结构紧凑、多环道和低噪声。环氧树脂导电环具有良好的绝缘性与稳定性，因此各类设备中大多采用该型导电环。目前，对于小型精密导电环的制造方法主要为真空灌注环氧树脂和积叠式胶黏法。真空灌注法是将环氧树脂灌注于真空精密模具中，直接成型导电环的基体。环氧树脂导电环整体是由多种零件组合通过真空灌胶而成的。导电环两端轴承是导电环的重要组成部分，因此对轴承的安装面提出很高的精度要求，在大于40mm的间距上，需要保证轴承的同轴度优于$\Phi 0.004$mm，实现在装配完成后各个零部件在一起可以旋转滑块。为了达到导电环稳定的通电性能，在电刷丝和滑环表面的工作中，对导电环的表面粗糙度提出了较高要求，需保证V型槽底部与两斜面的粗糙度为$Ra<0.1\mu m$。

图 3.3　输电装置结构

1. 导电环加工工艺难点

图 3.4　导电环局部结构示意图

由于导电环为多种材料组合而成，图 3.4 所示为其局部结构示意图。针对多种材料组合加工，影响加工不利因素之一就是由于材料的热膨胀系数不同，无法在车削加工时对某尺寸一次加工成活，需采用逐层加工对导电环组件进行车削。车削时需要注意热量的导出，车削力的大小直接影响后续精车时环槽的形位尺寸以及变形量，但是需要对工艺参数进行优化。因此，如何保证多材料复合加工结构零件的尺寸形位精度是工艺难点之一。由于绝缘层壁薄、刚性小，且滑环的绝缘槽间距仅为 0.6mm，极易在切削力的作用下产生变形，难以满足导电环环槽径向跳动小于 0.004 的精度以及低表面粗糙度要求。因此，如何保证导电环环槽的形位精度和低表面粗糙度是工艺难点之一。

2. 导电环加工方案

为解决此类输电装置中导电环加工存在的各个问题（强度低、热胀系数不稳定、精度要求难达到等），应针对每个风险点提出相应的改进措施，从而提高导电环精密加工质量。在车削加工过程中，由于材料相互连接，如果采用分段加工，则易加大不同材料上的温差。可以选择逐层车削，并且刀具在选择以及车削参数上通过试验确立了刀具类型与车削参数。

车削加工过程中，首先对环体进行外圆粗车，然后按照图纸的要求对其进行加工，整个过程切削深度尽可能小，以减少切削应力，防止环体的变形。精车环体的外圆要按照要求尺寸加工，按照图纸要求将每个环片进行车削，切削深度仍然需求较小，各个环槽的径向深度应一致，切出的环槽表面粗糙度为 $Ra<0.2\mu m$，加工完成以后导电环的径向跳动也应该维持在 0.004mm 之

内。切槽完成后，在光学仪器上对各个环槽的间距进行精密测量，并进行记录。

利用单点金刚石车刀进行导电环V形槽加工，结合工艺参数的优化提升导电环V形槽表面粗糙度。通过对滑环材料试切，通过梳理、试验找出合理的加工参数，对零件批量加工，优化加工程序，对刀具形成特定要求。

滑环两端面平行度的保证不仅要选择适当的加工参数，在计量时还要对滑环多点测量（三点以上），避免测量误差导致未能及时发现零件尺寸变化。

其中，金银铜合金由于刚性结构与膨胀系数差异较大要单独车削。粗加工时导电环金属两端由螺纹拧紧，在加工时要控制走刀量和切削深度双边吃刀量小于或等于0.2mm，中间部分的外圆加工可加大走刀量至双边小于或等于0.4mm。

3. 导电环常用加工设备

导电环属于低刚度细长轴类零件，属于回转体，其主要精度为车削加工保证。

根据导电环的精度要求，其精加工对机床主轴回转精度、导轨精度、进给精度等指标有很高的要求，同时应保证机床主轴与尾顶尖间具有较高形位精度常用车床，一般采用手动车床进行精密车削加工，同时配以显微镜用于车削环槽时的精密对刀。

3.3 精密铣镗技术

3.3.1 精密铣镗加工技术要点

铣削是将毛坯固定，用高速旋转的铣刀在毛坯上走刀，去除多余金属，切出需要形状和特征的一种机械加工方法。其经济精度一般可达IT13～IT07，表面粗糙度为 $Ra=6.3\sim1.6\mu m$。数控铣床可进行复杂外形和特征的加工，铣镗加工中心可进行三轴或多轴铣镗加工。

根据加工表面及工艺方式区别，精密铣削可分为平面精密铣削、内孔精密铣削和曲面精密铣削。

（1）平面精密铣削：通过圆周铣、端面铣、镗削等方式，完成相互垂直、平行、角度平面的精密铣加工方法，平面、平行、垂直等形位精度可达2μm。其一般适用于导航产品箱体的高精度凸台、基准面、轴承及组件定位安装面、接合面等基准定位平面铣削。

（2）内孔精密铣削：通过圆周铣、铰铣、镗削、超声等方式，完成三维空间内十字交叉孔、角度孔、微小孔（≤0.4mm）、深孔加工的精密铣加工方法。空间同轴、共面、垂直精度可达3μm，微小孔径可达0.1mm。其一般适用于惯性平台台体孔系、液浮陀螺框架孔系、惯导支架轴承孔系等精密内孔铣削。

（3）曲面精密铣削：运用多轴机床，采用软件插补多轴联动方式，完成三维结构复杂零件上自由曲面、微细沟槽等三维轮廓加工的精密铣加工方法。其一般适用于轴系惯性平台铸件内、外框架外形的曲面精密铣削。

3.3.2 典型零件铣镗工艺

3.3.2.1 台体类零件铣镗工艺

台体类零件是惯性产品中最重要的零件，无论捷联类导航产品还是轴系旋转类导航产品，台体类零件都是导航产品中的核心零件。台体类零件的作用是安装惯性敏感元件——陀螺、加速度计，台体零件结构一般由台体的安装定位面、孔，陀螺、加速度计安装定位面、孔构成，特点是：*X*、*Y*、*Z* 三个方向的陀螺、加速度计安装定位面的平面度和相对位置精度较高，台体与系统安装定位面平面度、位置精度较高，尺寸精度相对较低。图3.5和图3.6所示均为典型台体结构示意图。

1. 台体类零件加工工艺难点

台体类零件结构刚度相对较好，一般采用重量较轻的铝合金等有色金属合金。台体类零件的加工难点在如下。

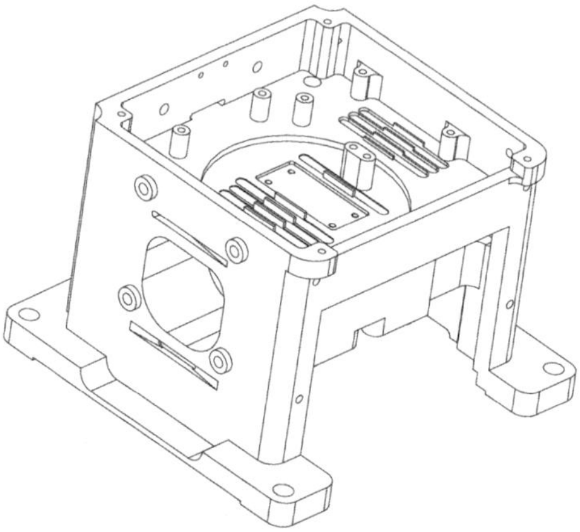

(a) 典型台体立体结构图

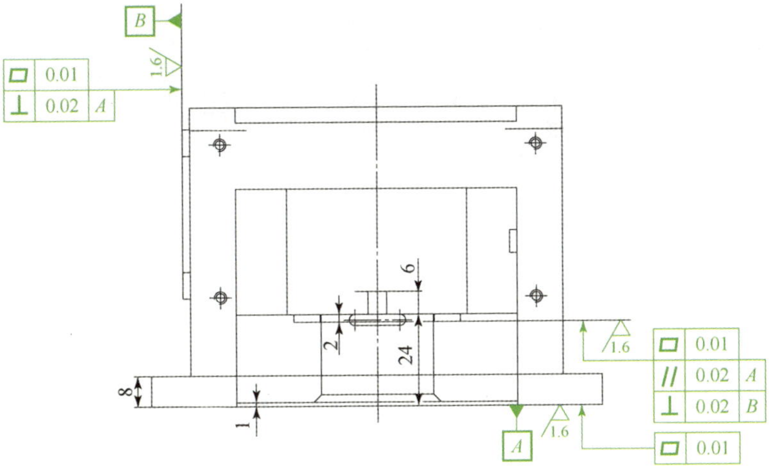

(b) 典型台体精度要求示意图

图 3.5 典型台体结构示意图（一）

(1) 安装三个方向陀螺、加速度计的定位平面平面度、表面粗糙度要求高，用于保证安装的重复性。

(2) 安装三个方向陀螺、加速度计的定位平面正交角度要求高，用于保证系统解算的精度。

(3) 尺寸稳定性要求高，惯性敏感元件的安装位置不能发生变形，否则会影响系统精度。

2. 台体类零件加工工艺流程

台体类零件的加工工艺流程如图 3.7 所示。

台体类零件加工工艺流程一般按照粗加工、热处理、半精加工、热处理、镀覆、精加工的顺序进行设计。其各工序一般要求如下。

(1) 粗加工完成主要外形加工，精加工表面留余量，不重要的表面加工达到图纸要求，安装定位用的孔暂不加工。

(2) 粗加工与半精加工之间采用人工时效去除加工应力。

(3) 半精加工中，除了台体与惯性导航系统的安装定位面以及安装重要元件，如陀螺、加速度计的安装面，所有的加工都应该完成。

(4) 半精加工之后进行高低温循环处理彻底去除加工应力，然后一般安排电镀、激光标号等工序，最后进行精加工，精加工顺序为先加工与惯性导航系统的定位安装面，加工完成后以此面为安装基准加工有精密要求的元器件安装面。

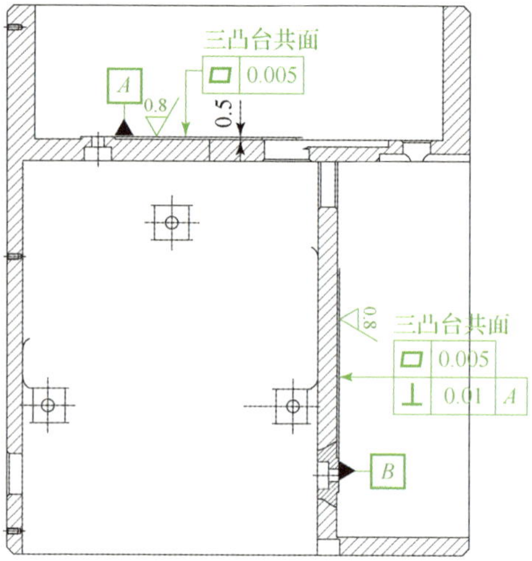

(a) 激光陀螺系统台体平面结构图

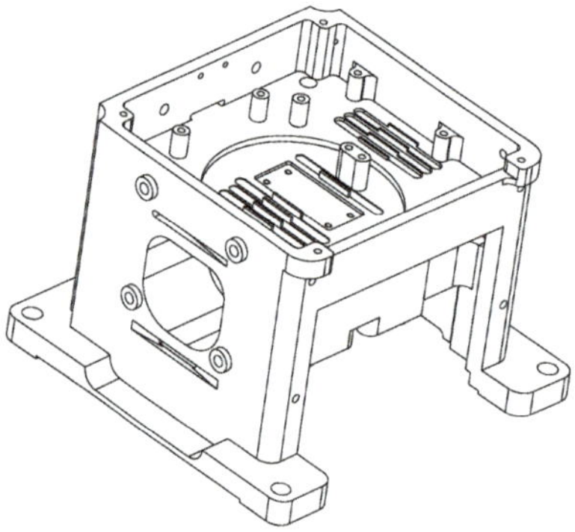

(b) 光纤陀螺系统台体立体结构图

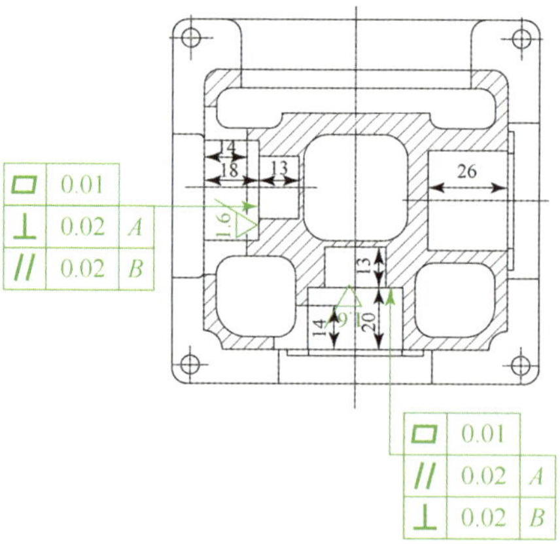

(c) 光纤陀螺系统台体精度要求示意图

图 3.6 典型台体结构示意图（二）

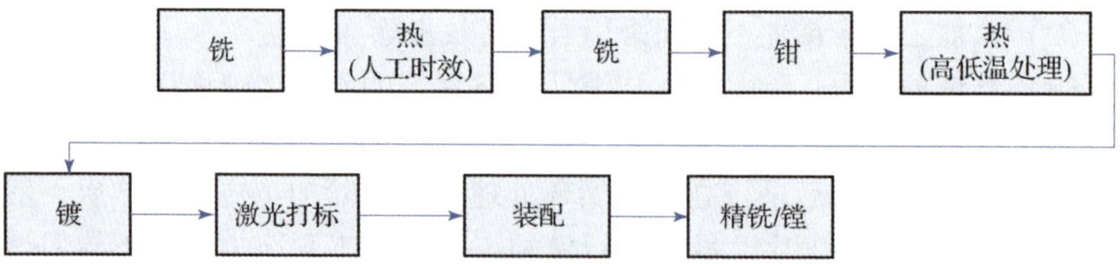

图 3.7 台体类零件的加工工艺流程

3. 台体类零件加工工艺设备

台体类零件的加工设备在粗加工时可以采用普通的铣床，半精加工时需要丝级精度的三轴数控铣床，在精加工时需要可以立卧转换的四轴精密铣加工中心，如果不具备相应条件则需要三轴高精度铣/镗床，配合高精度工装进行装夹。

3.3.2.2　平台框架类零件铣镗工艺

框架类零件是轴系旋转类导航产品中重要的零件，它的功能是带动台体进行旋转，捷联导航产品中，旋转台体用来调制陀螺信号，以消除陀螺的误差，平台类惯性导航产品，旋转台体用来隔绝载体运动、追踪当地地理坐标系。框架类零件的结构通常具有一对或两对轴孔，轴孔用来安装轴系，轴孔的圆度、同轴度要求较高，对于拥有两对轴孔的框架类零件，两对轴孔之间的正交垂直要求也较高，这些精度要求直接影响导航产品的导航精度和姿态精度。

框架类零件具有一定的强度、刚度要求，整个旋转部件通过轴系固定在框架上，框架在系统工作时承载着核心零部件，并能够抵抗一定的冲击和振动，不产生能够影响系统精度的变形。框架材料通常采用高强铝合金、钛合金或钢，因其结构复杂，通常会采用铸造零件。图 3.8 所示为典型框架类零件平面结构示意图。

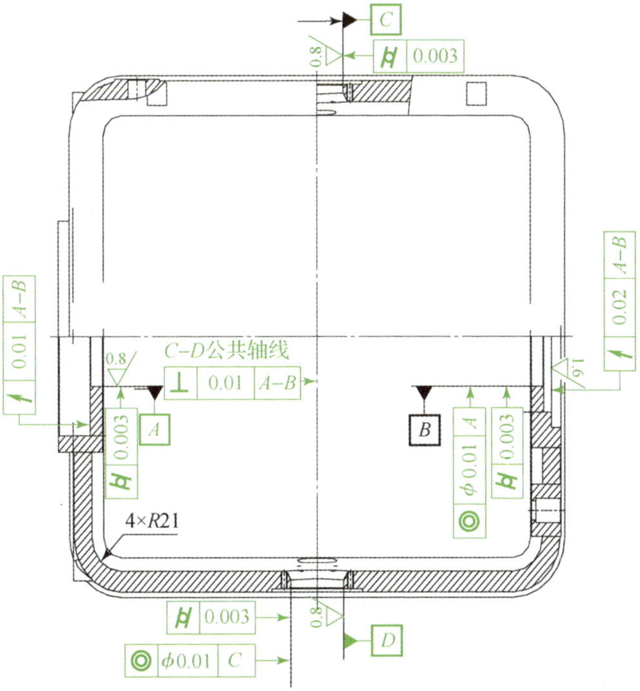

(a) 双轴框架精度要求示意图

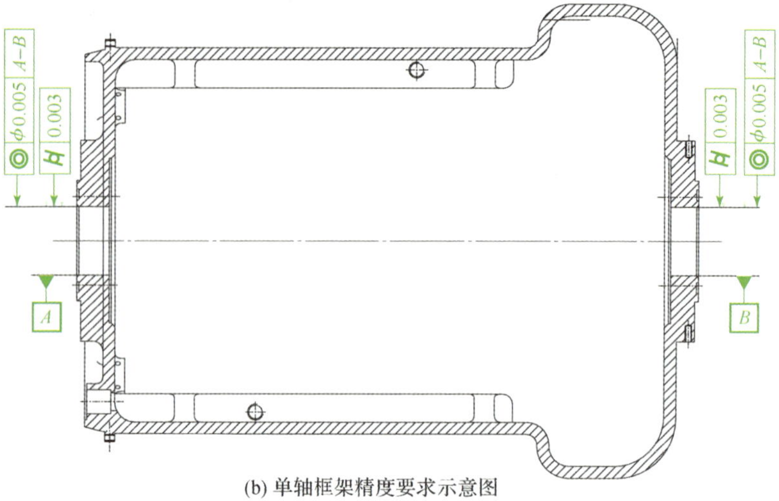

(b) 单轴框架精度要求示意图

图 3.8　典型框架类零件平面结构示意图

1. 框架类零件加工工艺难点

框架类零件结构刚性相对较差，一般为单框结构，框的中间由于要安装台体或其他结构件不能有加强筋提高强度。由于重量和尺寸空间的限制，往往框架的壁也不能很厚，应尽量选用比刚度较好的材料，综合系统要求、经济性、加工性能考虑，铸铝材料应用是最广泛的，其次是钛合金，最后是钢和镁合金。其主要加工难点如下。

（1）由于框架类零件结构刚度较差，要保证装卡时不变形或变形较小。

（2）轴孔之间的距离较远，不能一次加工完成，通常会旋转工件，定位误差会导致同轴度变差。

（3）尺寸稳定性要求高，尤其对于刚度不好的框架类零件，极易产生变形，影响系统精度。

2. 框架类零件加工工艺流程

框架类零件加工工艺流程如图 3.9 所示。

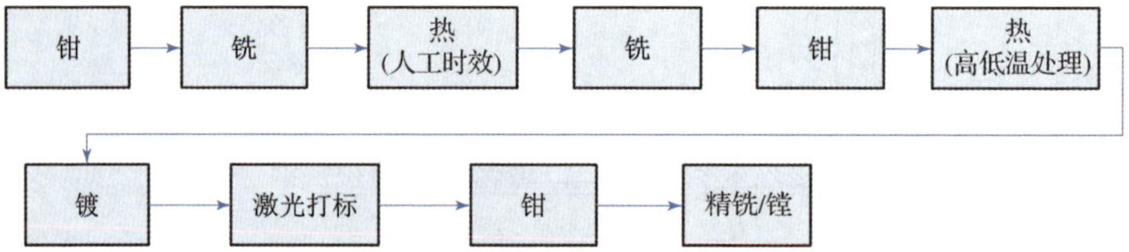

图 3.9　框架类零件加工流程示意图

框架类零件加工工艺流程一般按照粗加工、热处理、半精加工、热处理、镀覆、精加工的顺序进行设计。各工序一般要求如下。

（1）粗加工先对零件毛坯画线，检查毛坯尺寸是否合格，并画出加工基准和主要加工线，然后去除毛坯余量，精加工表面留余量，不重要的表面“成活”处理，安装定位用的孔可以不加工。

（2）粗加工与半精加工之间采用人工时效去除加工应力。

（3）半精加工中，除了轴系安装定位的轴孔和重要元器件的定位面，其他的加工都应该完成。

（4）半精加工之后进行高低温循环处理彻底去除加工应力，然后一般安排电镀、激光标号等工序，最后进行精加工，精加工顺序为先加工加工用基准面，加工完成后以此面为安装基准加工有精密要求的轴孔及端面。

3. 框架类零件常用加工设备

框架类零件的加工设备在粗加工时可以采用普通的铣床，半精加工时需要丝级精度的三轴数控铣床，在精加工时需要以立式、卧式铣镗加工为中心，卧式铣镗加工中心通常需要配置秒级的高精度转台。

3.3.2.3　陀螺框架类零件铣镗工艺

陀螺仪框架是惯性仪表的主要构件，也是惯性器件制造中的重要零件。陀螺仪框架用以支撑陀螺电机，框架上的轴承安装孔精度和孔（轴）的相互位置精度要求很高，以确定框架系统的精确位置和满足对支承轴所产生的干扰力矩最小。

根据不同的功用和要求，陀螺仪常用的框架有以下两种类型：筒形框架，作为浮子框架，如图3.10所示；球形框架，作为浮子框架，如图3.11所示。

框架的结构特点主要包括以下几方面。

（1）框架零件种类很多，结构形状比较复杂，外形和大小不一，但其结构形式比较典型，制造工艺相近。

（2）框架要求体积和质量小，结构紧凑，具有等刚度的薄壁、对称结构。框架是高精度的零件，其尺寸精度、形状和位置公差以及表面粗糙度均要求较高。

（3）框架应具有较高的强度和足够的刚度，在过载条件下能保证惯性器件正常工作。

（4）框架稳定性要求较高，在使用和储存过程中精度要稳定，在高低温工作环境下也应保持精度稳定可靠。

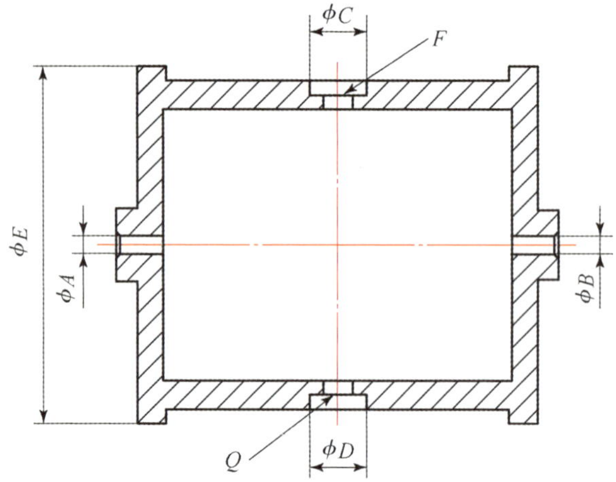

图 3.10　筒形框架

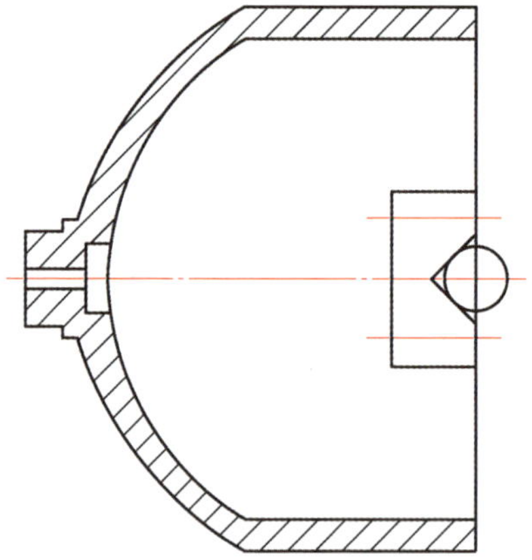

图 3.11　球形框架

框架的主要技术要求包括以下几方面。

（1）框架主要工作表面 - 轴承安装孔和转轴轴颈的尺寸公差小，配合精度高。孔（轴）的尺寸精度为 IT5，圆度为 1～3μm，锥度为 1～3μm，孔与轴的配合精度为 H6/n5。

（2）相对轴承安装孔（轴）的同轴度公差为 1～5μm。

（3）相邻两孔（轴）轴线的垂直度公差为 0.5′～2′，孔（轴）的端面垂直度允许公差为 3′～5′。

（4）各孔（轴）轴线的位置度（共面度）允许公差为 5～10μm。

（5）各配合表面的表面粗糙度为 $Ra = 0.4$μm。

（6）螺纹配合精度为 H5/4n。

1. 框架的加工工艺特点

框架材料多数采用铝合金制造，由于框架外形比较复杂，强度和刚度要求高，广泛采用硬铝2A12－T4的棒材通过机械加工制取毛坯。对于高精度惯性器件用的框架，则采用密度小、比刚度大、尺寸稳定性好的铍材来制造。

框架的加工工艺特点主要包括以下几方面。

（1）由于框架结构的典型性，从毛坯制取、加工工艺、热处理、表面处理直至计量检测的工艺过程都基本相似，加工工艺复杂、工序多，一般都集中在车、镗、钳工种。

（2）框架的加工精度集中体现在同轴度、垂直度和位置度（以下简称“三度”）的要求上。它们对惯性器件的性能影响较大，是框架零件制造中的一个典型的关键工艺问题。

（3）框架的精密加工需要高精度的精密机床。根据加工方式，可选用通用机床（车床、镗铣床）、专用机床（双面车床）、组合机床（两轴、四轴镗床）以及数控机床进行加工。

（4）要求合理地制定工艺路线，恰当地选用工艺装备，正确地确定定位装夹基准，并注意改善加工环境的温度、振动条件，这些都是保证框架加工质量的重要方面。制定工艺路线一般应遵循下列原则。

①粗、精加工要分开，不要交替进行；工序应相对集中，使加工内容尽可能在一次装夹中完成。要安排定位基准的修整工序，或安排消除变形工序，采用过渡基准；时效与高低温稳定处理的次数要满足消除应力和稳定组织的要求；表面处理可放在精加工前进行，有利于不需表面处理的基准面或高精度表面的加工。

②选用工艺装备要满足下列要求：工艺装备要求精度高、刚性好、使用方便、操作安全；定位装夹稳定、可靠，采用轴向夹紧，避免径向受力变形；夹紧力大小适当，方向合理，要垂直作用在支承平面内，夹紧力与支承力应同轴，避免分力，防止产生装夹变形。

③对定位面与夹紧面的要求：定位面的精度要高、刚性要好。除此以外，也可选用工艺柄、顶尖孔作为定位面；在保证定位稳定可靠的情况下，定位面越小越好，有利于提高定位精度；夹紧面刚性要好，与定位面平行且尽量靠近加工表面；定位面与夹紧面要经过研磨或精加工，其平面度和平行度要求高，以增强定位接触刚度。

④框架加工中要保持精度的稳定。影响稳定性的因素很多，除框架结构的因素外，主要有材料组织的稳定性、热应力和加工后的残余应力所产

生的变形。框架加工过程中，要最大限度地减少变形。保持在长时间和温度变化条件下精度的稳定性，还要尽量避免由于运输和保管不当造成的变形。

2. 框架加工的工艺流程

用硬铝 2A12－T4 棒材加工框架的工艺过程如下：

粗加工→人工时效→半精加工→高低温稳定处理→精加工→表面氧化处理→精加工→成品检验。

用铍材加工框架的工艺过程如下：

毛坯加工→真空退火→粗加工→探伤→高低温稳定处理→半精加工→高低温稳定处理→精加工→酸洗后表面处理（阳极氧化或化学镀镍）→精加工（或对镀层的微量精加工）→成品检验。

3. 框架“三度”主要机加工方法

各类框架为保证“三度”要求的机加工方法有三种。

1）车床加工

在车床上加工框架如图 3－10 所示，以 ΦE 外圆定位装夹于专用精密分度转位装置上，按序分别精车 ΦA、ΦB 和 ΦC、ΦD 两对相对孔和与孔垂直的端面 P、Q。每加工一个孔，框架都要进行相应的转位和换刀。加工精度主要依靠工艺装备的转位精度和安装调正精度来保证。

在车床上精车孔的圆度误差小，端面平直度和对孔的轴线垂直度好，表面粗糙度和相互位置精度较易达到，在一批零件的加工中，尺寸一致性较好、位置误差较稳定。由于切削力小，可使夹紧力减小，避免变形，生产效率也较高，适合于加工小型陀螺框架的成批生产。实践证明，车床加工框架效果良好，但其所应用的夹具精度高，误差产生因素多，制造较困难，通用性受到限制。

在“双面”车床上加工框架，则以外圆定位，一次装夹条件下完成两端相对孔的精车加工，同轴度可达 0.001mm。这种工艺方法必须配有专用的精确夹具且要极力避免工件夹持所造成的变形，适合于成批生产。

2）单轴镗床加工

在单轴镗床上利用转盘的精确分度加工框架的两对相对孔是广泛采用的加工方法，尤其采用光电转盘或高精度端齿盘等转位装置，可提高分度精度以满足更高精度要求的框架加工。

在镗床上加工框架的外形尺寸不受限制，夹具简单，操作方便，适宜于材料切削性能较好，孔形结构简单、无大端面、内端面和槽型的加工。但端面的加工精度和表面粗糙度以及生产效率均较车床差，对调正和操作技术要求高。

3）四轴（或两轴）组合机床加工

在四轴（或两轴）组合机床上进行框架加工，它的两对相对孔（或轴）由两对相向的对称镗头从四面（或两面）同时完成镗孔、切端面、倒角、打中心孔等加工，主要由机床精度和主轴的相互位置精度来保证孔径尺寸和形状位置精度。它的生产效率和加工精度高，加工范围大，有一定的通用性，适用于一定批量的生产。

四轴多刀组合镗孔，不更换刀具，加工尺寸一致性较好，加工误差较稳定。由于组合加工避免了分度，减小了定位误差和夹具调整误差，使加工精度提高。对于一定尺寸范围的各种不同材料、不同形状的框架，当生产批量变化时，机床调正时间短，刀、夹具简单易更换，便于实行通用化和系列化，从而可实现成组加工。

组合镗孔采用高速微量切削，并选择回程切削方式，不采用停车退刀，避免在工作表面留下刀痕，影响表面粗糙度。此外，还应避免孔和端面同时加工，减少因切削力过大而产生的振动，可改善加工条件。

4. 关于保证框架“三度”的加工要求

在保证框架“三度”精度的机加工方法中，单轴卧镗加工具有代表性。要达到“三度”的加工精度，应从机床精度、转盘分度精度和减少调整误差三个方面提供保证，应根据框架不同的精度，提出相应的加工要求。

机床精度应符合以下要求。

（1）主轴的轴向窜动和径向跳动小于0.003mm。

（2）工作台面的平面度的精度为0.02/1000mm。

（3）工作台面与床身导轨平行度误差小于0.01/300mm。

（4）主轴座导轨对主轴中心的平行度误差小于0.005/200mm（垂直和水平两个方向）。

转盘分度精度应符合以下要求。

（1）精密转盘的转位分度误差小于3″。

（2）精密转盘工作台与底座平行度误差小于0.005/300mm。

机床调整精度应符合以下要求。

（1）机床主轴与夹具定位面平行度误差小于0.005mm。

（2）机床主轴线与转盘旋转轴线应垂直相交，误差小于0.002mm。

机床、夹具以及操作等方面的误差会不可避免地存在，因此除了满足上述要求，还要求在加工过程中精心操作，注意修正或补偿某些误差，以提高加工精度。例如，防止夹紧力、切削力过大造成工件变形；修正因机床热漂移引起的误差，可选择特征尺寸（或参数）进行监视作为修正依据等。

5. 框架常用加工设备

框架的粗加工及半精加工只需普通的丝级精度车床和铣床即可，由于框架上具有较多立体分布式过线孔，需要采用五轴或者四轴半数控加工中心进行加工。框架的精密加工需要高精度的精密机床。根据加工方式，可选用通用机床（车床、镗铣床）、专用机床（双面车床）、组合机床（两轴、四轴镗床）以及数控机床进行加工。要求车床具有较高的回转精度，铣镗床应具备高精度分度能力。

3.4 精密磨削技术

3.4.1 精密磨削技术要点

磨削加工是指利用高速旋转的砂轮等磨具加工工件表面的切削加工方法。其经济精度一般可达 IT08 ~ IT05，表面粗糙度为 $Ra = 1.25 \sim 0.16\mu m$。精密磨削是一种采用高精度磨具和磨削液，在精确控制磨削条件下进行的磨削工艺。其目的是在保持高效率的同时，实现高精度、低表面粗糙度的磨削效果。精密磨削具有高精度、超低表面粗糙度、高效率、低损伤的特点。

根据加工表面，精密磨削可分为精密外圆磨削、精密内圆磨削、精密平面磨削和精密刃磨（螺纹磨削和齿轮磨削）。

（1）精密外圆磨削：利用高速旋转的砂轮等磨具，采用纵磨法或横磨法，配合研磨、抛光、光磨等光整手段，完成零件外圆表面圆柱面、圆锥面、球面、台阶面、偏心圆加工的精密磨削方法。其一般适用于陀螺仪合金马达轴、惯性平台电机轴、石英玻璃半球谐振子外球面、RV 减速器偏心轴等高精度外表面磨削。

（2）精密内圆磨削：利用高速旋转的砂轮等磨具，配合研磨、抛光、珩磨、光磨等光整手段，完成零件通孔、盲孔、台阶孔、锥孔、端面加工的精密磨削方法。其一般适用于陀螺仪硬质合金轴承套内孔、陶瓷定子内孔、石英玻璃半球谐振子内球面等高精度内表面磨削。

（3）精密平面磨削：利用高速旋转的砂轮等磨具，采用周边磨削或端面磨削方法，配合研磨、抛光等光整手段，完成零件平面、斜面、台阶、沟槽加工的精密磨削方法。其一般适用于陀螺仪传感器磁芯十字爪、陀螺仪合金止推板渐开线槽等精密表面的磨削。

（4）精密刃磨：利用高速旋转的成型砂轮等磨具，采用多轴联动方式，完成零件螺纹、齿形、渐开线加工的精密磨削方法。其一般适用于陀螺仪硬质合金马达轴螺纹、RV 减速器摆线轮廓、陀螺仪硬质合金马达轴外圆气浮螺旋槽等精密轮廓的磨削。

磨削加工的特点主要包括以下几方面。

(1) 磨削加工范围很广。在不同的磨床上可完成内外圆柱面、圆锥面、平面及花键、螺纹、齿轮等各种成形表面的加工。磨削加工不仅可以加工铜、铝等非铁金属，还可以加工其他刀具难以切削的高硬度、超硬度材料，如淬火钢、硬质合金和各种宝石等。

(2) 磨削加工精度高，表面质量好。

(3) 在磨削过程中，磨削速度快，砂轮导热性差，磨削区内的温度可达 800~1000℃，容易使工件表面烧伤或退火，故须采用大量的切削液，以降低磨削温度。

(4) 砂轮在磨削时，还具有“自锐作用”，部分磨钝的磨粒在一定的条件下自行脱落，使砂轮保持良好的磨削性能。

精密磨削又称低粗粒度值磨削，是指在精密磨床上，选择细粒度砂轮，并通过对砂轮的精细修整，使磨粒具有微刃性和等高性；磨削后，使被磨削表面所留下的磨削痕迹极其微细、残留高度极小，再加上无火花磨削阶段的作用，获得加工精度为 1~0.1μm，表面粗糙度为 $Ra=0.2\sim0.025\mu m$ 的表面磨削加工方法。

超精密磨削是指加工精度达到 0.1μm 以下、表面粗糙度 $Ra<0.025\mu m$ 的加工方法，是一种亚微米级的加工方法，并正向纳米级发展。

精密和超精密磨削的特点主要包括以下几方面。

(1) 精密和超精密磨削是一个系统工程。精密和超精密磨削不是一种单纯的加工方法，已经形成了一个系统工程，其组成部分有被加工材料、精密和超精密磨削机理、精密和超精密磨床、砂轮及其修整、工件的定位与夹紧、检测及误差补偿、工作环境和人的技艺。其中，精密和超精密磨床是保证加工精度的关键。

(2) 超硬磨料砂轮是精密和超精密磨削的主要工具。超硬磨削是一种极薄层的切削，磨削深度极小，要求磨料材料具有很高的高温强度和高温压力，因此采用金刚石和立方氮化硼超硬磨料；由于对表面粗糙度值要求很低，因此多采用超硬磨料微粉砂轮进行磨削。

(3) 精密和超精密磨削是一种极薄切削，是在晶体内部进行磨削，去除的加工余量很小，很可能与工件所要求的精度等级相当。

3.4.2 典型零件磨削工艺

3.4.2.1 电机轴类零件磨削工艺

1. 电机轴结构特点及功能

动压气浮轴承电机是液浮陀螺仪的核心部件。其关键零件电机轴是电机气浮轴承的主要组成部分，材料为钢结硬质合金（GT35），电机轴结构如图3.12所示。

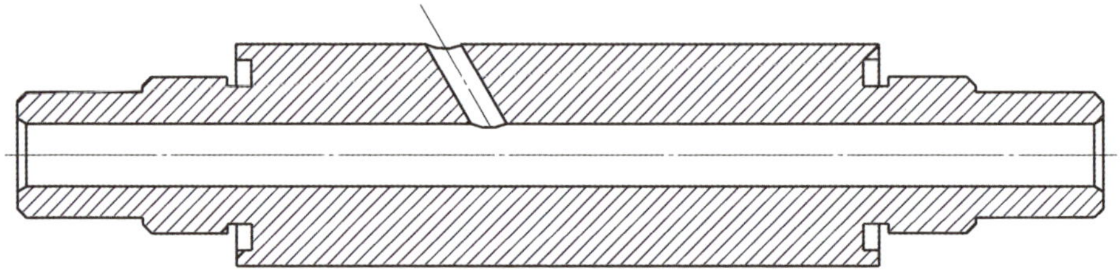

图3.12 电机轴结构示意图

2. 电机轴加工工艺难点

电机轴材料采用的是具有良好的物理及力学综合性能的钢结硬质合金。经淬火处理后的钢结硬质合金具有很高的硬度（>85HRA），材料加工性差，加工难度大；直孔和斜孔属于典型的小深孔，尤其是直孔，深径比达到25以上，难以从一端直接打通，只能从两端分别进行打孔，在孔中间进行接刀；因此，目前常规加工存在以下缺陷。

（1）直孔接刀处痕迹明显，导致直孔直线度差并存在明显的锐边，如图3.13所示。

（2）斜孔出刀及入刀处锐边、毛刺明显，不易倒圆、去净，如图3.14所示。

（3）直孔、斜孔内壁粗糙度差，刀纹明显。

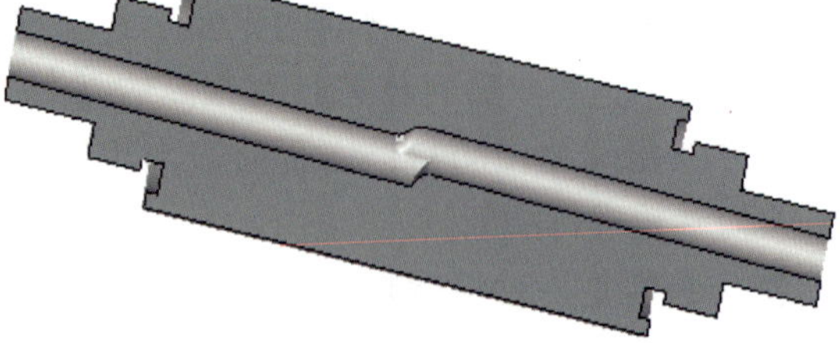

图3.13 直孔接刀示意图

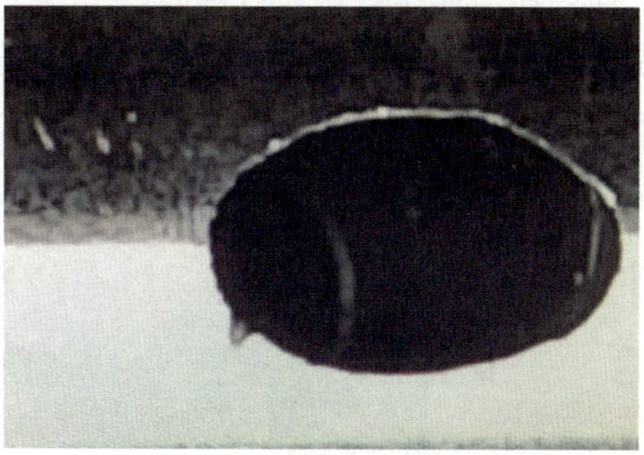

图 3.14　斜孔孔口锐边毛刺示意图

电机轴的直孔和斜孔主要用于走线，但如果内孔加工质量不好，容易存留多余物，污染电机轴承系统。例如，锐边毛刺问题，极易割伤电机引线；直孔存在接刀台阶问题，造成装配清理内孔时极易黏附棉纱线；内孔粗糙度差直接影响清洗难度，并且不利于零件防锈，易产生锈渣脱落，尤其在目前缺乏小深孔有效清洗手段的情况下，电机轴孔是陀螺动压电机主要多余物来源之一，影响产品可靠性。因此，打孔是电机轴加工难点之一。为了提高小孔表面质量，减少锐边毛刺问题，采用磨粒流抛光的方法，对小孔表面及锐边进行研磨倒钝，提高表面质量。

由于钢结硬质合金材料硬脆，砂轮易磨损、耐用度低，导致磨削力大、磨削热高，被加工表面易烧伤、产生微小裂纹和组织变化，易产生加工应力，时常发生崩角、表面及亚表面裂纹等问题，无法保证较高的尺寸精度、形位精度、尺寸稳定性和表面粗糙度。因此，精磨也是电机轴加工难点之一。为了保证电机轴精度要求，精磨时采用高精度外圆磨床，选用自锐性好、弹性好的树脂结合剂金刚石砂轮；磨削加工过程中，电机轴被加工表面的粗糙度值随砂轮粒度增大而增大，因此，在电机轴磨削粗加工阶段，应该尽量选用粒度较大的砂轮；而精加工阶段，为保证其表面质量，需选用粒度较小的砂轮。根据磨屑去除机制，随着砂轮转速提高，单位时间内参与切削的总磨粒数增加，每颗磨粒的切深减小，切屑变薄，切屑横断面积相应减小，最终每颗有效磨粒承受的磨削力会降低，从而磨削力减小。因此，提高砂轮转速对减小磨削力、提高磨削精度具有重要意义。通过试验证明，减小砂轮宽度可以显著降低径向磨削力，有利于减小工件的圆柱度，提高形状精度。

3. 电机轴加工方案

磨粒流加工是利用磨粒流中的磨砂充作无数的切削刀具，自锐性好，以其坚硬锋利的棱角对工件表面进行反复切削，从而达到一定的加工目的。磨粒流的加工方法是上、下各有一组液压缸和磨料缸，使磨粒在零件和夹具所形成的通道中来回挤动。磨削作用就产生在流体受到限制的部位，即挤压部位。当磨粒均匀而渐进地对通道表面或边角进行工作时，产生去毛刺、抛光、倒角的作用，达到对各种型腔表面光整加工的目的，如图 3.15 所示。

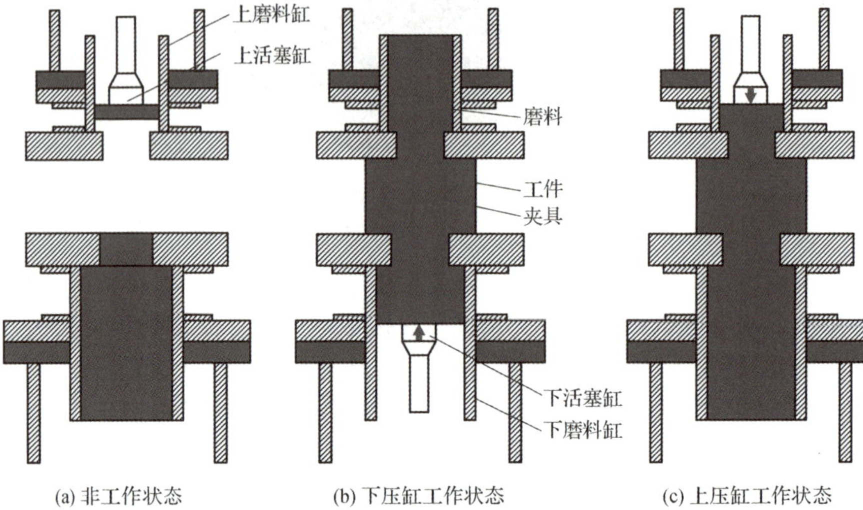

图 3.15　磨粒流加工原理示意图

磨粒流工艺作为一种抛光手段，可以说创立了内外表面边角处理的新概念。使得金属表面处理更具特色，其更大优势在于随着现代制造技术微型化、密集化，越来越多的零件结构呈现出封闭的、无规则的同时，又要求高质量表面的各种型腔、通道等。磨粒流工艺在这些部位的微量加工和抛光方面可谓独树一帜。不但如此，磨粒流工艺还可以成功地对各种材料进行微量研磨加工，包括较软的有色金属直至坚韧的镍合金，陶瓷、硬质合金等制作的零件，非常适应现代制造材料和制造技术的发展。

电机轴的加工工艺流程：下料→粗车→加工孔→粗磨→淬火处理→半精磨→磨粒流→高低温处理→精磨。经过梳理分析现有工艺流程，认为将磨粒流工序安排在半精磨之后、高低温之前最合适，主要原因如下。

（1）半精磨后，零件外圆及轴向尺寸一致性较好，有利于工装设计。

（2）半精磨后零件外圆余量较少，磨粒流加工形成的斜孔孔口圆角，精磨后不会消失。

（3）磨粒流加工过程中零件会受到磨料高压作用，产生一定的加工应力，而磨粒流加工后经过高低温处理，起到消除加工应力的作用。

4. 电机轴常用加工设备

电机轴粗加工阶段可采用普通车床和铣床完成内孔、过线孔的加工，采用普通车床完成外圆的粗加工。为了保证电机轴精度要求，精磨时可采用高精度外圆磨床，对于螺纹磨削应采用专用螺纹磨床，对于电机轴上精密螺旋槽可采用高精度数控外圆磨床进行插补磨削完成加工；各过线孔的抛光加工可采用磨粒流机床完成，图3.16所示为某型号磨粒流机床。

3.4.2.2　电机盖类零件磨削工艺

1. 轴承盖结构特点及功能

轴承盖是气浮轴承最主要的部分，同时提供径向和轴向气浮支承的作用。左右轴承盖连接转子环组成转子组件，是整个电机的中枢部分。轴承盖的结构如图3.17所示。

图3.16　磨粒流机床实物图

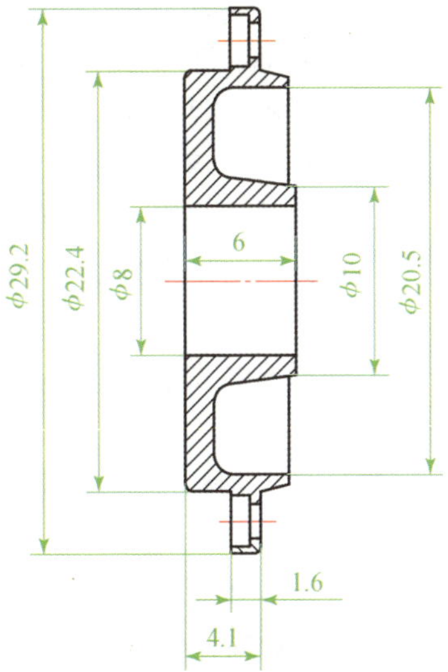

图3.17　轴承盖结构示意图（单位：mm）

2. 轴承盖加工工艺难点

GT35钢结硬质合金在退火状态时，硬度为40HRC~45HRC，具有良好的可加工性。但在淬火和回火后，坚硬的碳化物颗粒会弥散析出，形成细小的硬质相在钢基体中弥散分布的结构。在一定磨损载荷作用下，摩擦面上碳化物相数增加时，一方面会降低每个碳化物颗粒承受的磨损载荷，从而减少碳化物颗粒的磨损；另一方面则使碳化物颗粒间隙减小，因而会降低钢基体的磨损，这两方面的综合作用使得钢结硬质合金的耐磨性大为提高，从而也加大了其精密磨削加工的难度，其淬火后硬度高达85HRA以上，采用常规机加工方法无法完成其精密加工。

为保证电机工作性能，轴承盖必须具有很高的形位精度以保证轴承旋转轴线的稳定性，尤其内孔要求很高的圆柱度和表面粗糙度。其止推面以及与转子安装定位面间的平行度以及与内孔的垂直度要求均较高，经分析，其加工难点主要集中在以下几方面。

（1）切削加工时，切屑为粉末状，零件淬火后硬度高，要求大于或等于85HRA，加工过程易发生锈蚀现象。

（2）尺寸及形位精度要求高，均达到微米级。

（3）由于工作间隙极小，需保证其使用过程中的长期稳定性。

（4）为保证轴承工作效应，需保证轴承工作面的高粗糙度以及表面无砂眼等缺陷。

3. 轴承盖加工工艺流程

为保证轴承盖加工满足最终使用要求，应采用以下装卡及加工方法以达到图纸的尺寸要求和性能要求。

（1）采用芯轴或压盖定位等装卡方法保证其较高的定位精度。

（2）在粗加工阶段将轴承盖的安装面止口处的环槽加工成型，以避免加工不到位而影响装配；在半精加工阶段采用电火花再次加工环槽，最终达到设计要求。

（3）零件外形及各安装孔、穿线孔的加工均在淬火前完成，淬火后采用磨削方法加工。

（4）在半精加工和精加工之间安排高低温稳定处理工序，降低应力，提高尺寸稳定性。

（5）加工过程中增加精密研磨工序，不仅用于提升轴承面的表面质量，同时剔除轴承工作表面存在缺陷的零件。

经分析，轴承盖加工工艺流程如下：车→铣→粗磨→热处理（淬火）→磨内孔→研磨→砂眼检查→精磨外圆及各端面→电火花加工环槽→热处理（高低温处理）→精密研磨。

3.4.2.3 半球谐振子磨削工艺

半球谐振陀螺研制的核心零件为半球谐振子，采用熔融石英材料制成，结构复杂，属于薄壁硬脆异形零件，因此基于石英材料的半球谐振子加工极为困难。而半球谐振子的加工精度、表面粗糙度和亚表面损伤是影响半球谐振陀螺精度、使用寿命的关键。为保证半球谐振陀螺的角速率/角位置的敏感精度，谐振子的加工精度要求极为严格，要求其具有亚微米量级的同轴度、圆度，以及纳米量级的表面粗糙度。

1. 半球谐振子结构及加工难点分析

半球谐振子属于典型的硬脆材料薄壁异型结构精密零件，所用材料为难加工材料石英玻璃，结构上属于轴对称回转类零件，内外球面间以及与内柱间的同轴精度要求极高，图 3.18 所示为半球谐振子实物。对于半球谐振子磨削加工而言，其主要目标是为后续精磨加工奠定良好的加工基础，即保证尺寸形位精度，控制表面损伤层，同时避免崩边及开裂问题，因此对于成型加工而言，其加工难点主要包括以下几点。

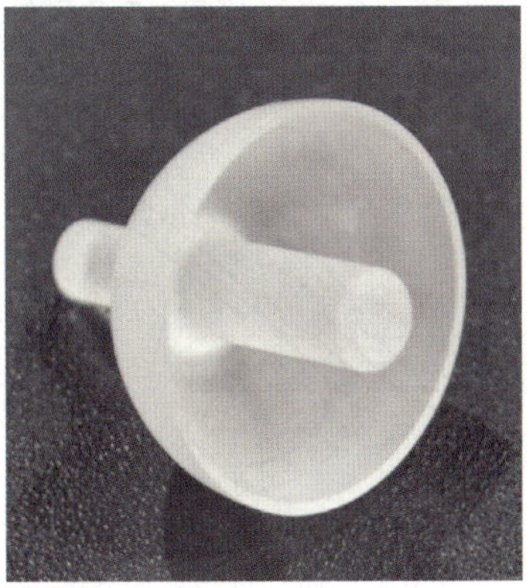

图 3.18　半球谐振子实物

（1）如何保证其内外球面间以及与内柱间的同轴精度。

（2）如何控制表面损伤层深度。

（3）如何保证其内外球面尺寸精度。

（4）在去除大量加工余量时如何保证避免开裂、崩边问题。

针对上述加工难点，下面将分别介绍半球谐振子的精密磨削工艺。

2. 半球谐振子加工解决方案及常用加工方法

半球谐振子成型加工后壁厚 1mm，属于低刚度构件。由半球谐振子结构可知，其内球面及外球面的加工可使用专用砂轮采用三轴插补、五轴联动或范成法加工的方案完成。结合实际设备资源情况，以数控万能磨床或铣磨加工中心作为半球谐振子的主要加工设备，考虑保证谐振子较高的圆度及同轴度需要高回转精度主轴作为基础，需对加工设备的精度提出较高要求。

为保证零件内孔外圆的同轴度及圆度等要求，采用预留工艺柄一次装卡完成内球面及外球面加工然后去除工艺柄的方案，为防止装夹时对零件造成损伤，考虑采用粘接方案。除此之外，还需对砂轮、工艺参数、数控程序以及工艺路线等进行工艺试验，以得到最佳实施方案。

为实现半球谐振子的低损伤层精密加工，需要对金刚石砂轮的磨粒尺寸、进给量、磨削深度等进行控制，对工艺参数进行优化控制，降低后续抛光去除余量，满足谐振子批量加工要求。

1）轨迹成型法

半球谐振陀螺谐振子的加工多采用加工中心、坐标磨床等精密加工设备配以多维运动夹具实现，其磨削加工原理如图 3.19 所示。加工过程中谐振子在绕其轴线旋转的同时，砂轮也做回转运动，并且砂轮在加工中的轨迹是靠 X、Y、Z 轴的移动和 β 轴的转动来实现的，加工轨迹如图 3.20 所示。其中，为满足半球谐振子的加工，加工砂轮需使用电镀或固结磨料小球头金刚石砂轮，并且以点接触磨削形式加工半球谐振子的形面。

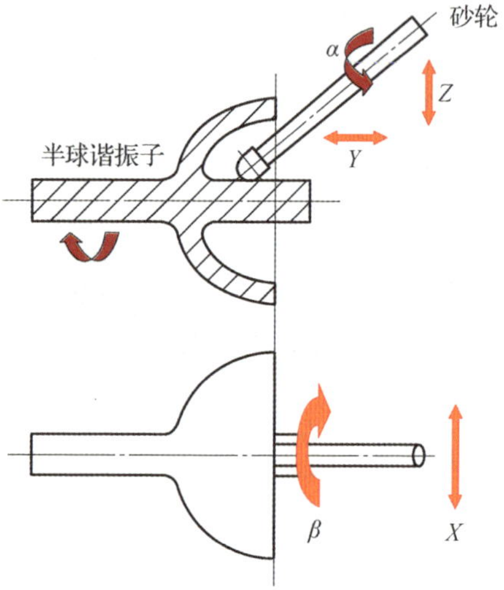

图 3.19　半球谐振陀螺谐振子磨削加工原理

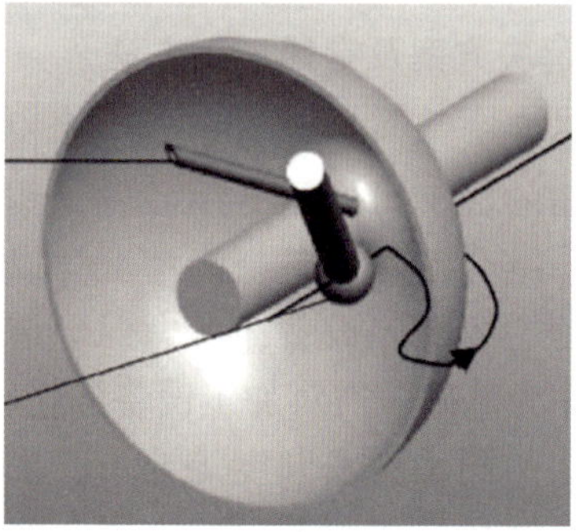

图 3.20　半球谐振陀螺谐振子磨削加工轨迹示意图

在磨削过程中，半球谐振子的加工精度受到多方面因素的影响，如加工机床本身具有的几何精度、刀具位置的控制精度、砂轮的形状精度和修锐效果等。为了保证谐振子的加工精度，需要选择高精度的超精密机床，优化刀具路径，采用定点加工方式实现谐振子的超精密加工。其中，为了保证谐振子加工精度、减少裂纹等缺陷，通常采用微粉金刚石砂轮进行精密磨削加工。微粉金刚石砂轮粒度低、易堵塞，其关键是要解决好砂轮在位修整问题，包括砂轮的整形和修锐，以降低磨削力，提高谐振子加工精度和质量。此外，砂轮对刀、砂轮磨损补偿对半球谐振子的加工精度也有很大影响。

2）超声辅助磨削

近年来，超声振动辅助磨削加工技术已成为解决硬脆材料复杂结构精密加工难题的有效方法。超声振动辅助磨削加工是将超声振动施加于旋转的磨削工具上，在超声振动的高频侵蚀与空化双重作用下，使加工区的材料得以弱化，可有效抑制砂轮堵塞，显著减小磨削力和磨削温度，降低工件变形和表面损伤，实现高效率、高精度、低损伤的材料去除。与常规方法相比，超声振动辅助磨削加工的效率可提高 5 ~ 10 倍，加工表面质量提高 30%~50%，崩边、开裂等问题大幅减少。图 3. 21（a）所示为坐标磨床磨削加工半球谐振子，图 3. 21（b）所示为超声振动辅助磨削加工半球谐振子。

(a) 坐标磨床磨削加工　　(b) 超声振动辅助磨削加工

图 3. 21　半球谐振子磨削加工

3）范成球面展成法

对于内外支撑杆长度缩短的半球谐振子，还可采用“范成法”进行球面铣磨加工，如图 3. 22 所示。“范成法”球面铣磨加工能够在一次装夹的情况下，完成谐振子内外球、内外支撑杆、端面等各关键部位的加工，用一般精度球面珩研机床就可实现亚微米级精度加工，易于保证半球谐振子对形位精度的要求。

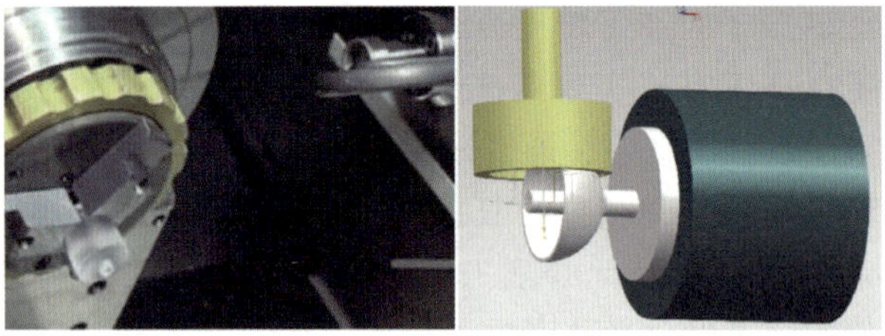

图 3.22 “范成法”球面铣磨加工

“范成法”精密球面弹性展成的基本原理如图 3.23 所示。球面珩磨/研磨磨头端面与工件球面紧密贴合，轴线和压力指向球心，磨头端面垂直于球面法线，磨头与球面紧密磨合面为球面的一部分（圆弧环线Ⅰ、Ⅱ）。磨头在弹性力 F 的作用下与球面紧密磨合，以球心为基准的两转一往复运动的耦合进行球面轨迹磨削，保证了谐振子的球面成型。

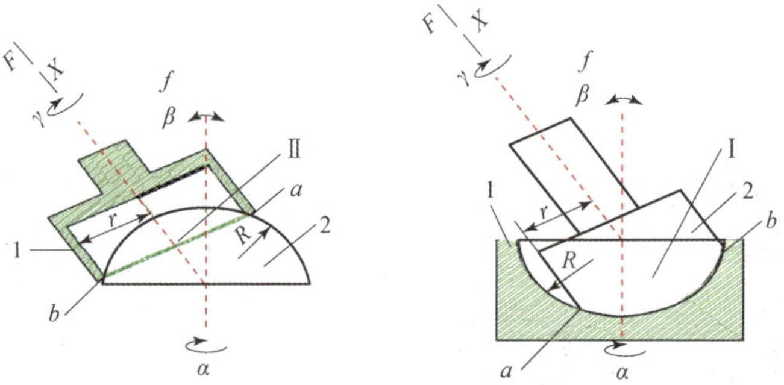

1—加工外球示意图；2—加工内球示意图。

图 3.23 “范成法”精密球面弹性展成原理

范成球面展成法的加工精度与珩研磨速度有关，为保证谐振子加工精度，必须降低珩研磨速度，因此为获得高质量半球谐振子，范成球面展成法的加工效率较低。半球谐振子不仅要求球面精度高，还要求内外球面与中心杆之间同轴度高（通常要求小于 1μm），而范成球面展成法很难保证内外球与中心杆的同轴度。另外，范成球面展成法属于传统加工方法，加工质量和加工精度依赖于操作者经验，将“范成法”原理与精密磨床结合起来，有利于提升谐振子的生产效率。

3.5 研磨技术

3.5.1 研磨技术要点

研磨是指利用附着和压嵌在研具表面上的游离磨料磨粒，借助于研具与工件在一定压力下的相对运动，从工件表面上切除极小的切屑，以使工件获得极高的尺寸精度和几何形状精度或极低的表面粗糙度的一种加工方法。

研磨分为手工研磨和机械研磨。根据零件的加工特征和研磨方法，还可分为平面研磨、曲面研磨、振动研磨、磁性研磨、液态研磨、电陡动研磨等。其本质都是通过较小的游离磨料磨粒对被加工材料进行微切削。研磨加工可获得比一般机械加工更高的加工精度和表面质量。为对此有定量理解，可将微细或超微细磨粒形状简化为圆锥体，如图 3.24 和图 3.25 所示。

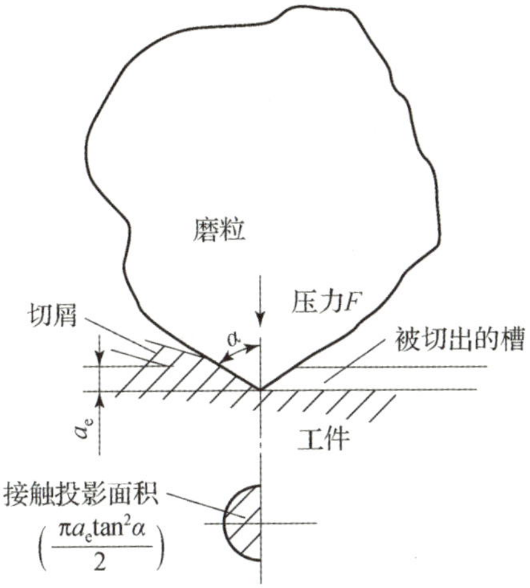

图 3.24　磨粒与工件接触模型

磨粒的磨削深度 a_p 为

$$a_p = \sqrt{\frac{2F}{\pi\sigma_s \tan^2\alpha}} \tag{3.1}$$

式中：F 为单个磨粒所承受的压力（N）；α 为假想圆锥磨粒的半顶角（°）；σ_s 为工件材料的屈服点（MPa）。

取 $\alpha=60°$，$\sigma_s=2000\text{MPa}$，$F=10^{-3}\text{N}$，则 $a_p=0.3\mu\text{m}$。每颗磨粒载荷为 $F=10^{-3}\text{N}$，每 1cm^2（有 600～6000 颗磨粒）载荷相当于 0.6～6N，如此小的力是很容易做到的。因此，得到小于 0.3μm 的切深，对精整和光整加工并不困难。

游离磨粒加工的机械作用可用图 3.25 所示的磨粒切刃加工模型来表示。通过切削的相对运动产生沟槽 G_1，G_2，…，G_i，其体积总和为切削量。在这种情况下，磨粒与工件的接触压力大致等于工件材料的屈服点 σ_s，其值可根据维氏显微硬度值 HV 计算如下：

$$\sigma_s = 10.584\text{HV}(\text{MPa})$$

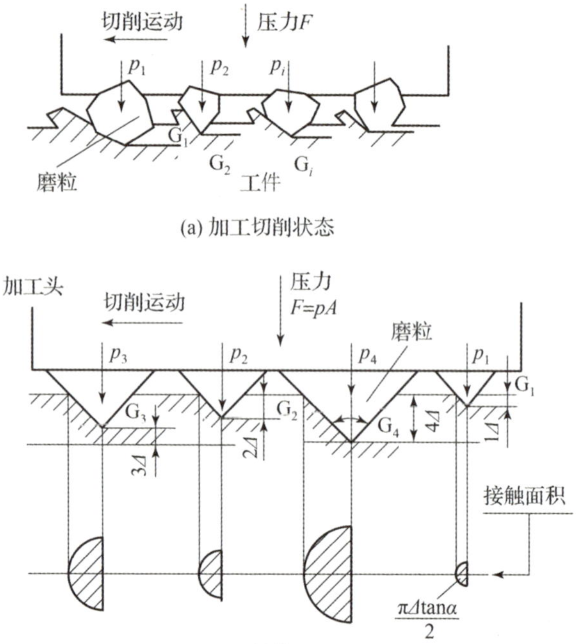

图 3.25 游离磨粒加工模型

磨粒切刃的形状可以用近似圆锥、球等几何体来表示。若其分布按等高、正态分布或均匀分布，则可近似推算出在某种工艺条件下切削加工的单位体积为

$$V=\frac{2ApL}{\pi\sigma_s\tan\alpha} \tag{3.2}$$

式中：σ_s 为工件材料的屈服点（MPa）；A 为工件与磨粒的接触处面积（mm^2）；p 为工件与磨粒的接触压力（MPa）；L 为工件与磨粒的相对移动距离（mm）；α 为圆锥磨粒的半顶角（°）。

由此可见，提高工件与磨粒的接触面积、接触压力及相对移动距离，减少工件的材料屈服点（硬度）和磨粒圆锥半顶角，可提高加工效率。

加工表面粗糙度与最大切削深度 a_{pmax} 成正比。a_{pmax} 的计算公式为

$$a_{pmax}=\left(\frac{\eta d_g^3 p}{G\sigma_s\tan^2\alpha}\right)^{\frac{1}{3}} \tag{3.3}$$

式中：η 为磨粒体积率，等于直径为 d_g 磨粒的实际体积与直径为 d_g 球体积之比；d_g 为磨粒的平均直径；G 为磨粒率。

降低表面粗糙度值应减小磨粒粒径、减少工件与磨粒的接触压力和磨粒体积率，增大工件材料的屈服点、磨粒圆锥半顶角和磨粒率。

3.5.2 典型零件研磨工艺

3.5.2.1 气浮轴承零件研磨工艺

典型动压电机的结构如图 3.26 所示。其中，电机轴和轴承端盖（轴承套）内孔组成径向轴承。止推板和端盖（轴承套）端面组成止推轴承。轴承零件材料目前国内多采用钢结硬质合金 GT35，该材料热处理后硬度可达到 85HRA 以上，加工较困难，且存在孔隙度、易生锈等缺点。零件的精加工一般采用磨削加工的方法，轴承间隙及最终配合所需的形状位置精度则大部分靠手工研磨的方法保证。轴承零件的研磨配作工艺主要包括“止口”研磨、轴承孔研磨、止推面研磨、轴的研磨抛光和轴承间隙配作。

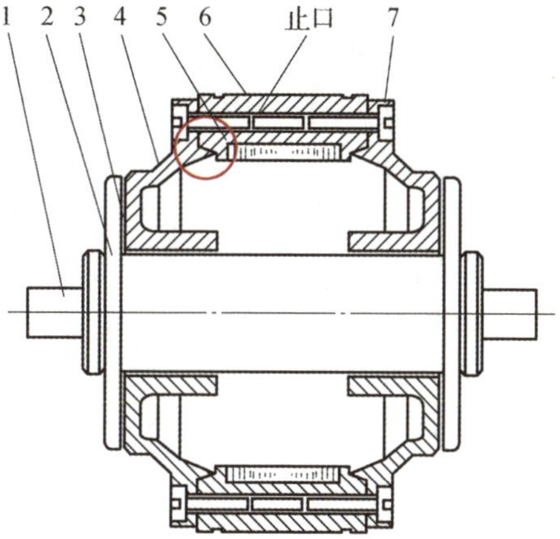

1—电机轴；2—止推板；3—轴承间隙；4—轴承端盖；5—磁性材料；6—转子环；7—螺钉。

图 3.26 分裂 H 形电机结构

分裂 H 形轴承动压电机轴承盖与转子环之间以“止口”结构进行过定位，靠螺钉连接。“止口”结构，即盖的外锥面、环形端面与转子环的内锥面、环形端面进行精密的过定位配合（图 3.26）。定位锥角理论上要求盖外锥角与转子体内锥角值一致，且距端面等距处截面直径相等，即轴向与径向间隙均为 0 的状态。但实际加工时，由于加工误差的存在却无法做到，只能设法接近理论状态。其手工研磨工艺流程如下。

（1）研磨端盖内孔，去除上一道工序的机加工痕迹。显微镜下检测材料状态，筛选出无砂眼等材料缺陷的零件转下序。

（2）检查端盖与转子环“止口”的轴向窜动量（过盈量），机加工应留出 0.04mm 以上的余量。

（3）选取较粗粒度的金刚石研磨膏使端盖与转子环的锥面进行互研，随着研磨下量，使用小粒度的研磨膏研磨，使端盖与转子的轴向窜量越来越小，直至成为小间隙状态。

(4) 使用研磨工装和研磨平板研磨端盖和转子环的定位面，使端盖和转子的“止口”再一次产生较小的轴向窜动量。

(5) 反复进行过程 (3) 和 (4)，使用电感测微仪测量“止口”窜动量，保证端盖与转子环“止口”存在极小的轴向窜动量，以避免影响重复定位精度。

(6) 清洗零件后拧上紧固螺钉，将轴承端盖和转子环组成转子组合件。

在保证“止口”精度的前提下，一般希望螺钉紧固力数值的大小是均匀的、合理的。根据不同尺寸结构的电机，应当施加固定的螺钉拧紧力矩值，一方面是为了避免轴承端盖的变形，另一方面也是为了防止力矩过大导致应力集中处产生材料断裂。

通孔 H 形轴承电机不存在“止口”结构，可略过此过程，直接进行下一步：轴承孔的研磨。孔的研磨分为粗研和精研。粗研孔是为了去除上道工序的加工痕迹，对分裂 H 形轴承而言，更是为了修正两端轴承孔的同轴度及尺寸一致性。精研孔是为了降低孔内的粗糙度并进一步进行材料缺陷筛选，保证轴承性能。粗研和精研早期可通过经验丰富的工人手工研磨，现今可使用较高精度的珩磨机设备进行珩磨 (图 3.27)。研具 (刀具) 尺寸差距在微米级，由小至大使用不同粒度的研磨膏 (刀具) 逐级加工下量。加工后进行石油醚粗、中、精三道超声波清洗，并在显微镜下观察加工效果，确认无砂眼、划痕等缺陷后转至下道工序。

图 3.27　珩磨机珩磨加工

止推面研磨工艺过程如下。

（1）选取转子组合件的一端作为基准面，粗研磨下量去除机加工痕迹。

（2）精研磨端面，使用带锥度的芯棒穿入轴承孔中放置在偏摆仪上，用电感测微仪测量该端面跳动，达到亚微米级。

（3）抛光，降低粗糙度。

（4）粗研磨另一端端面，去除机加工痕迹。

（5）研配另一端端面相对于基准面的平行度，研磨过程中反复在立式光学计上测量平行度精度，直至达到微米级。

（6）清洗干净，防锈，待配作间隙。

轴的研磨工艺主要有研轴肩及抛光轴外圆两部分。将轴装在研轴肩夹具上，露出待研磨端部分 10mm 左右，使用专用研具对轴肩部位进行研磨，将轴肩研至“光亮”后装卡工艺止推板在偏摆仪上测量轴肩跳动值，标记高点并研磨去除，直至轴肩跳动研至亚微米级。研轴肩后对轴外圆进行抛光。将轴装卡在车床上，使用专用研具套在轴外圆上并夹紧，车床调至合适转速，手拿研具沿轴向方向反复移动并在轴表面上不断滴落研磨膏，直至轴外圆表面“光亮”，无加工痕迹。

止推面及轴的抛光也可使用平面研磨机（图 3.28）进行研磨。机器研磨的特点是形状精度加工效率高，但部分尺寸配作仍需手工保证，且对单件小批量产品的加工并不友好。因为在不同粒度的研磨膏进行研磨后需要对设备的研磨盘等研具进行彻底的清洗，以避免粗颗粒的研磨膏影响下道工序加工，而要避免该状况则需配备若干台相同的研磨设备，成本较高。

轴承间隙配作分为轴向间隙配作和径向间隙配作。轴向间隙配作一般采用基轴制，即电机轴的轴肩精度研磨到位后保持不变，通过调整转子组合件非基准面一端的研磨量配作轴向间隙，其具体工艺过程如下。

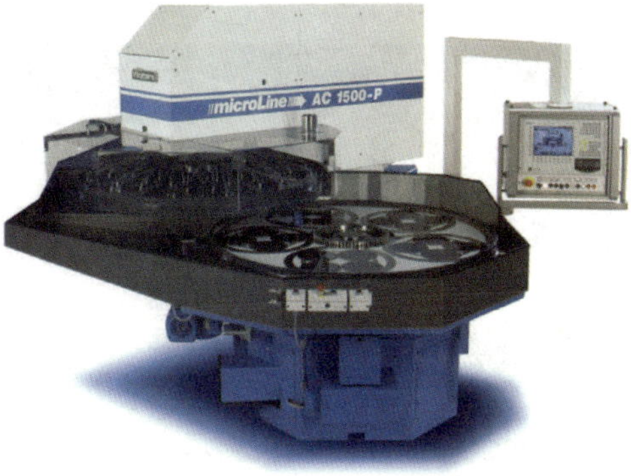

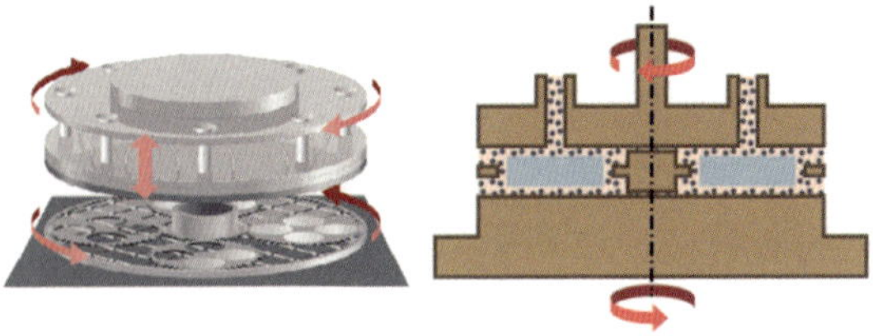

图 3.28　某型双面平面研磨机设备及原理

(1) 清洗（擦洗）转子组合件、轴、测量座、立式光学计台面。

(2) 转子组合件放在测量座上，将轴从转子孔中穿入放置在测量座上，保证轴肩和转子组合件基准面落在测量座同一端面上。

(3) 调整好立式光学计，测出轴肩部位相对于转子组合件的高度差。

(4) 根据立式光学计读数，在研磨平板上做相应的研磨加工。

(5) 重复测量、研磨，保证轴向间隙值满足设计指标。

径向间隙配作一般也采用基轴制，根据轴的外圆尺寸，控制最终研磨棒尺寸，研孔，配作径向间隙。研磨配作阶段轴、孔的具体直径尺寸可使用千分尺测量控制。轴承最终的轴、径向间隙值由专用光电设备测量确定，当不符合设计要求时返工重新配作。

3.5.2.2　球转子研磨工艺

静电陀螺仪（图 3.29）是球形转子完全自由工作在外部壳体内的高速旋转陀螺仪，是目前应用于潜艇及舰船导航系统的重要组成元件。球形转子工作于超高的真空环境中，通过陀螺仪壳体上的电极施加强电场，从而产生静电支撑力将球形转子悬浮于壳体内部。静电陀螺仪球形转子与球腔的非接触支撑从根本上避免了机械摩擦。没有机械摩擦存在的这一特点，赋予了静电陀螺仪极高的精度。而要达到这一特点，需要球转子及球腔具备极高的精度，通常球形要求在 0.1μm 以内。

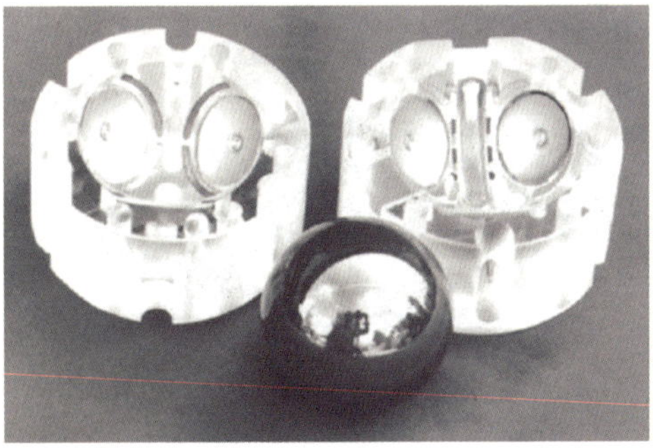

图 3.29　静电陀螺仪

目前，分析国内外现有的球体加工方法，能达到静电陀螺球转子球形度指标的加工方法一般是研磨加工。其中，研磨精度及研磨效果较为优秀且经济适用的研磨设备是四轴球体研磨机（图 3.30），其主要由 4 个驱动电机、4 个安装在一起的研磨轴和研具，以及外部的支撑结构组成。四轴球体研磨机中的 4 个球体研磨轴分别由 4 个伺服调速电机驱动，传动方式为通过同步齿形带连接伺服电机和研磨轴进行传动，4 根轴的端部分别装有杯状研具，并且该研具活动连接在各研磨轴上，从而研具在随研磨轴进行转动磨削的同时，还可以沿轴向和径向进行稍微摆动，各研具通过与研磨轴连接处的弹簧向被研磨的球体施加压力，被研磨球体在摩擦力的驱动下沿特定轴线进行转动，从而更加有利于球体的研磨。

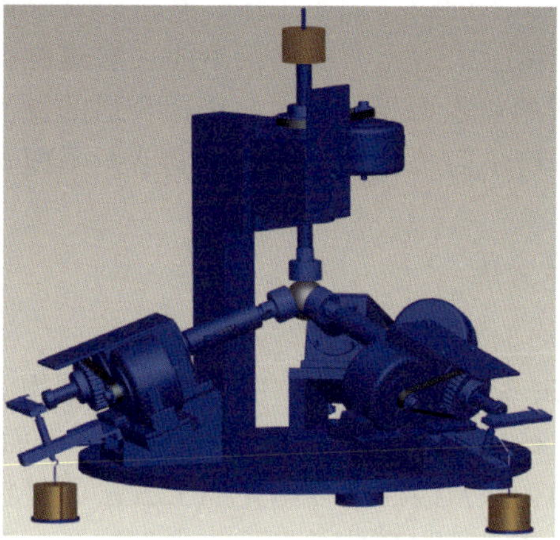

图 3.30　四轴自动球体研磨机

通过合理设置四轴球体研磨机 4 根研磨轴的空间位置关系，4 根研磨轴顶端的研具与球体的接触面为圆球面。为实现圆球面的研磨精度，需精确控制 4 个研磨轴的旋转速度、研磨轴顶端的研具和被研球体的接触压力以及研磨半径必须相等，并且控制两个研具正转、两个研具反转，才能准确驱动被研磨球体的旋转。

3.6　抛光技术

3.6.1　抛光技术要点

传统意义上的抛光一般是指光整加工和修饰加工，使工件获得光滑、光亮表面的加工工艺方法。其主要目的是去除前道加工工序的加工痕迹（刀痕、磨纹、划印、麻点、毛刺等)，一般不能提高工件形状精度和尺寸精度。与传统抛光方法相区别，将现代发展的抛光技术称为精密抛光、高精密抛光和超精密抛光，能同时提高工件的形状精度和尺寸精度。

抛光分为机械抛光、化学抛光、电化学抛光、磨液抛光、超声波抛光、超声波化学-机械抛光、电解复合抛光等，还有超精密研抛、磨粒喷射加工、磨料流动加工及弹性发射加工等。

3.6.2 典型零件抛光工艺

3.6.2.1 谐振子抛光工艺

抛光作为谐振子加工的最终加工工序，其目的是降低谐振子的粗糙度及亚表面损伤。传统的接触式抛光方法不仅不能去除熔融石英玻璃的亚表面损伤，还可能会引入新的亚表面损伤，因此选择合适的抛光方法至关重要。本节对常用抛光工艺进行了简单介绍，并对玻璃谐振子抛光工艺的选择进行了探讨。

1. 常用抛光工艺方法

1）离子束抛光加工

离子束抛光（Ion Beam Polishing，IBP）加工是利用电场对离子的加速作用，在真空环境下对待加工工件表面进行冲击，使其表面的分子或原子逸出，实现原子量级的材料去除，因而这种抛光加工方法的材料去除效率极低且工艺过程极为烦琐，对获取真空环境及离子束发射装备的要求非常复杂，所需成本较高，虽然离子束加工的材料去除率受工作距离、零件表面曲率半径的变化和离子束入射角度的小幅度偏差影响较小，使其比较适合应用于自由曲面零件的表面修形加工，但实现对离子束加工过程的精确控制存在较大难度。

2）激光抛光加工

激光抛光（Laser Polishing，LP）加工是通过激光束在工件表面聚集热量，利用其热效应使工件表面材料熔融进而蒸发，实现对工件表面材料的去除达到抛光加工的效果，同样，这种抛光方法为了保证工件表面的加工精度必须对加工过程进行精确的控制，所需的加工设备复杂且成本相对较高。

3）液体射流抛光加工

液体射流抛光（Fluid Jet Polishing，FJP）加工是利用液体束流携带磨料颗粒对工件表面进行冲击，通过磨粒射流对工件产生的作用力去除工件表面材料，这种抛光方法特别适用于深腔结构零件及高陡度复杂曲面的加工，但其材料去除函数会受到液体射流工作距离及空气扰动的影响，较难控制对工件表面稳定的材料去除量。

4）弹性发射加工

弹性发射（Elastic Emission Machine，EEM）加工是通过抛光工具带动含有超微细磨粒粒子的悬浊液体相对工件运动，在超微细磨粒粒子与工件表面材料产生原子级结合的基础上，随着悬浊液流动实现工件表面原子级的极微小弹性破坏的表面加工，获得面形精度高且表面层无塑性变形与晶格缺陷，但这种加工方法材料去除率极低。

5）磁流变抛光加工

磁流变抛光（Magnetorheological Finishing，MRF）加工以磁流变液为工作介质，磁流变抛光液是由磁性颗粒（羰基铁粉）、抛光粉磨料颗粒、基液（水基或油基）及一定成分的稳定剂均匀混合形成的悬浮液，在磁场的作用下磁流变液中的磁性颗粒沿外磁场方向排列形成有序的链束状结构，使磁流变液的表观黏度明显增大。利用磁流变液在加工区域磁场作用下产生流变效应附着于抛光轮表面形成类固体状加工缎带，在抛光轮的带动下与工件发生相对运动的过程中对其表面材料进行去除，其抛光作用力极小，可以获得近零亚表面损伤的加工表面，随抛光轮的运动离开工件和外磁场所在的加工区域后，磁流变抛光液的表观黏度减小，转化为流动性相对较好的液体状态，可以通过回收与循环供给实现连续不断的抛光加工，通过调节零件磁流变抛光过程中的加工参数，如磁感应强度、抛光轮转速、抛光加工间隙和工件运动速度等，可以实现工件表面抛光材料去除量的确定性控制。图3.31和图3.32所示分别为磁流变控制磨粒机理及磁流变抛光加工原理。

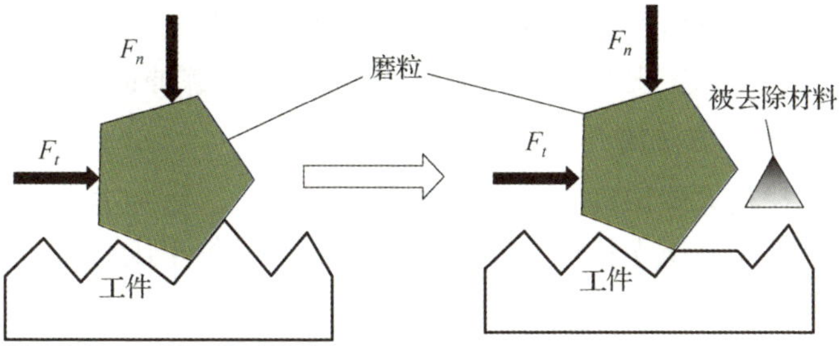

图3.31 磁流变控制磨粒机理

6）电流变抛光加工

电流变抛光（Electrorheological Fluid - Assisted Polishing，EFP）加工是利用电流变液在加工区域电场作用下产生的电流变效应实现对工件表面的抛光加工，这种抛光加工方法需要在微型抛光工具电极与工件电极之间施加一定

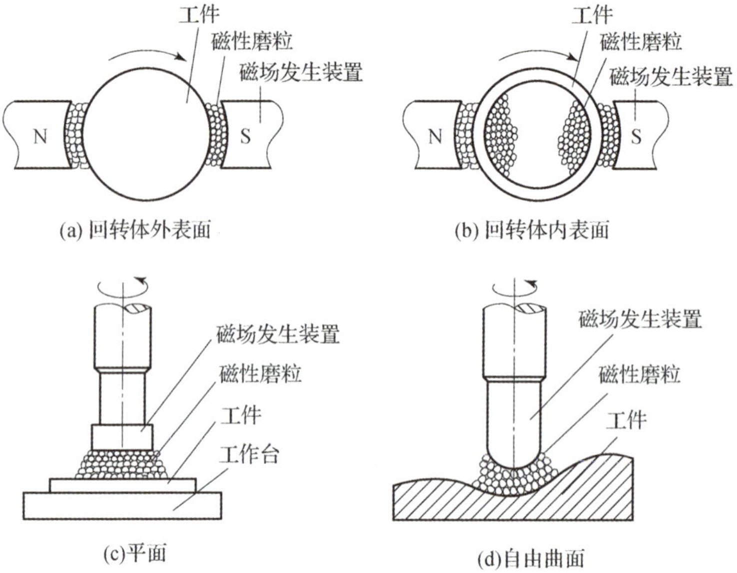

图 3. 32　磁流变抛光加工原理

的工作电压，在加工半球谐振子一类非导体材料工件时必须设置辅助工作电极，与磁流变抛光方法相比，电流变抛光加工工艺相对复杂且其材料去除率较低。

7）气囊抛光加工

气囊抛光（Ballonet Polishing，BP）加工是利用外面覆盖有抛光布的气囊作为抛光工具，通过调节气囊内部气体的工作压力可以控制其对工件表面的加工作用力，实现所需要的材料去除率，获得均匀稳定的抛光加工特性，但由于受到气囊橡胶材料特性和气囊本身厚度需求的限制，不能制备小尺寸的气囊加工工具，难以实现对半球谐振子零件小曲率圆弧曲面的加工。

2. 谐振子抛光方法简介

按抛光时材料去除原理，抛光方法可分为三类。第一类靠摩擦力去除材料，材料去除效率与抛光粉施加在被加工表面之间的正压力有关。典型的方法有传统的机械抛光，以及新兴的气囊抛光。由于抛光粉与被加工材料之间的正压力作用，这类抛光方法在抛光石英玻璃时效率较高，但缺点是会引入新的亚表面损伤。第二类基于流变效应实现材料去除，最具代表性、国内技术成熟度最高的是磁流变抛光法。其利用磁流变液在梯度磁场作用下形成的柔性抛光膜对材料进行加工，材料去除主要由流体剪切力引起，属于塑性剪切去除，不会产生新的亚表面损伤。第三类靠液体的碰撞冲蚀作用去除材料，最具代表性的技术有离子束抛光和射流抛光。其中，离子束抛光法具有非常高的收敛稳定性，因此其面形修整能力非常强，但是离子束抛光效率较低、设备昂贵、对工件粗糙度改善能力有限，目前主要用于面形修整方面。射流抛光技术中液体束流容易受到扰动，去除函数不稳定，目前在国内技术成熟度较低。

针对谐振子抛光需求，对比上述三类抛光方法，第一类去除效率最高，但由于会引入新的亚表面损伤，不能满足谐振子对亚表面完整性的加工需求。第三类加工效率最低，能够去除谐振子的亚表面损伤。其中，离子束抛光在国内研究相对较多，已经具备一定工程化能力，但该方法不利于谐振子表面粗糙度的提高，且设备价格昂贵。射流抛光能够满足谐振子粗糙度加工要求，但在国内该技术的成熟度较低，目前只停留在高校实验室中，如哈尔滨工业大学、香港理工大学等。相对来说，磁流变抛光技术加工效率较高，不会产生新的亚表面损伤，加工精度能达到几十纳米，表面粗糙度能达到纳米甚至亚纳米级别，被誉为光学制造界的“革命性”技术，非常符合谐振子的抛光要求，并且在国内的技术成熟度较高，已达到定制化样机阶段。综上所述，结合不同抛光方法特点和国内研究成熟度，磁流变抛光是目前国内抛光石英谐振子的最理想方法。

3.6.2.2　摆片抛光工艺

1. 摆片精密抛光工艺

抛光质量是影响石英摆片式加速度计石英摆片刻蚀后表面质量的主要因素，抛光表面质量会直接复制到刻蚀后的表面上，进而对摆片的综合性能和长期稳定性产生重要影响。在某型石英加速度计的加工流程中，需要对特定的断续表面进行精密抛光，达到抛光表面粗糙度均方根小于 1nm、面形精度达到 1/10λ、边缘无塌边的技术指标要求。图 3.33 所示为某型石英加速度计摆片结构。

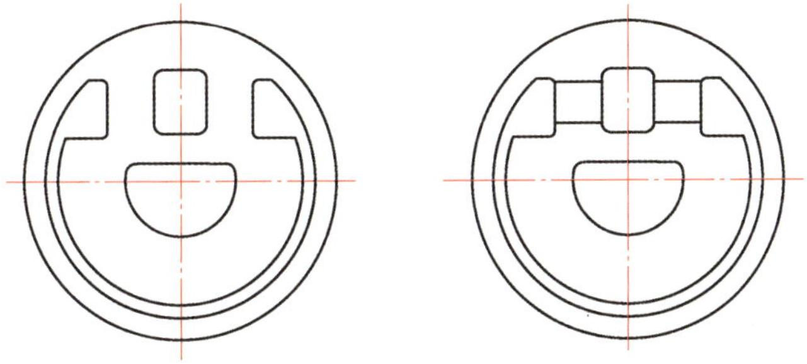

图 3.33　某型石英加速度计摆片结构

针对上述抛光要求，应用传统光学抛光技术，几乎达不到指标要求，且对操作人员技术水平要求极高，难以实现对加工过程可定量、可重复的精确控制要求，制约了该项技术的发展应用。当今，随着光学领域和电子学领域超精密加工技术的发展，多种新方法、新工艺、新技术不断成熟，特别是在大规模集成电路制造过程中，取得大规模成熟应用的化学机械抛光技术，为摆片抛光技术起到了重要的支撑和借鉴作用。

化学机械抛光技术是机械磨削和化学腐蚀的组合技术。该方法借助超微粒子的研磨作用以及抛光液的化学腐蚀作用，在被加工的介质表面上获得高质量的光洁平坦表面。该技术相对于传统抛光技术，可降低对操作人员技术水平的依赖，实现对加工过程的精确控制。同时，该方法抛光后表面的微观结构更加均匀，批次稳定性也更好。

2. 抛光工艺参数选用原则

如何保证摆片断续表面实现纳米级抛光质量和 $1/10\lambda$ 的面形精度，需要制定严格的抛光工艺流程和工艺参数。鉴于摆片自身的材料特性、结构特点和抛光指标要求，需要结合设备特点对抛光过程主要影响因素进行分析与实验，合理确定各道工序的加工要求，实现多项工艺参数的合理配置，保证抛光质量。

1）抛光模的选择与使用

抛光模层直接与被抛零件表面接触，除了承载抛光液颗粒，还参与抛光过程的物理化学作用，所以抛光模的选择直接影响抛光质量。抛光时一般通过使用各种不同材料、表面结构、硬度的抛光模，利用抛光模的弹性和对抛光液的储存、涵养作用，实现抛光液的输送、收集并维持抛光过程的稳定。

抛光模的性能主要从硬度、压缩比、涵养量、粗糙度、密度、厚度等几个方面来衡量。其中，抛光模的硬度决定其保持面形精度的能力，并会影响被加工表面的平面度、粗糙度、加工变质层和抛光效率；抛光模的压缩比体现了抛光模的抗变形能力，并会影响抛光模与被加工零件的贴合程度，进而影响抛光效率。

随着抛光过程的不断进行，抛光模表层材料的物理和化学性能会发生变化，形成一定厚度的釉化层，导致抛光效率和抛光质量的降低。因此，抛光模使用过程中必须根据实际情况及时对抛光模进行修整（或更换）。修整不但能有效去除抛光模表层的釉化层，使抛光模的表面恢复正常的抛光能力，还有助于提高抛光模的使用寿命。抛光模对应修整方法、修整质量、修整频率都会对后续抛光产生重要影响。总之，抛光模主要性能指标和使用过程，都对抛光后塌边、面形和表面粗糙度有直接影响，需要重点关注。

2）抛光液的配制与使用

抛光液是摆片抛光过程中，影响化学腐蚀层的形成和机械磨削加工的重要载体，抛光液的特性和品质，直接影响抛光工艺能否获得理想的抛光目标。

抛光液的基本要求是：去除速率稳定、抛光后表面粗糙度好、流动性好、不易沉淀、悬浮性能好、无毒、低残留、易清洗等。抛光液的主要成分为抛光粉颗粒、pH 调节剂、氧化剂和分散剂、去离子水等。一般抛光液的配置流程如下：首先准备好抛光粉、去离子水、各种化学试剂；其次将分散剂、螯合剂等加入去离子水中；再次向去离子水中加入抛光粉，且不断搅拌，同时超声振动，使其充分分散；最后加入 pH 调节剂，将 pH 调节到合适的范围。

由于不同的抛光工艺使用的抛光液是千差万别的，要配制出满足特定石英摆片抛光要求的抛光液，需要通过大量的试验，确定抛光粉、pH 调节剂、氧化剂和分散剂的具体成分比例。市场上也有国内外一些厂家的标准货架产品可以作为参考。另外，抛光液在使用过程中添加顺序、流量、位置也会对抛光效果产生影响。

3）抛光参数的选择与搭配

抛光参数主要是指抛光压力、转速比、温度和抛光量等最基本的加工参数。

一般情况下，抛光压力与抛光材料的去除速率基本成正比关系。如果压力过高，就会造成抛光不均匀，抛光模磨损加剧、碎片、抛光温度难以控制等问题，破坏整个抛光过程的平衡，最终对抛光后的塌边、面形和表面粗糙度造成非常不利的影响。

抛光过程中，抛光盘和抛光模各自绕独立转轴旋转，其转速比直接影响抛光材料的去除速率和表面质量，合理的转速比可以控制材料去除的均匀一致性，转速比过大或过小，都会造成被抛光材料的不均匀去除，降低面形精度，造成塌边、表面质量差等问题。

抛光过程中，温度也是不可忽视的影响因素。抛光温度必须控制在合理范围内，合适的抛光温度将促进抛光过程中的化学腐蚀作用和机械磨削作用的完美协调；而不合适的温度变化将导致精密机械设备结构发生微变形，尤其是抛光盘的微变形，同时过高的温度变化，也会造成抛光液的浓度发生变化，流动性变差、分布不均，这些都将直接影响被抛光零件的抛光质量。

需要指出，抛光过程非常复杂，各参数的影响并不是独立的，而是相互影响、彼此制约的关系，因此在制订抛光工艺方案时，一定要综合考虑各参数对抛光表面造成的影响。

参考文献

[1] 吴敏镜，易维坤，周安石．惯性器件制造技术［M］．北京：中国宇航出版社，1989.

[2] 王淦绪．谈谈钢结硬质合金的加工［J］．机械工人（冷加工），1982（2）：48－51，12.

[3] 刘舜尧，张春友．GT35钢结硬质合金应用技术研究［J］．稀有金属与硬质合金，2001（2）：25－29，35.

[4] 关佳亮，仇忠臣，赵增强，等．钢结硬质合金的ELID高效磨削实验研究［J］．机械设计与制造，2008（11）：107－108.

[5] 朱波，王扬，袁哲俊，等．ELID精密磨削钢结硬质合金及其AFM表面形貌分析［J］．高技术通讯，2000（11）：95－97.

[6] 王平，唐一平，张飞虎，等．TiC系钢结硬质合金镜面微浮凸磨削机理的研究［J］．西安交通大学学报，1998（5）：81－82，86.

[7] 周泉金．陀螺框架镗孔工艺［J］．航天工艺，1993（5）：5－9.

[8] 王永军，张青才，王永杰．粘胶紧固法在高精度薄壁工件加工中的装夹应用［J］．制造技术与机床，2020（6）：155－156，162.

[9] 陈晓鸣．镗削高精度同轴孔工艺的探讨［J］．机械工艺师，1987（9）：15－17.

[10] 李伯民，赵波，李清．磨料、磨具与磨削技术［M］．北京：化学工业出版社，2010.

[11] 赵小明，蒋效雄，魏艳勇，等．谐振陀螺仪与系统技术［M］．北京：国防工业出版社，2021.

[12] 汤科锋．双自转研磨方式下研磨成球机理的研究［D］．杭州：浙江工业大学，2010.

[13] 杨帆．双自转研磨方式下球体的运动特性及其影响因素的研究［D］．杭州：浙江工业大学，2010.

[14] 陈佳杰．双自转研磨成球机构对球度影响的研究［D］．杭州：浙江工业大学，2010.

[15] 陶宝春．陶瓷球双自转盘研磨方式转速优化及工艺实验研究［D］．杭州：浙江工业大学，2006.

[16] 孙新民，李树文，王永梁．四轴球体研磨机的运动学分析［J］．机械设计与制造，2000（2）：65－67.

[17] 程相文，林福严，孙新民．四轴球体研磨机的研磨均匀性［J］．光学精密工程，2009，17（12）：3022－3027.

[18] ZHANG Y M，SHEN Z H，NI X W．Modeling and Simulation on Long Pulse Laser Drilling Processing［J］．International Journal of Heat and Mass Transfer，2014，73：429－437.

[19] ZHANG J A，XUE K，ZHANG J T，et al．Special Requirements for Alumina Ceramic of ESG Electrode Bowl［J］．Journal of Marine Science and Application，2004，3（1）：87－90.

第 4 章 粘接与灌胶技术

4.1 概述

1950 年左右，环氧树脂开始应用于粘接，随着 20 世纪中叶各种胶黏理论的相继提出，以及胶黏界面化学、胶黏剂流变学和胶黏破坏机理等基础工作的深入研究，使胶黏剂的性能、品种和应用得到飞跃式的发展。环氧树脂以及固化体系也以其独特的优异性能和新型环氧树脂、新型固化剂和添加剂的不断涌现，而成为性能优异、品种众多、适应性广泛的一类重要的胶黏剂。由于环氧树脂胶黏剂的粘接强度高、通用性强，曾有“万能胶”“大力胶”之称。已在航空、航天、汽车、机械、建筑、化工、轻工、电子、电器以及日常生活等领域得到广泛的应用。

环氧树脂胶黏剂是由环氧树脂、固化剂、促进剂、改性剂、稀释剂、填料等组成的液态或固态胶黏剂。环氧树脂胶黏剂的粘接是一个复杂的物理和化学过程，包括浸润、黏附、固化等步骤，最后生成三维交联结构的固化物，把被黏物结合成为一个整体。胶接性能（强度、耐热性、耐腐蚀性、抗渗性等）不仅与胶黏剂的结构和性能以及被黏物表面的结构和胶黏特性相关，而且与接头设计、胶黏剂的制备工艺和储存以及胶接工艺等密切相关，同时还受周围环境（应力、温度、湿度、介质等）的制约。因此，环氧树脂胶黏剂的应用是一个系统工程。环氧树脂胶黏剂的性能必须与上述影响胶黏性能的诸多因素相适应，才能获得最佳结果。用相同配方的环氧树脂胶黏剂粘接不同性质的物体，或采用不同的粘接条件，或在不同的使用环境中，其性能会有极大的差别，应用时应充分给予重视。

4.2 粘接技术

4.2.1 常用胶黏剂及特点

液浮陀螺仪中常用胶黏剂的固化方式为高温固化，常用的胶黏剂有双酚A型环氧树脂、氨基四官能环氧树脂，其特点如下所述。

1. 双酚A型环氧树脂

双酚A型环氧树脂属于缩水甘油基型环氧树脂，是使用最多的环氧树脂，为中等环氧值树脂，适合粘接、密封等。固化反应机理：使用三乙醇胺作为固化剂使环氧基开裂，形成网状结构高聚物，由于分子结构中含有羟基和醚键，固化中进一步生成新的—OH和—O—，使固化物具有很高的内聚力和黏附力。固化时不产生低分子挥发物，固化收缩率为1%左右，加入氧化铝粉后固化收缩率可达到0.1%左右。其主要性能如下。

（1）耐热性能：马丁耐热67℃。

（2）固化时间：80℃，8h。

（3）固化后具有一定韧性，其柔韧性约为酚醛树脂胶（X98－1）的7倍。

（4）膨胀系数较其他热固化树脂小。加入氧化铝粉后，其膨胀系数和收缩率均减小，马丁耐热和抗剪强度较纯环氧树脂要高，但固化后氧化铝粉颗粒有沉淀。密封类粘接需使用24h内的胶。

2. 氨基四官能环氧树脂

氨基四官能环氧树脂属于芳香胺缩水型环氧树脂，丁腈为增稠剂，咪唑为固化剂。其主要性能如下。

（1）耐热性能：马丁耐热可达200℃。

（2）固化时间：100℃，3h。

（3）膨胀系数较环氧树脂634胶要小。

（4）抗剪强度与环氧树脂634胶相当。

（5）粘接性能较环氧树脂好。

缺点：该胶流动性能不好，固化后很硬、韧性差。

反应机理：由4,4′－二氨基二苯甲烷、4,4′－二氨基苯醚、4,4′－二氨基二苯砜在催化剂和碱的作用下与环氧氯丙烷加成缩聚而成。使用咪唑作为固化剂，其耐热性能和抗老化性能优于双酚A型环氧树脂，但固化速度很快，固化收缩率较双酚A型环氧树脂大，固化时不产生低分子挥发物。相关资料表明，该胶配好后的使用期限为20h。

4.2.2 配胶工艺及要求

液浮陀螺仪所使用的胶黏剂应充分搅拌，保证胶黏剂的各组分搅拌均匀，用于密封粘接的胶黏剂还应进行去气泡处理。部分胶黏剂的流动性在高温固化时明显提升，针对这种胶黏剂应在配胶时添加比例合适的填充物，一般选用白炭黑（气相二氧化硅），推荐的添加比例为2%~7%。表4.1列举了胶黏剂在使用过程中因搅拌不均匀、未进行脱气处理、未降低流动性而造成陀螺仪故障的案例。

表4.1 胶黏剂时效案例

序号	陀螺仪故障原因	图例
1	胶黏剂未进行脱气处理，导致波纹管密封胶层在使用过程中受温度、环境等影响出现开裂，进一步导致漏油	
2	胶黏剂未添加填充物，在高温固化时形成薄胶层，导致在清洗环节胶层脱落形成多余物，影响陀螺仪使用性能	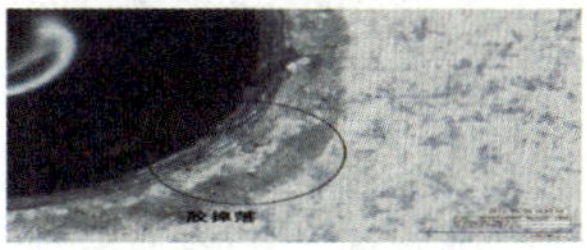
3	胶黏剂搅拌不均匀，组分未能充分混合，规定时间内固化不充分，导致胶层在高低温循环过程中开裂	

胶黏剂的配制一般选用专用的行星式真空配胶机进行，配胶前应注意清洗配胶容器。配胶完成后需要点胶连接的工序一般选用点胶机进行，可以充分保证每次点胶量的一致性。在进行粘接操作前应用石油醚超声波清洗零件，去除零件表面油污，提升粘接可靠性。

胶槽类密封粘接时应提前将零件预热20min左右，温度不宜超过胶黏剂玻璃化温度点，并在固化前1h内，每隔15min检查一次胶黏剂排气情况，若出现明显气泡需用干净无油污的银针挑破。当胶黏剂连接的零件强度较低时，单一的固化温度可能会导致粘接应力较大，进一步导致零件结构出现破坏，此时应进行阶梯温度固化。配制完成的胶黏剂一般有效期为3天，当天未用完的胶黏剂应放置在密封、低温环境中存储，再次使用前需先将胶黏剂恢复至室温。

4.2.3 典型连接形式及粘接工艺

4.2.3.1 浮子密封粘接工艺

液浮陀螺仪浮子组件密封粘接所涉及的密封粘接结构主要有框架、浮筒之间形成的胶槽，以及框架、绝缘子（或引线柱）之间形成的胶槽。部分陀螺仪还涉及球小轴、框架之间形成的胶槽。这些结构在密封粘接前首先要进行超声波清洗，清洗所用溶剂一般为石油醚，超声波的频率一般为40kHz，主要作用是去除零件表面残留的油污。然而，绝缘子在密封粘接时还要对绝缘子及粘接位置进行丙酮擦洗操作。

绝缘子粘接时先在侧面涂抹适量的胶黏剂，然后通过定位工装与框架进行可靠粘接，粘接操作一般是在常温下进行的。当绝缘子粘接牢固后需在正反面进行补胶操作，目的是增加密封可靠性。

浮筒与框架之间的胶槽在密封粘接时一般是需要提前预热的，目的是增加胶黏剂的流动性，确保胶黏剂能够完全覆盖胶槽结构。

球小轴的粘接与绝缘子类似，这里不再赘述。

需要注意的是，密封粘接过程中需要对胶黏剂进行去气泡处理，即在固化初始阶段（前1h内）每隔0.5h需要将组件从烘箱中取出，观察胶黏剂表面是否存在气泡，若存在气泡需要用干净的银针将气泡挑破，目的是增加胶黏剂密封可靠性。

4.2.3.2 感应同步器底板粘铜箔工艺

感应同步器底板粘铜箔工艺流程如下。

（1）将烘箱温度设定在100℃，保温。

（2）将模具放入烘箱预热1.5h以上。

（3）将待粘铜箔的底板加热到30～40℃后用有机溶剂仔细清洗，放入烘箱待用，铜箔也用汽油和丙酮清洗后用干净纸包好，在使用前5min左右放入烘箱中预热。

（4）将底板取出，用绸布擦拭一下黏胶面，用毛刷蘸胶，少蘸勤涂，先将整个底板涂一薄层胶后，再用十字交叉的方法，将胶层涂均匀，下刷子时要轻。

（5）底板涂好胶后，立即将铜箔从烘箱中拿出，有绝缘胶的面朝盘子的涂胶面，从一边开始往下放，然后用橡皮滚轻轻滚压，滚附后再用力滚，使胶中的气泡全部滚出，滚时也用十字交叉的方法。

（6）将预热好的模具拿出，将粘好铜箔的底板铜箔朝下，放在模具内，轻轻拧上螺钉，上压力机。注意螺钉紧固时要轻，并采取对角紧，紧到压力表指针下降1.5格为止。然后去掉压力放入烘箱中，烘烤完成后随炉冷却至室温脱模。

4.3　灌封技术

4.3.1　常用灌封材料及特点

灌封是将液态树脂复合物用机械或手工方式灌入装有导航产品的机电元件内，在常温或加热条件下固化为性能优异的热固性高分子绝缘材料。灌封的作用是：强化机电元件的整体性，提高对外来冲击、震动的抵抗力；提高内部元件、线路间绝缘，有利于器件小型化、轻量化；避免元件、线路直接暴露，改善器件的防水、防潮性能。

4.3.2　常用灌封材料

灌封材料的品种很多，常用的主要有环氧树脂、有机硅和聚氨酯三大类。

4.3.2.1　有机硅灌封料

有机硅灌封料固化后多为软性、有弹性，可以修复，粘接力较差。双组分有机硅灌封料最为常见，这类灌封料包括缩合型和加成型两类。缩合型对元器件和灌封腔体的附着力较差，固化过程中会产生挥发性低分子物质，固化后有较明显的收缩率；加成型的收缩率极小、固化过程中不会产生挥发性低分子物质，可以加热快速固化。

有机硅灌封料抗老化能力强、耐候性好、抗冲击能力强；具有优良的抗冷热变化能力和导热性能，可在广泛的工作温度范围内使用，能在-60~200℃温度范围内保持弹性，不开裂，可长期在250℃使用，加温固化型耐温更高，具有优异的电气性能和绝缘能力，绝缘性能较环氧树脂好。灌封后能有效提高内部元件以及线路之间的绝缘，提高电子元器件的使用稳定性；对电子元器件无任何腐蚀性，而且固化反应中不产生任何副产物，具有较强的返修能力，可快捷方便地将密封后的元器件取出修理和更换；具有优良的导热性能和阻燃能力，有效提高电子元器件的散热能力和安全系数；黏度低，具有良好的流动性，能够渗入细小的空隙和元器件下面；可室温固化也可加温固化，自脱泡性好，使用方便；固化收缩率小，具有优异的防水性能和抗震能力。其缺点是附着力差。

4.3.2.2 聚氨酯灌封料

聚氨酯灌封料固化后多为软性、有弹性可修复，简称软胶，粘接性介于环氧树脂和有机硅之间，耐温一般，不超过100℃，灌封后气泡比较多，灌封条件一般要在真空环境下。

聚氨酯灌封料耐低温性能好，防震性能是三种之中最好的。具有硬度低、强度适中、弹性好、耐水、防霉菌、防震和透明等特性，有优良的电绝缘性和难燃性，对电气元件无腐蚀，对钢、铝、铜、锡等金属，以及橡胶、塑料、木质等材料有较好的粘接性。聚氨酯灌封料耐高温性能差，固化后胶体表面不平滑且韧性较差，抗老化能力和抗紫外线都很弱、胶体容易变色。

4.3.2.3 环氧树脂灌封料

环氧树脂的介电性能、力学性能、粘接性能、耐腐蚀性能优异，固化收缩率和线膨胀系数小，尺寸稳定性好，工艺性好，综合性能极佳，更因为环氧树脂配方设计的灵活性和多样性，能够获得几乎能适应各种专门性能要求的环氧材料，从而使环氧树脂在电子电器领域得到广泛的应用。环氧树脂电子电器封装及绝缘材料的发展方向主要是提高材料的耐热性、介电性和阻燃性，降低吸水率、收缩率和内应力。改进的主要途径包括：合成新型环氧树脂和固化剂；原材料的高纯度化；环氧树脂的改性，包括增韧、增柔、填充、增强、共混等；开发无溴阻燃体系；改进成型工艺方法、设备和技术。

环氧树脂在电子电机领域中的应用主要有：隔离变压器、绝缘子等电器的浇注材料，电机、传感器及力矩器等电子器件的灌封材料，线路板和覆铜板材料，电子电器的绝缘涂料，绝缘胶黏剂等。

环氧树脂对硬质材料的粘接力好，具有优秀的耐高温性能和电气绝缘能力，操作简单，固化前后都非常稳定，对多种金属底材和多孔底材都有良好的附着力。然而，环氧树脂的抗冷热变化能力弱，受到冷热冲击后容易产生裂缝，导致水汽从裂缝中渗入电子元器件内，防潮能力差。并且固化后胶体硬度较高、较脆，容易拉伤电子元器件，灌封后无法打开，修复性不好。

环氧树脂灌封料应用范围广，技术要求千差万别，品种繁多。从固化条件上分为常温固化和加热固化两类；从剂型上分为双组分和单组分两类，多组分剂型，由于使用不方便，作为商品不多见。

常温固化环氧树脂灌封料一般为双组分，灌封后不需要加热即可固化，对设备要求不高，使用方便。其缺点是复合物作用黏度大，浸渗性差，适用期短，难以实现自动化生产，且固化物耐热性和电性能不高，一般多用于低压电子器件灌封或不宜加热固化的场合。

加热固化双组分环氧树脂灌封料是用量最大、用途最广的品种。其特点是复合物作业黏度小，工艺性好，适用期长，浸渗性好，固化物综合性能优异，适于高压电子器件自动生产线使用。

单组分环氧树脂灌封料是近年国外发展的新品种，需加热固化。与双组分加热固化灌封相比，突出的优点是所需灌封设备简单，使用方便，灌封产品的质量对设备及工艺的依赖性小。其不足之处是成本较高，材料储存条件要求严格，所用环氧树脂灌封料应满足如下要求。

（1）性能好，适用期长，适合大批量自动生产线作业。

（2）黏度小，浸渗性强，可充满元件和线间。

（3）灌封和固化过程中，填充剂等粉体组分沉降小，不分层。

（4）固化放热峰低，固化收缩小。

（5）固化物电气性能和热力学性能优异，耐热性好，对多种材料有良好的粘接性，吸水性和线膨胀系数小。

（6）某些场合还要求灌封料具有难燃、耐候、导热、耐高低温交变等性能。

根据三种灌封料的优缺点，结合航海导航仪器元器件产品的需求，航海导航仪器的灌封原材料多选用环氧树脂。根据每种产品的需求特点选择相应特点的环氧树脂，或者添加相应的组分调整环氧树脂某一方面的性质（如黏度、膨胀系数、韧性等）。

4.3.3　常用灌封方式

灌封产品的质量，主要与产品结构设计、元件选择、组装及所用灌封材料密切相关，灌封工艺也是不容忽视的因素。

环氧树脂灌封有常态和真空两种灌封工艺。环氧树脂 - 胺类常温固化灌封料，一般用于低压电器，多采用常态灌封。环氧树脂 - 酸酐加热固化灌封料，一般用于高压电子器件灌封，多采用真空灌封工艺。目前，常见的有手工真空灌封和机械真空灌封两种方式，而机械真空灌封又可分为 A、B 组分先混合脱泡后灌封和先分别脱泡后混合灌封两种情况。

1. 手工真空灌封工艺

手工真空灌封工艺流程如图 4.1 所示。

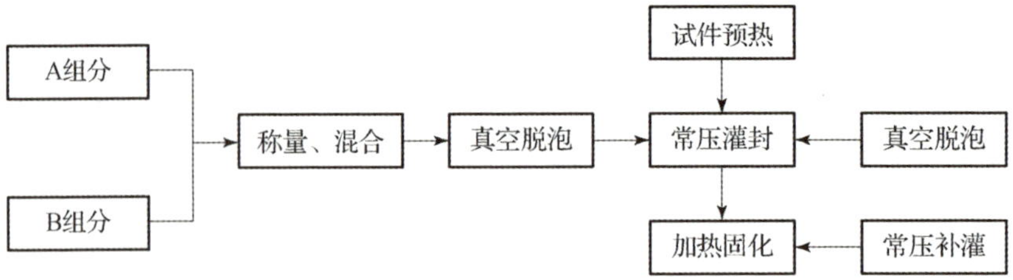

图 4.1　手工真空灌封工艺流程

2. 机械真空灌封工艺

先混合脱泡后灌封工艺如图 4.2 所示。

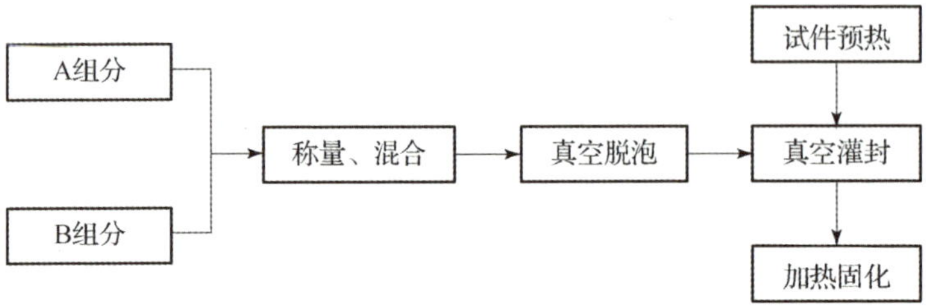

图 4.2　机械真空灌封工艺（一）

A、B 组分先分别脱泡后混合灌封工艺如图 4.3 所示。

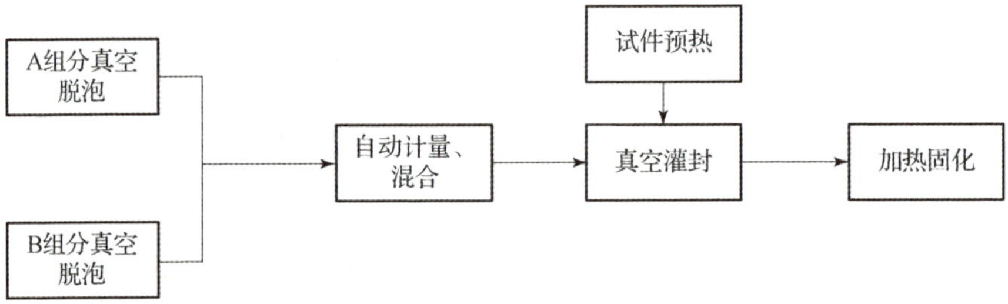

图 4.3　机械真空灌封工艺（二）

相比之下，机械真空灌封，设备投资大，维护费用高，但在产品的一致性、可靠性方面明显优于手工真空灌封工艺。无论何种灌封方式，都应严格遵守给定的工艺条件，否则很难得到满意的产品。

4.3.4　典型零件灌封工艺

4.3.4.1　陀螺电机定子

陀螺电机是液浮陀螺核心部件，而电机定子作为电机的重要组成部分，对表面质量要求很高，尽量减少多余物。图 4.4 所示为某型陀螺电机定子结构。为了提高表面质量以及减少多余物，电机定子的绕组表面采取一次性灌封得到，避免切削加工对环氧树脂自然形成的表面的破坏。绕组端部由环氧树脂直接灌封得到，避免后续切削加工对环氧树脂表面的破坏。按所需形状的结构设计灌封模具，如图 4.5 所示。模具在绕组位置的材料选用聚四氟乙烯，利用该材料不黏环氧树脂的特性，从而环氧树脂固化后可以顺利脱模。

图 4.4　某型陀螺电机定子结构

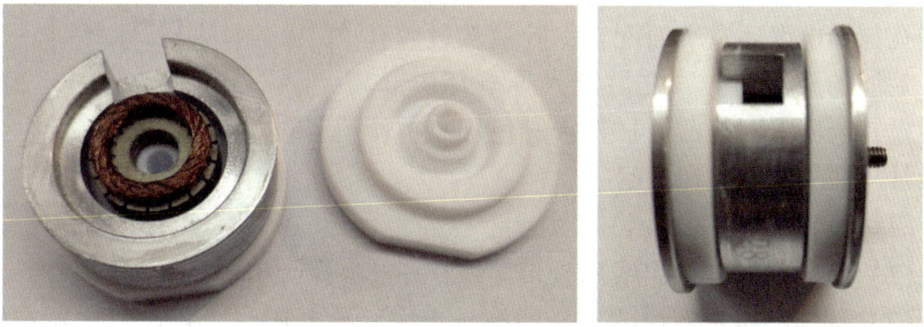

图 4.5　某型陀螺电机定子灌封模具

陀螺电机定子灌封的另一个难点是内部气泡的脱除。为了有效脱除内部气泡，灌注环氧树脂后，采用真空脱泡的方法脱除内部气泡。此外，为了得到较好的脱泡效果，在环氧树脂选择时，应选用流动性好的材料。

4.3.4.2　导电滑环

导电滑环属于大长径比元器件，长径比达到 9，环片之间的间隙约 0.2mm。相邻环片由环氧树脂胶层分隔开，环氧树脂在整体结构中一方面保证环片之间的绝缘；另一方面固定环片，使导电环整体强度满足使用要求，如果环氧树脂内部存在缺陷则对整体性能产生严重影响。对于该类大长径比部件，由于结构复杂，对灌封质量要求严格，采用常规的方式难以满足使用要求。

图4.6所示为某型大长径比导电滑环毛坯结构示意图。该部件组装完成后进行环氧树脂的灌封，灌封后通过切削加工最终得到成品导电环的结构。

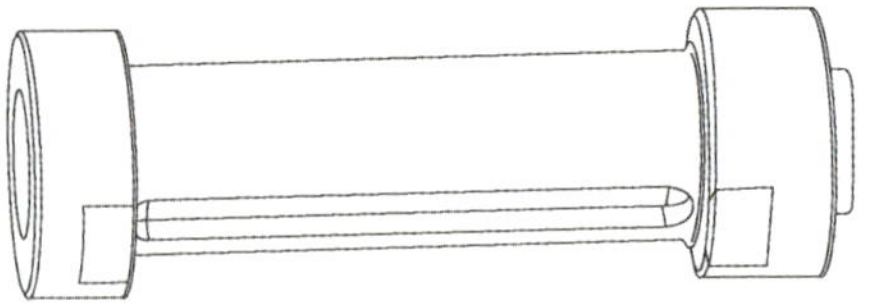

图4.6　某型大长径比导电滑环毛坯结构示意图

为了减少长径比部件灌封后胶层内部的气泡，从灌封模具设计和灌封工艺方法两个方面提出解决方案。

根据大长径比导电滑环的结构特点，设计导电滑环灌封模具的结构如图4.7所示。模具上端部有一环形槽为胶冒口，该处作为胶液注入的开始位置，可用于存储一定量的胶液。与胶冒口相连的是胶道，胶液注入胶冒口之后，胶液沿着胶道向下流动，进入下面的过胶孔。过胶孔与导电滑环左端面配合，胶液从过胶孔流入毛坯的腰形通孔，之后流入导电环内部。灌封模具选用聚四氟乙烯材料，避免环氧树脂将模具与灌封件粘接在一起。

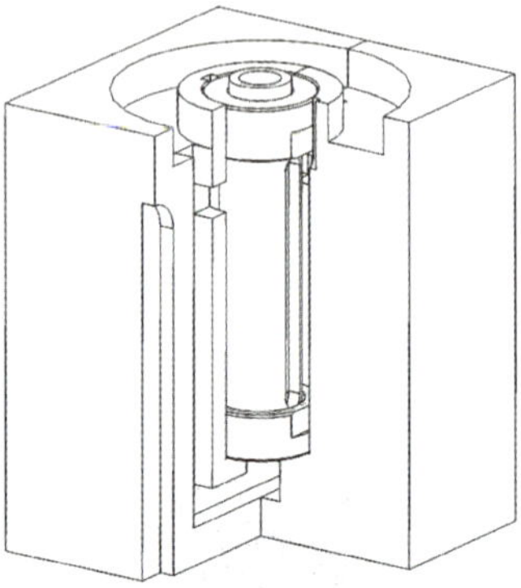

图4.7　灌封模具组装结构示意图

灌封前装模的过程如下。

(1) 将导电滑环引出线用胶带缠绕在一起，避免引出线的松散。

(2) 用酒精将左右模的工作面擦拭干净，导电环毛坯装入两件左右模的中心，压至底部。

(3) 用压板将左右模压紧，避免灌封时胶液从两模具之间流出。

对于大长径比的导电滑环注胶时分多次进行，每次注胶后进行真空脱泡，脱除此段内部气泡后再进行下一阶段的注胶脱泡工作。

经过验证，采用该种结构的灌封模具和灌封方法可以达到优异的灌封质量，环氧树脂内部气泡脱除干净。

4.3.4.3　力矩电机转子

对电机转子进行环氧树脂灌封处理，不仅可强化整体性，固定绕组结构和换向器结构，避免元件、绕组直接暴露，而且可以提高抗冲击能力，增强绕组间绝缘，同时改善器件的防水、防潮性能。力矩电机转子包含多种零件，如漆包线、换向器、转子冲片、轴套等，各种零件的材料不同。将各个材料灌封在一起，在经受高低温循环（-55~70℃）和温度迅速变化的情况下（如 70℃的电机瞬间放入-55℃的环境），极易出现胶层自身开裂或者胶层与冲片、轴套之间出现裂纹的问题。出现这种情况的原因是不同材料之间的热膨胀系数差异比较大，在温度发生变化时，转子内部的各材料之间出现变形不同，变形过大、超出灌封胶承受强度时，便出现了灌封胶开裂和灌封胶与冲片、轴套之间出现裂纹。因此，环氧树脂的选择要根据产品的工作环境，选择合适的原材料。

图 4.8 所示为一种具有换向器的力矩电机转子结构，在没有进行环氧树脂灌封时，各个换向器是独立的，通过灌封将各部分组合为一个整体。灌封的模具结构如图 4.9 和图 4.10 所示。

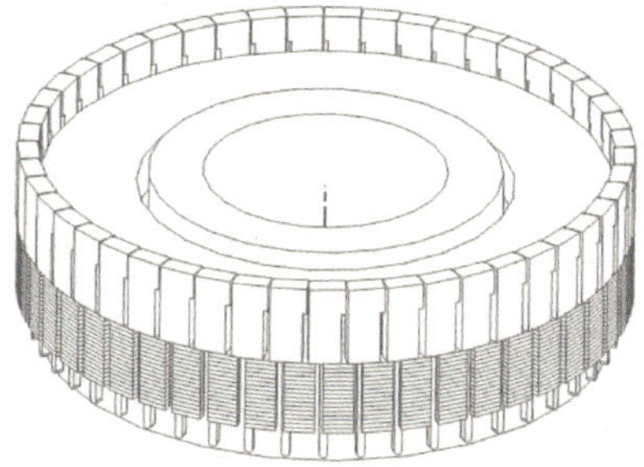

图 4.8　具有换向器的力矩电机转子结构

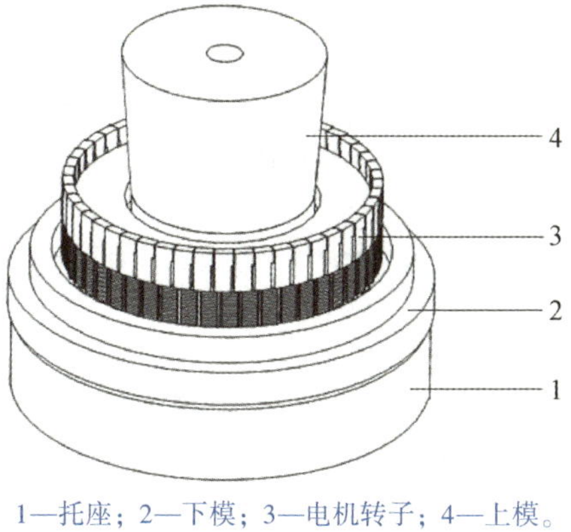

1—托座；2—下模；3—电机转子；4—上模。

图 4.9　电机转子装入灌封模具过程中的结构

具体操作流程如下。

（1）将电机转子装入灌封模具的下模、上模和托座。

（2）装入中模和压板。

（3）用锁紧装置将压板、上模、中模、下模以及托座压紧。

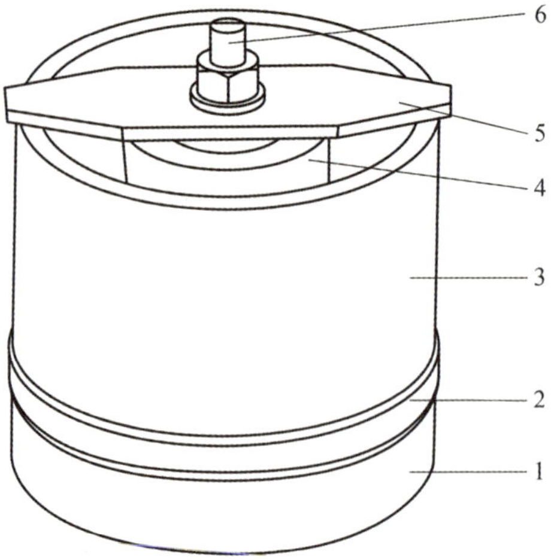

1—托座；2—下模；3—中模；4—上模；5—压板；6—锁紧装置。

图 4.10 电机转子装入灌封模具的结构

（4）装模后的转子放入 100℃烘箱中预热。

（5）按各组分比例配制胶液。

（6）将配制的胶液放入真空设备内脱除内部气泡。

（7）将胶液注入灌封模具内。

（8）在真空环境下脱除模具内的气泡。

（9）将模具放入烘箱内，先 100℃预固化 0.5h，然后升温至 110℃固化 0.5h，最后升温至 120℃固化 4h，随炉冷却。

（10）拆开模具，取出转子。

（11）转子再经过切削加工，得到相应的尺寸结构。

参考文献

[1] 张曼灵. 环氧树脂应用原理与技术 [M]. 北京：机械工业出版社，2002.

[2] 杨丹丹，杨强强，李刚. 光敏厌氧密封胶替代环氧胶在陀螺仪中的应用 [J]. 热固性树脂，2013 (2)：43 - 45.

[3] 王先超，赫玉兰，李姝. 液浮陀螺仪胶接密封性分析 [J]. 中小企业管理与科技，2018 (12)：157 - 158.

[4] 高国良，贾一鸣，王朝仕，等. 陀螺仪浮子组件胶接结构参数对结构动静态性能影响分析 [J]. 工程设计学报，2024 (5)：653 - 662.

5

第 5 章　特种制造技术

5.1　概述

航海导航仪器制造中涉及的特种制造技术主要包括热处理技术、镀覆技术和镀膜技术。

热处理技术是一种材料加工工艺，通过改变材料的微观组织结构，来改善其力学性能、物理性能和化学性能。热处理技术主要应用于金属材料，主要包括钢铁、铝合金、钛合金等。常见的热处理工艺包括退火、正火、淬火和回火等。

镀覆技术是一种表面处理技术，通过化学反应或物理沉积的方式，在材料表面形成一层覆盖层。镀覆技术可以提高材料的耐腐蚀性、耐磨性、美观度等性能。常见的镀覆技术包括电镀、化学镀等。

镀膜技术是一种更为广泛的表面处理技术，它可以在材料表面形成各种功能性薄膜。除了金属镀覆，还包括陶瓷、聚合物等材料的沉积。镀膜技术不仅可以提高材料的性能，还可以赋予材料新的功能，如抗反射、自清洁等。

热处理技术、镀覆技术和镀膜技术在材料处理领域各有其独特的作用。热处理技术主要针对材料的内部组织结构，镀覆技术和镀膜技术则主要关注材料的表面性质。在实际应用中，这些技术往往相互结合，以获得最佳的材料性能和表面效果。

5.2　热处理技术

热处理是一种重要的金属加工工艺，在机械制造行业中广泛应用。例如，在机床制造行业，60%~70%的零件都要经过热处理；在汽车制造中，70%~80%的零件都要进行热处理；至于工模具和滚动轴承等，则要百分之百地进行热处理。总之，重要零件都必须经适当的热处理才能使用。随着工业的发展，热处理将发挥更大的作用。

金属热处理的工艺特点是：将金属在固态下放在一定的热处理介质中加热到预定的温度，并在此温度中保温预定的时间，然后以预定的方式冷却。通过这种工艺过程，使金属的性能发生预期的变化。

热处理的主要目的在于改变金属的性能，即改善金属的工艺性能和提高金属的使用性能。金属热处理一般不改变工件的形状和整体材料的化学成分，而是通过改变工件材料的微观组织结构，或改变工件表面材料的化学成分，赋予或改善工件材料的力学、物理和化学性能，从而提高金属材料的强度、硬度或改善其韧性，使工件获得不同的使用性能。为保证机械产品的质量和使用寿命，通常重要的机械零件都要经过热处理。而且只要选材合适，热处理得当，就能使机械零件的使用寿命成倍提高，达到事半功倍的效果。

金属的组织决定其性能，热处理改变金属的性能，是通过改变金属的组织来实现的。金属在固态加热、保温和冷却过程中，会发生一系列组织转变。这些转变具有严格的规律性，在一定的温度、时间、介质条件下，必然形成一定的组织，具有一定的性能。在不同条件下则会形成不同的组织，具有不同的性能。

因此，热处理是机械制造过程中的关键工序，也是机械工业的一项重要基础技术。它对充分发挥金属材料的性能潜力，提高产品的内在质量，延长产品的使用寿命，提高经济效益都具有十分重要的意义。

5.2.1 钢的热处理

对工件整体进行穿透加热的热处理工艺称为整体热处理。钢的整体热处理主要是退火、正火、淬火、回火。

正火与退火常作为预先热处理安排在零件的加工流程中，用以消除冶金及冷热加工过程中产生的缺陷，并为以后的机械加工及热处理准备良好的组织状态。对性能要求不高的钢件，正火也可作为最终热处理。

退火是指将钢加热到适当温度，保持一定时间，然后缓慢冷却（一般随炉冷却），获得接近平衡组织的热处理工艺。退火能够降低钢件硬度，提高塑性，改善切削加工性能；消除钢中残余内应力，防止变形与开裂；细化晶粒，均匀钢的组织及成分，改善钢的性能并为以后的热处理作准备。

正火是将钢材或钢件加热到A_{c_3}（亚共析钢）或$A_{c_{cm}}$（过共析钢）以上

30～50℃，保温适当的时间后，在静止的空气中冷却的热处理工艺。把钢加热到 A_{c_3} 以上 100～150℃的正火称为高温正火。正火主要应用范围：作为低碳钢和某些合金结构，铸钢及锻件消除应力、细化组织、改善切削加工性能和淬火前的预备处理；消除网状碳化物，为球化退火作准备；用于某些碳素钢、低合金钢工件在淬火返修时消除内应力和细化组织，以防重新淬火时产生开裂和变形；作为某些结构件的重要热处理，对于低碳钢而言，完全可用正火代替退火，且时间短、费用低。

钢的淬火是将钢件加热到 A_{c_3} 或 A_{c_1} 以上某温度，保持一定时间，然后以适当速度冷却获得马氏体和（或）贝氏体组织的热处理工艺。钢的淬透性是钢材在淬火后能够被淬透深度（或厚度、直径）大小的一种属性，它主要取决于钢件的化学成分。钢的回火是指将淬火钢加热到 A_{c_1} 以下某一温度，保温一定时间然后冷却到室温，使不稳定组织转变为较稳定组织的热处理工艺。钢淬火后组织为淬火马氏体，硬度高、脆性大、尺寸不稳定，具有很大的内应力，易于开裂，故无法正常使用，因此必须经过回火处理，以获得要求的硬度、组织和性能。钢的回火是淬火后的一道重要工序，不进行回火的零件基本上不能使用。对于高合金钢、高速工具钢而言，如不进行及时回火将造成开裂现象，该现象是由内外冷却和组织转变的不同时性造成的。回火是零件热处理淬火后的一道工序，是决定钢的组织和性能的关键，对使用寿命有直接的影响，因此对工件内部质量的影响很大。根据对工件的使用要求和性能不同，按回火加热的温度高低将回火分为低温回火、中温回火和高温回火三种，回火后的冷却通常为空冷，特殊的情况（为防止第二类回火脆性）应进行油冷、水冷等。

5.2.2　铝合金的热处理

在铝合金零件生产中，对材料或零件进行热处理，不仅是改善材料工艺性能的需要，而且是消除应力、稳定组织、稳定尺寸、保证产品精度的重要措施。

硬铝合金零件一般都选用型材，材料的结晶状态以淬火 + 自然时效（T4）为主，材料自身已经获得优良的力学性能和稳定的结晶组织。然而，在零件的加工过程中，切削力会使被切削表面产生弹性变形和塑性变形，形成零件内部的加工应力，产生组织的变化，进而造成零件发生变形。因此，硬铝合金的精密零件在粗加工或半精加工后，应进行消除加工应力的热处理，既为消除以前工序在零件内部产生的应力，同时也为零件取得良好的稳定性创造条件。热处理在消除加工应力时，不应使合金析出第二相，不致破坏合金原有的力学性能。热处理温度应低于时效温度，一般在 130℃以下，保温时间可根据零件尺寸大小而定，不宜过长。高精度零件精加工后应进行高低温循环处理，以稳定组织和尺寸，因此又称零件的稳定性处理。稳定性处理的高温，最常用的为110℃，稳定性处理的低温，可根据具体条件而定。通常用低温箱（-60℃以下）、干冰（-78℃）、液氮（-196℃）制造低温环境。零件稳定性处理的次数和温度交替循环次数以及保温时间，可根据零件的尺寸大小和稳定效果而定。

铸铝合金零件形状复杂，体积较大，要求具有较高的精度和尺寸稳定性，加工过程中需进行消除应力的热处理和稳定性处理。铸铝合金零件的热处理与硬铝合金的热处理方法相同，只是材料不同，所用人工时效温度不同，如Al-Si系和Al-Cu系铸铝合金的人工时效温度通常用175℃。

5.2.3 钛合金的热处理

钛合金常用的热处理工艺有去应力退火及完全退火。

退火的目的是消除压力加工、焊接、机械加工等造成的内应力，提高塑性、保证一定的力学性能，稳定组织。

去应力退火的目的是消除冷加工、冷成形及焊接等工艺过程造成的内应力。在这种退火过程中金属内部要发生回复，因此有时也称为不完全退火。退火温度应低于合金的再结晶温度，一般在450~650℃。退火时不发生再结晶，而只是回复过程。退火时间通常为1~2h。退火后，零件在空气中冷却。不完全退火可用于消除切削加工应力。常用钛合金材料去应力退火条件：TA3、TA2为（450~470℃）×(1~1.5h)，空冷；TA4、TA5、TA6为（640~660℃）×1.5h，空冷；TA7、TA8、TB1、TB2为（600~630℃）×1.5h，空冷；TC1、TC2为（520~580℃）×1.5h，空冷；TC4为（580~620℃）×(1~1.5h)，空冷；TC5为（630~670℃）×(1~1.5h)，空冷。

完全退火的退火温度高于再结晶温度而低于$\alpha+\beta$两相区上限温度，一般为650~800℃。在退火过程中，将发生再结晶。退火后，其塑性将得到充分恢复。加工变形与再结晶配合，可以细化晶粒。棒材与锻件完全退火的温度应比板材高。对于薄件，退火时间不超过0.5h。完全退火时间按经验公式$\tau=15+AD$计算，其中，τ为保温时间（min），A为保温时间系数，取值为1~1.5min/mm，D为工件有效厚度（mm）。TA2、TA3棒材为670~700℃空冷，板材为500~550℃空冷；TA4、TA5、TA6、TA7、TA8棒材为800~850℃空冷，板材为750~800℃空冷；TC1、TC2棒材为700~730℃空冷，板材为650~700℃空冷；TC3、TC4、TC5棒材为750~800℃空冷；TC5板材为700~750℃空冷；TC7板材为850℃±10℃空冷；TC8棒材、

TC9 板材为 800～850℃空冷。

对用完全退火难以获得满意效果的合金，如 TC1、TC2、TC4、TC6 等，可以采用等温退火。等温退火是先将工件加热至低于两相区上限温度 30～80℃，保温一定时间后，炉冷至某一较低温度（较两相上限温度低 300～400℃）下保温后，在空气中冷却。第一阶段保温时间与完全退火的保温时间相同；第二阶段保温时间一般为 1～2h。TC1、TC2 为(840℃ ±10℃) +(650℃ ±10℃)×(1～1.5h)，TC4 为(840℃ ±10℃) +(550℃ ±10℃)×(1～1.5h)，空冷；TC6 为(870℃ ±10℃) +(650℃ ±10℃)×2h，空冷；TC8 为(900℃ ±10℃) +(590℃ ±10℃)×(1～1.5h)，空冷。

钛合金的稳定退火是使 α + β 相钛合金的组织尽可能接近平衡状态，以免合金组织在较高温度下，因应力的长期作用而失去稳定性，从而保证合金具有稳定的力学性能。用于稳定组织的等温退火及双重退火的保温时间比用于软化退火时要长得多，一般为 5～20h，具体时间视对工件的要求而定。

5.2.4 功能合金的热处理

5.2.4.1 磁性合金的热处理

磁性合金包括软磁合金和永磁合金。航海导航仪器产品中多采用软磁合金，常用的软磁合金有工业纯铁、硅钢和坡莫合金。

电工用纯铁应用最广的为电磁纯铁，一般用于制造铁芯、磁极、衔铁、磁屏蔽等，其牌号、主要成分、磁性能和应用特点如表 5.1 所示。

表 5.1　电磁纯铁的牌号、成分、主要性能和应用特点

<table>
<tr><th rowspan="2">牌号</th><th colspan="5">主要成分①/%（质量分数）</th><th colspan="3">主要磁性能</th><th rowspan="2">应用特点</th></tr>
<tr><th>C</th><th>Si</th><th>P</th><th>S</th><th>Al</th><th>H_c/(A/m)</th><th>μ_m/(H/m)</th><th>B_{25}②/T</th></tr>
<tr><td>DT3</td><td rowspan="2">≤0.04</td><td rowspan="2">≤0.20</td><td rowspan="2">≤0.020</td><td rowspan="2">≤0.020</td><td rowspan="2">≤0.50</td><td>≤69</td><td>$\geq 7.5\times10^{-3}$</td><td rowspan="2">≥1.62</td><td rowspan="2">不保证磁时效的一般电磁元件</td></tr>
<tr><td>DT3A</td><td>≤72</td><td>$\geq 8.75\times10^{-3}$</td></tr>
<tr><td>DT4</td><td rowspan="4">≤0.03</td><td rowspan="4">≤0.20</td><td rowspan="4">≤0.020</td><td rowspan="4">≤0.020</td><td rowspan="4">0.15～0.50</td><td>≤96</td><td>$\geq 7.5\times10^{-3}$</td><td rowspan="4">≥1.62</td><td rowspan="4">在一定时效工艺下，保证元件时效的电磁元件</td></tr>
<tr><td>DT4A</td><td>≤72</td><td>$\geq 8.75\times10^{-3}$</td></tr>
<tr><td>DT4E</td><td>≤48</td><td>$\geq 11.25\times10^{-3}$</td></tr>
<tr><td>DT4C</td><td>≤32</td><td>$\geq 15\times10^{-3}$</td></tr>
</table>

续表

<table>
<tr><th rowspan="2">牌号</th><th colspan="5">主要成分①/%（质量分数）</th><th colspan="3">主要磁性能</th><th rowspan="2">应用特点</th></tr>
<tr><th>C</th><th>Si</th><th>P</th><th>S</th><th>Al</th><th>H_c/(A/m)</th><th>μ_m/(H/m)</th><th>B_{25}②/T</th></tr>
<tr><td>DT5</td><td rowspan="2">≤0.04</td><td rowspan="2">0.20～0.50</td><td rowspan="2">≤0.020</td><td rowspan="2">≤0.020</td><td rowspan="2">≤0.30</td><td>≤96</td><td>$\geqslant 7.5\times10^{-3}$</td><td rowspan="2">≥1.62</td><td rowspan="2">不保证磁时效的一般电磁元件</td></tr>
<tr><td>DT5A</td><td>≤72</td><td>$\geqslant 8.75\times10^{-3}$</td></tr>
<tr><td>DT6</td><td rowspan="4">≤0.03</td><td rowspan="4">0.30～0.50</td><td rowspan="4">≤0.020</td><td rowspan="4">≤0.30</td><td rowspan="4">≤0.30</td><td>≤96</td><td>$\geqslant 7.5\times10^{-3}$</td><td rowspan="4">≥1.62</td><td rowspan="4">在一定时效工艺下，保证无时效，磁性范围较稳定的电磁元件</td></tr>
<tr><td>DT6A</td><td>≤72</td><td>$\geqslant 8.75\times10^{-3}$</td></tr>
<tr><td>DT6E</td><td>≤48</td><td>$\geqslant 11.25\times10^{-3}$</td></tr>
<tr><td>DT6C</td><td>≤32</td><td>$\geqslant 15\times10^{-3}$</td></tr>
</table>

注：①其余为 Fe；②磁场强度为 2500A/m 时的磁感应强度。

1. 纯铁的热处理

纯铁的热处理有下述几种。

（1）人工时效。电工用纯铁在退火后，可以在 130℃保温 50h 后空冷，或在 100℃保温 100h 后炉冷，进行一次人工时效处理，使组织和性能稳定化。

（2）高温净化退火。为了提高电工用纯铁的纯度，一方面冶炼时采用强烈的脱氧剂（如用 Al 或 Si 脱氧）真空去氧，以及真空重熔等先进工艺；另一方面就是在固态下氢气中进行高温净化处理。

（3）去应力退火。冷加工造成纯铁内部多种晶体缺陷，并引起内应力。为了消除这些不良影响，可以进行去应力退火和再结晶退火。退火温度高，晶粒粗大，对磁性能有利，所以去应力退火一般采用不发生 $\alpha \longleftrightarrow \gamma$ 相变的最高温度，避免冷却时发生相变，使晶型细化。因此，纯铁消除冷加工应力通常采用再结晶退火工艺。再结晶退火工艺是：在 600℃以下装炉，随炉升温至 800℃，再慢速加热到 830～890℃，保温 4h，然后以不大于 50℃/h 的速度冷却至 700℃，最后随炉冷却到 500℃以下出炉。整个退火在氢气或真空中进行。

2. 电工用硅钢片的热处理

电工用硅钢片分为热轧硅钢片和冷轧无取向硅钢片，其主要热处理工艺如下：

（1）热轧无取向硅钢片是含硅的低碳镇静钢板坯，经过多次加热连续热轧或叠片热轧制成的。成品在连续式隧道炉、箱式炉火带钢连续炉中退火。

退火温度和时间随硅钢片品种及生产工艺不同，一般为700~1200℃，保温一天到数天，炉内通保护气体，通过去应力、脱碳和晶粒长大，使产品达到性能要求。热轧无取向硅钢片的性能不如冷轧取向硅钢片。

（2）冷轧无取向硅钢片的热处理。其工艺流程如下：冶炼→铸锭→初轧开坯→热轧→酸洗→冷轧（→中间退火→临界变形）→成品热处理。成品热处理，在900℃以下退火时，二次再结晶不能显著进行，磁各向异性不大，磁感应强度高。最终退火温度高于1100℃时，由于发生α→γ转变，破坏了晶粒的择优取向，使各向异性降低。最终退火均在氢气或保护气氛中进行，采用罩式炉或连续炉处理。

（3）冷轧取向硅钢片的热处理。具有高斯织构的单取向冷轧硅钢片的典型生产流程如下：冶炼→铸锭→开坯→热轧（至厚约2.2mm）→退火→酸洗→冷轧（至厚约0.7mm）→中间退火→冷轧（至最终厚度0.35mm）→脱碳退火→成品退火→涂层→拉伸回火→成品。

3. 铁镍合金的热处理

铁镍合金的种类较多，根据其特性和用途可以分为多类，如1J50、1J79、1J85等。铁镍合金的热处理主要有以下三种。

（1）中间退火。薄带由多次冷轧获得，变形量较大，对于1J50合金，采取中等压下率，压下率一般为60%~80%。为了进一步变形加工，必须进行中间退火。为了改善磁性元件机械加工的工艺性能，也应进行预先退火。这类中间退火或预先退火均在真空或氢气中进行。加热温度850~870℃，保温1~4h，然后以200~300℃/h的速度冷却至600℃，再空冷或炉冷。

（2）高温退火。软磁合金的最终热处理多为高温退火，目的在于消除应力，净化成分，获得均匀的组织，调整和提高磁性能。必须采取缓冷或氢气-真空双联处理，以保证磁性能和力学性能不受影响。铁镍合金的退火温度都选定在1000~1300℃，提高退火温度可显著提高合金磁导率。从退火温度1100℃至接近有序转变温度600℃，一般采用150~200℃/h的冷却速度，平稳地进行冷却。冷速不宜超过250℃/h，以免产生内应力，导致磁性能下降。

（3）磁场退火。磁场退火有两种方法：一种是将合金重新加热到居里点以上约50℃（600℃左右），保温一段时间，在磁场中缓慢冷却；另一种是加热到居里点以下一定温度（400℃左右），加磁场并保持较长时间，再进行冷却，称为等温磁场退火。

5.2.4.2　弹性合金的热处理

航海导航仪器应用较多的弹性合金为铍青铜（表5.2）和3J21钴基合金。

表 5.2 时效硬化型铜基弹性合金（铍青铜）的热处理和力学性能

合金	热处理制度和合金状态	抗拉强度 σ_b /MPa	弹性极限 σ_e /MPa	弹性模量 E/GPa	拉伸率 δ/%	硬度 /HV
铍青铜 QBe2	软化（固溶处理）：780～800℃，氨气保护，水冷	400～600			>30	<130
	硬态	>650			>2.5	>170
	软时效：310～330℃，2h	>1150	750	110	>2	>320
	硬时效：310～330℃，2h	>1200	820	130	>1.5	>360
铍青铜 QBe1.9	软化（固溶处理）：780～800℃，氨气保护，水冷	400～600			>30	<120
	硬态	>650			>2.5	>160
	软时效：310～330℃，2～2.5h	>1150	780	115	>2	>310
	硬时效：310～330℃，2～2.5h	>1200	870	135	>1.5	>340
铍青铜 QBe1.7	软化（固溶处理）：780～800℃，氨气保护，水冷	440		107	50	<120
	硬态	>600			>2.5	>150
	软时效：310～330℃，2h	1150		124	3.5	>310
	硬时效：310～330℃，2h	>1100		130	>2	>340

3J21 是 Co－Cr－Ni－Mo 系高弹合金，具有高的硬度、强度、弹性极限、储能比、疲劳强度，小的弹性滞后和后效，无磁性，耐磨性好，抗震

耐冲击，优良的耐腐蚀性等特点，主要用于弹性元件等。3J21 合金在 1100～1200℃进行固溶处理，呈单相奥氏体组织。在大应变率冷加工后，时效处理时，在 300～600℃合金中钼、铬、碳原子发生偏聚，形成“K 状态”，在 600～850℃，析出 $M_{23}C_6$型复杂碳化物（为铬、铁、钼、钨等元素），温度继续升高，析出相开始溶解。3J21 钴基合金使用状态下合金的基本组织为奥氏体加 $M_{23}C_6$型多组元碳化物。3J21 钴基合金因属性变强化型合金成品零件，不论是轴尖还是其他弹性元件，均是冷加工应变强化后的丝材或带材制造的，不能再进行固溶处理。固溶处理仅在冶金生产中，为了获得均匀的单相奥氏体组织，使合金具有良好的塑性，便于进行冷加工应变。经冷加工应变后显著提高力学性能，再经时效处理，获得补充强化。冷应变率和时效温度对合金性能影响较大，应根据使用性能和用途合理选择。用于弹性元件时，总应变率一般在 70% 以下，时效温度不宜采用最大强化时效温度。

5.2.4.3 膨胀合金的热处理

几种常见膨胀合金的成分及性能如表 5.3 所示。航海导航仪器使用较多的膨胀合金为低膨胀合金中的因瓦合金和超因瓦合金。

表 5.3 低膨胀合金的成分和性能

合金名称	主要成分（质量分数）/%	线膨胀系数 $\alpha/(\times10^{-6}/℃)$	居里点 t_c/℃	γ→α 相变温度/℃
因瓦合金（4J36）	36Ni－Fe	1.2	232	－120
超因瓦合金（4J32）	4Co－32Ni－Fe	0.0	230	－100
不锈因瓦合金	11Cr－52Co－Fe	0.0	117	—
铁铂合金	25Pt－Fe	－30	80	－70
铁钯合金	31Pd－Fe	0.0	340	—
锰钯合金	35.5Mn－Fe	1.5	—	—
无磁因瓦合金	5.5Fe－0.5Mn－Cr	～0.0	～50（奈尔点）	—

因瓦合金，含 36% W（Ni）的铁镍合金在 230℃以下（低至－253℃）具有极低的膨胀系数，为最典型的因瓦合金，我国牌号为 4J36。4J36 合金试样，在保护气氛或真空中加热到 850～900℃，保温 60min，以小于 300℃/h 的速度冷却至 200℃以下出炉，膨胀系数 $\alpha_{20\sim100℃}\leq1.8\times10^{-6}/℃$。因瓦合金的生产流

程一般是：坯料→热变形（热轧）→软化热处理→冷变形（冷轧、冷拔、冷拉）→中间热处理→冷变形→成品热处理。

超因瓦合金 4J32 在 -60~80℃温度范围内，其膨胀系数比 4J36 合金低，但低温组织稳定性较 4J36 合金差，该合金主要用于制造要求在环境温度变化范围内尺寸高度精密的仪表零件，在使用中应严格控制热处理工艺及加工工艺。4J32 合金的组织为单相奥氏体，加工性能与 4J36 合金相似，容易变形，不能用热处理强化。热处理工艺有以下几种。

（1）去应力退火，加热温度为 530~550℃。

（2）冷加工后恢复塑性的退火，加热温度为 830~880℃。

（3）尺寸稳定化处理，先在空气中加热到约 830℃，保温 20min 以后水淬，再在还原性气氛或空气中（表面保护）加热到 315℃，保温 60min 后空冷，最后在 95℃保温 48h。热处理制度对膨胀系数影响很大，同 4J36 合金一样，4J32 合金在 850℃以上温度退火时，膨胀系数较大；冷却速度快时，膨胀系数减小。

5.2.5 GT35 钢结硬质合金的热处理

热处理是使 GT35 钢结硬质合金体现出可加工性，并最终又具有良好的耐磨性和较好的综合力学性能的一个重要工序环节。

GT35 钢结硬质合金是由硬质相 TiC 与铬钼合金钢黏结两部分组成的，可以粗略地认为是这两部分的机械混合物。铬钼合金钢将分散的 TiC 硬质颗粒粉黏结在一起，TiC 颗粒则起着主要耐磨作用，但是在 GT35 钢中，TiC 硬质颗粒与铬钼合金黏结绝不是简单的机械混合，在加热和冷却过程中，一定量的硬质颗粒会溶解到钢中，同时也会从钢中析出一些硬质颗粒。

铬钼钢黏结相的组织和性能随着热处理而发生变化，而 GT35 钢结硬质合金的铬钼黏结相的体积含量可达 55%，这就有可能通过选取正确的退火工艺使其软化，从而为 GT35 钢承受机械加工提供条件。同样，也可以选取正确的淬火、回火工艺使其硬化，最后使材料具有良好的使用性能。

为促进铬钼钢黏结相发生应有的组织变化，以及使 GT35 钢结硬质合金获得所希望的使用性能，就必须选取合理的热处理工艺规程。

5.2.5.1 退火

退火的目的是使铬钼合金钢组织发生变化而将 GT35 钢的硬度降低，以便切削加工，并为以后的淬火、回火创造良好的组织准备。GT35 钢的退火曲线如图 5.1 所示。

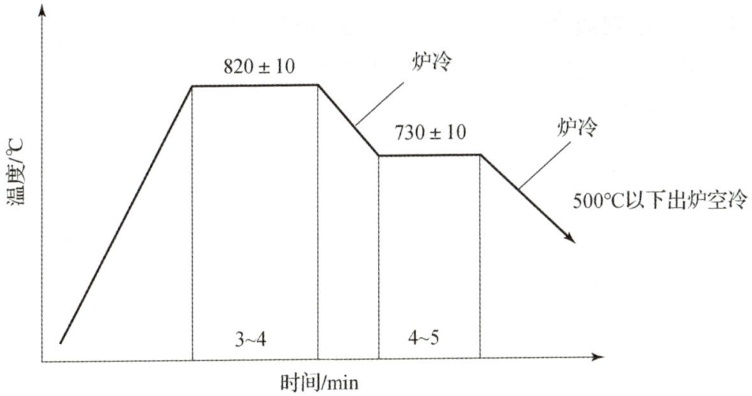

图 5.1　GT35 钢退火工艺曲线

退火加热在箱式炉内进行，也可在井式炉或其他炉内进行。为防止氧化脱碳，对于制造好的工件应放在铸铁屑保护的铁箱中进行退火。

退火后的金相组织如图 5.2 所示，退火后的硬度为 45HRC，显微组织为碳化物（TiC）+索氏体+少量的复合碳化物（退火后的珠光体比钢的珠光体细得多，是索氏体型的珠光体）。

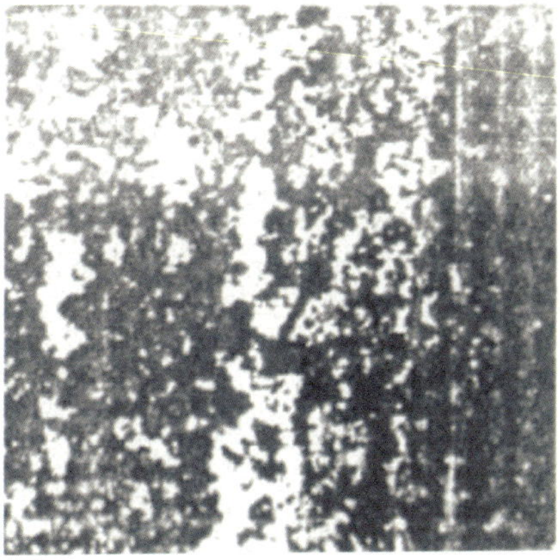

图 5.2　GT35 钢退火组织

5.2.5.2　淬火

淬火处理时，铬钼钢基体获得高合金度的马氏体组织，以使材料具有较好的力学性能，并为回火处理做好组织准备。采用高温中性盐浴加热淬火。为了防止工件出现氧化脱碳或麻点等现象，淬火加热前必须对浴盐进行充分脱碳，并清除其中的盐渣等；也可在箱式炉中加热，但必须用铸铁屑、木炭和石墨粉等作为保护，如有条件，采用真空加热为最好。

在 GT35 钢结硬质合金中，存在着大量的碳化物（TiC），造成合金热导率低，因此加热速度不宜过快，否则不易热透并造成大的热应力，为此必须预热；同时，铬钼合金元素对铁、碳原子的扩散有抑制作用，从而影响了奥氏体化过程的进行，因此在加热过程中，要有足够长的保温时间，以使奥氏体化过程进行得充分（也就是说，比一般的合金钢淬火加热时间要长一些）。

在 GT35 钢结硬质合金中，由于存在着大量的碳化物颗粒，对奥氏体晶粒的长大起着抑制作用（碳化物颗粒稳定了晶界网），并且合金元素铬钼形成的难溶碳化物对奥氏体晶粒长大也有一定的防止作用。GT35 钢结硬质合金淬火加热时的过热敏感性比一般钢小，即允许它在较宽、较高的温度范围内，以及较长的加热时间内完成奥氏体化过程，而不必担心奥氏体晶粒的过分长大。

同样，大量的碳化物颗粒也可以极大地抑制变形，使 GT35 钢结硬质合金的淬火变形量极小，一般为千分之几到万分之几。

淬火温度的变化，使马氏体程度出现明显的变化。温度较低时，看不到马氏体组织，而是索氏体；提高温度，就可得到马氏体组织，温度越高，马氏体针越明显、粗大。图 5.3 所示为淬火加热温度对 GT35 钢结硬质合金的影响。这表明提高加热温度，随着硬质颗粒更多地溶解到钢中，提高了奥氏体的合金度，并使奥氏体成分更均匀，从而影响过冷奥氏体的稳定性。此外，在冷却过程中碳化物（TiC）颗粒所携带的热量也将释放出来，会影响实际的冷却速度。因此，为获得理想的淬火组织及淬火效果，必须选用合适的加热温度。

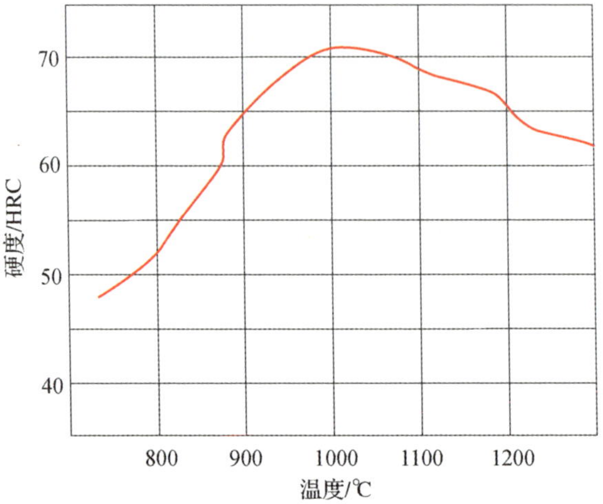

图 5.3　淬火温度对 GT35 钢硬度的影响

淬火温度对 GT35 钢结硬质合金的影响如图 5.3 所示，其淬火工艺曲线如图 5.4 所示。为了加热均匀、充分，通常采用两次预热。

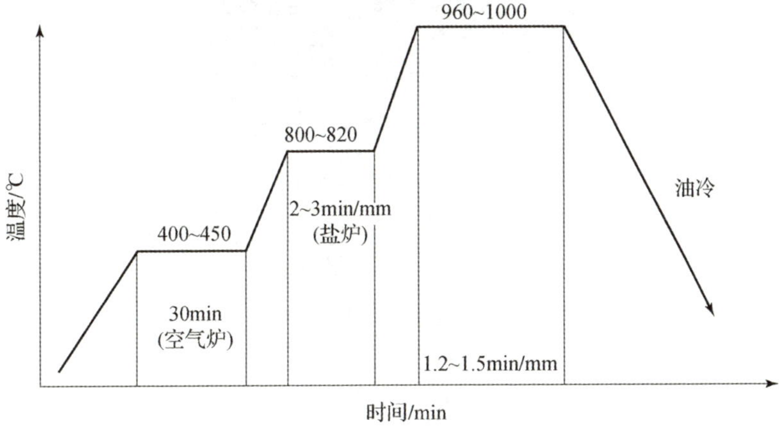

图 5.4　GT35 钢淬火工艺曲线

对于形状复杂或较大型的工件，采用一次淬火不易获得均匀的硬度，同时也可能出现自回火现象，最终得不到预想的马氏体，而可能出现奥氏体的其他转变产物（如贝氏体、珠光体等）；另外，因热冲击产生淬火裂纹的可能性也会增加。因此，对大型、复杂形状的工件，最好采用分级淬火工艺。

图 5.5 所示为 GT35 钢结硬质合金的分级淬火工艺曲线。

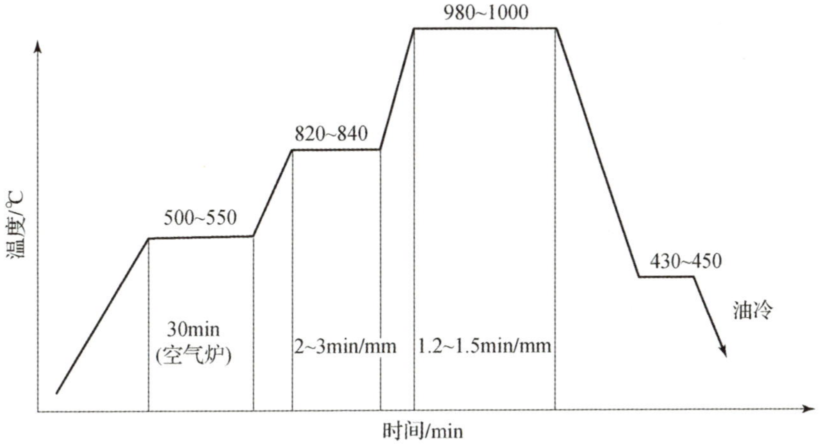

图 5.5　GT35 钢分级淬火工艺曲线

5.2.5.3　回火

图 5.6 所示为 GT35 钢结硬质合金按图 5.5 工艺曲线加工，并经 200℃

回火 1h 所得的金相组织。淬火后的硬度优于 85HRA；显微组织为碳化物（TiC）+回火马氏体+少最复合碳化物。

图 5.6　GT35 钢淬火回火组织

从表 5.4 可以看出：在不同的温度下回火（保温 1h），可得到不同的硬度，回火温度升高，硬度下降。

表 5.4　回火温度对 GT35 钢结硬质合金硬度的影响

回火温度/℃	淬火态	200	300	400	500	600
硬度/HRA	86～87	85.5～86	85～85.5	84～85	83～84	81～83

在实际使用中，可以根据具体情况的需要，选取合适的回火工艺，以得到所需要的性能。一般来讲，经 200℃ 回火，材料可以得到较好的综合力学性能。

回火的目的在于消除应力、降低硬度和提高韧性。GT35 钢的回火温度要视其工作条件而定，用于冲击力大的冷冲、冷镦工件，可选择较高的回火温度 400～450℃；而用于冲击力小的工件，为了得到较高的耐用度，可采用较低的回火温度 160～250℃，回火时间一般为 1～2h。

如果采用 400℃ 以上的回火温度，最好在低温盐浴炉中进行，以防氧化，也可在箱式、井式电炉中进行，但此时必须采取防氧化措施。

5.3　镀覆技术

5.3.1　镀覆技术简介

表面镀覆技术是表面工程的重要组成部分，包括传统电镀以及近几十年来迅速发展的刷镀技术、化学镀技术、复合镀技术。镀覆后可以形成特殊性能的表面，改变表面特性，以提供改善外观、耐介质腐蚀、抗磨损以及其他特殊性能，或这些性能的综合效果。航海导航仪器产品用到的表面镀覆主要是电镀技术和金属转化膜技术。经过镀覆后在表面形成耐腐蚀性、特殊功能的镀覆层（如导电性、绝缘性、耐磨性等），以满足产品工作的需要。

5.3.2 电镀技术

5.3.2.1 镀锌

锌是一种银白色的金属，标准电极电位为 -0.76V，易溶于酸，也溶于碱，是典型的两性金属。锌在干燥的空气中几乎不发生反应，在潮湿空气及含有二氧化碳与氧的水中，会生成一层由碱式碳酸锌组成的薄膜，它有防止金属继续腐蚀的能力。镀锌层可用来防止黑色金属的锈蚀。锌的标准电位比铁负，对钢铁而言是阳极性镀层，能提供可靠的电化学保护。当镀层与基体金属形成原电池时，锌受腐蚀而基体金属得到保护，这种防护性称为电化学防护。

镀锌层在工业和一般大气中具有良好的防护性能，在工业大气中其耐蚀性明显优于镉镀层。在钢铁制品上选择镀锌作为防护层，其防护寿命几乎与锌层厚度成正比关系。在矿物油中能可靠地防止零件腐蚀，但在与海水直接接触的情况下，锌易受氯离子浸蚀，故防护性能低于镉镀层。在低于 -70℃或高于 70℃的水中耐蚀性能显著降低。

锌在密闭或通风不良、空气潮湿的条件下，与非金属材料的挥发物（如低分子羧酸、醛、酚、氨等）接触时，易遭腐蚀，生成白色疏松的腐蚀产物，俗称“白霜”。锌在高温、高湿、密闭条件下，与胶木、油漆、木材释放的挥发物接触，锌有生长细丝状单晶的倾向，俗称“长毛”。

锌镀层经铬酸盐钝化之后，耐腐蚀性提高 6~8 倍。故镀锌钝化处理是必不可少的步骤。由于这种特性，镀锌层在机械工业、电子工业、仪表工业等方面得到广泛的应用。

为降低锌镀层厚度又提高耐腐蚀能力，国内外采用以下措施：一是提高钝化膜的质量，如用蓝色、绿色、军绿色、黑色钝化代替常规的彩虹色钝化膜，尤其军绿色钝化膜耐蚀性能表现最优；二是以较薄的含铁0.3%~0.6%的 Zn-Fe 合金，或含镍 6%~10% 的 Zn-Ni 合金代替纯锌镀层，耐蚀性能提高明显，广泛用于汽车钢板上代替镀锌。

锌镀层的使用温度不得超过 250℃，在此温度以上锌结晶组织变形、发脆、耐蚀性下降。有耐蚀性、耐热要求的零件易用 Zn－Ni 合金层。

镀锌电镀液可分为碱性和弱酸性两大类，国内外常用的有无氰锌酸盐镀锌、氰化镀锌、铵盐镀锌、氯化物镀锌、硫酸盐镀锌等。

选择镀液要根据镀件材质、形状、外观要求而定，如冲压小件和复杂件，特别是需要辅助阳极的深孔或管状件宜选择碱性镀液；铸锻件和对氢脆敏感的零件宜用弱酸性镀锌液。

钢镀锌层使用条件及标记方式如表 5.5 所示。

表 5.5　钢镀锌层使用条件及标记方式

基体材料	镀覆厚度及标记	使用条件			
		轻度	中等	严酷	极严酷
钢	镀覆厚度/μm	5～8	8～12	12～15	25～30
	镀覆标记	Fe/Ep·Zn5·c1A Fe/Ep·Zn5·c1B Fe/Ep·Zn5·c2C Fe/Ep·Zn5·c2D	Fe/Ep·Zn8·c1A Fe/Ep·Zn8·c1B Fe/Ep·Zn8·c2C Fe/Ep·Zn8·c2D	Fe/Ep·Zn12·c2C Fe/Ep·Zn12·c2D	Fe/Ep·Zn25·Ph Fe/Ep·Zn25·c2C Fe/Ep·Zn25·c2D

5.3.2.2　镀铬

铬是一种微带天蓝色的银白色金属。电极电位虽然很负，但是它有很强的钝化性能，在大气中很快钝化，显示出贵金属的性质，所以钢铁零件镀铬层是阴极镀层。

铬镀层有以下特点。

（1）与其他电解金属相比，铬镀层有很高的硬度（800HV～1100HV）。

（2）有高度的耐磨性。

（3）有很好的耐热性，在大气的条件下，能长久地保持其原来的光泽。在 500℃开始氧化变色，大于 700℃时开始变软。

（4）反光能力强。

（5）铬层在大气中很稳定，能长期保持其光泽，在碱、硝酸、硫化物、碳酸盐以及有机酸等腐蚀介质中非常稳定。

（6）可溶于盐酸等氢卤酸和热的浓硫酸中。

镀铬层种类主要包括以下几种。

1. 防护——装饰性镀铬

由于铬镀层的优良性能，广泛用作防护——装饰性镀层体系的外表层和机能镀层，这类铬镀层的厚度一般在0.25～2μm，如导航机箱的把手等进行镀铬，可提高其防护装饰性能。镀覆标记：Fe/Ep · Cu10Ni5bCrr、Fe/Ep · Cu20Ni10bCrr、Fe/Ep · Cu20Ni25bCrmc、Fe/Ep · Cu20Ni25bCrmp。

2. 硬铬

为了提高机械配件的磨损抵抗力，广泛采用耐磨性镀铬（也称镀硬铬），这类铬镀层厚度可达50～80μm。硬铬的维氏硬度达到900～1200kg/mm^2。铬是常用镀层中硬度最高的镀层，可提高零件的耐磨性，延长使用寿命。镀覆标记：Fe/Ep · Cr50、Cu/Ep · Cr50、Al/Ep · Cr50。

3. 乳白铬镀层

在较高温度（65～75℃）和较低电流密度下（20A/dm^2 ±5A/dm^2）获得的乳白色的无光泽的铬称为乳白铬。乳白铬镀层韧性好，硬度较低，孔隙少，裂纹少，色泽柔和，消光性能好，常用于量具、分度盘、仪器面板等镀铬。镀覆标记：Fe/Ep · Cr10o。

4. 松孔镀铬

在镀铬之后，用化学或者电化学方法将铬层的粗裂纹进一步扩宽加深，以便吸藏更多的润滑油脂，提高其耐磨性，称为松孔铬。松孔镀铬层应用于受重压的滑动摩擦件及耐热、抗蚀、耐磨的零件，如内燃机气缸内腔、活塞环等。

5. 黑铬

在不含硫酸根而含有催化剂的镀铬中，可镀取纯黑色的铬层。以氧化铬为主成分，具有优良的耐蚀性和消光性能。液浮陀螺的壳体、外罩等进行镀黑铬，可提高消光、耐蚀性能。镀覆标记：Fe/Ep · Cu10Crbk、Cu/Ep · Crbk。

5.3.2.3 镀金

镀金层外观为金黄色，具有很高的化学稳定性，只溶于王水，不溶于其他酸。金的原子价为一价和三价。一价金的标准点位为+1.68V，三价金的标准点位+1.5V。对钢、铜、银及其合金基体而言，金镀层为阴极性镀层，镀层的孔隙影响其防护性能。

镀金层延展性好、易抛光、耐高温，具有很好的抗变色性能。在银镀层上镀金可以防止银的变色；金合金镀层可呈现多种色调，故常用作装饰性镀层，如镀首饰、钟表零件、艺术品等。

金具有较低的接触电阻、导电性能良好、易于焊接、耐腐蚀性强，并具有一定的耐磨性（硬金），因而在精密仪器仪表、印制电路板、集成电路、管壳、电接点等方面有着广泛的应用。力矩电机转子换向片的表面进行镀金处理便是应用了镀金层的接触电阻小、导电性能良好的特点。部分导电环的环片用铜镀金代替金合金，是应用了硬金镀层的耐磨性。铜和铜合金镀金的镀覆标记：Cu/Ep · Au5、Cu/Ep · Au5hd。

5.3.2.4 镀银

银是一种白色光亮、可锻及可塑的金属。在化合物中银是一价金属，其标准电位为 +0.799V，对常用金属而言，它是阴极性镀层。

银具有优良的导热性、电导率；易于抛光，有优良的反光性能；焊接性能和结合强度良好。因此，在电子工业、通信设备、仪器仪表、飞机、光学仪器以及高频元件和波导等方面得到广泛的应用。陀螺产品中的充气嘴、充油嘴、接线柱、电刷块、石墨等零件表面采用镀银处理，应用其良好的焊接、导电性能。镀覆标记：Cu/Ep · Ag7 · P、NM/Ep · Cu12Ag7 · P。

银在碱液和某些有机酸中十分稳定；除硝酸外，在其他酸中也比较稳定；与水和大气中的氧不起反应。因而在装饰件、餐具、徽章等工艺品方面得到应用。

银在含有氯化物和硫化物的空气中，表面会很快变色并失去反光能力，而且严重影响镀层的焊接性能和导电性。因此，镀银后一般都要进行后处理，并进行镀银后的防变色处理，以免银层直接接触有害介质。对电气性能要求高，又与绝缘材料直接接触的零件，要慎重选择镀银层，因为银原子会沿材料表面滑移和向内部渗透，降低材料的绝缘性能，在潮湿大气中易产生“银须”造成短路，故镀银层不宜用于印制电路板上。

5.3.2.5 镀铅锡

铅锡合金具有浅灰色的金属光泽，比较柔软，孔隙率比单层铅或锡都低。铅和锡的标准电极电位相差只有 10mV，氢过电位高，故可在简单的强酸性镀液中共析，只要控制铅锡离子浓度比和电流密度即可获得任一合金成分的合金镀层，电流效率接近 100%。

铅锡合金镀层有以下特性。

（1）铅锡合金镀层依其合金比例不同，颜色从浅灰色至灰色。

（2）铅锡合金镀层对钢、铝及铝合金为阴极镀层，对铜及铜合金（黄铜除外）为阳极镀层。

（3）铅锡合金镀层柔软，具有良好的钎焊性、密封性、延展性、减摩性、润滑性和化学稳定性。其防护性能比锡镀层、铅镀层好。

（4）铅锡合金镀层不耐碱、盐酸、有机酸，易溶于硝酸。

（5）镀层含锡量 10% 以上即能钎焊，以含锡 60% 左右的镀层钎焊性能最佳。

（6）镀层含锡量 6% 或略高，其减摩性能最好；含锡量在 50%～55% 的镀层耐海水性能良好。

（7）镀层热熔后性能更好。热熔的锡镀层厚度应为 3～5μm。

铅锡合金的金相组织为过饱和固溶体，但在储存过程中会逐渐发生相变。在某些特殊情况下组分也会与基体形成金属间化合物（如锡和铜），这一特性在具有特殊要求的场合，应考虑在基体与铅锡合金镀层逐渐加镀中间隔离层。镀覆标记：Cu/Ep · Sn(50) – Pb5、Cu/Ep · Sn(60) – Pb15、Fe/Ep · Cu10Sn(50) – Pb5 · Fm。

5.3.3 金属转化膜技术

5.3.3.1 铝合金的阳极氧化

铝合金在导航类产品中应用广泛，为了提高铝合金的耐腐蚀性、硬度或者其他特殊功能需求（装饰、绝缘、耐磨、结合力），通常对铝合金零件表面进行氧化处理。铝合金的氧化处理分为电化学氧化（俗称阳极氧化）和化学氧化。

铝合金阳极氧化膜综合性能优异，应用广泛，主要用途如下。

（1）防护性：提高零件的耐磨、耐蚀、耐气候腐蚀。

（2）装饰性：制成本色光亮膜及彩色膜。

（3）绝缘性：作为电容器介质膜。

（4）提高与有机涂层的结合力，作涂装底层。

（5）提高与无机覆盖层的结合力，作电镀、搪瓷的底层。

（6）其他功能用途：在多孔膜中沉积磁性合金作记忆元件、太阳能吸收板、超高硬质膜、干润滑膜、触媒膜等。

因此，铝及铝合金的氧化处理在建筑业、航空和航天工业、电气和电子工业、食品工业、化工和医药工业、轻工业、交通运输业等领域获得广泛应用。

航海导航仪器中对铝合金零件阳极氧化处理多采用硫酸阳极氧化、瓷质氧化、硬质氧化。下面对这三种应用较多的铝合金阳极氧化处理方式进行详细的说明。

1. 硫酸阳极氧化

对铝合金进行阳极氧化处理，是铝合金主要的防护装饰方法。阳极氧化膜层具有很高的防护性能。膜层多孔，用重铬酸盐、热水或蒸汽填充可提高其防护能力，也可按照不同的装饰要求进行着色处理，但着色氧化膜的防护性能低于重铬酸盐、热水或蒸汽封闭的氧化膜。经阳极氧化的零件，尺寸略有改变，表面粗糙度稍微降低。

硫酸阳极氧化的氧化膜具有一定的硬度、耐磨性以及电和热绝缘性，与涂料的结合力好，膜层性脆，基体变形后膜层表面会出现裂纹。经过抛光的表面，阳极氧化后可获得光亮美观的阳极氧化膜层，具有较好的装饰性。硫酸阳极氧化对铝合金的疲劳性能有影响，长寿命零件不易采用。

硫酸阳极氧化主要用于耐腐蚀要求较高零件的防护和装饰，也可用于一般耐磨要求的零件，以及用作涂漆的底层。精密铸造或最后经机械加工的热压铸零件、表面上有气孔与缝隙的零件、与异种金属构成的组合件，搭、铆接和点焊件，以及外形非常复杂的零件，不应用硫酸阳极氧化。

铝及铝合金硫酸阳极氧化使用条件及标记方式如表 5. 6 所示。

表 5. 6　铝及铝合金硫酸阳极氧化使用条件及标记方式

<table>
<tr><th rowspan="2">基体材料</th><th rowspan="2">镀覆厚度及标记</th><th colspan="4">使用条件</th></tr>
<tr><th>轻度</th><th>中等</th><th>严酷</th><th>极严酷</th></tr>
<tr><td rowspan="2">铝及铝合金</td><td>镀覆厚度/μm</td><td colspan="4">不规定</td></tr>
<tr><td>镀覆标记</td><td colspan="2">Al/Et · A(S) · Cs
Al/Et · A(S) · S
Al/Et · A(S) · Cl(bk)</td><td colspan="2">Al/Et · A(S) · Cs</td></tr>
</table>

阳极氧化需要得到其他特定颜色时（如黑色），可以对氧化膜层进行着色处理。在平台的框架、壳体类零件，或者光纤陀螺的壳体、外罩等零件，需要得到黑色的外观，因此在阳极氧化后对氧化膜层进行着黑色处理。对于一些防护性要求更高的台体等零件，选择防护性能更好的重铬酸钾封闭，使膜层的耐腐蚀性能更加优越。而需要本色外观时，对阳极氧化后的膜层仅进行普通封闭即可。多种铝合金、铸铝的航海导航仪器零件进行硫酸阳极氧化处理后，可明显提升产品的耐腐蚀性能。

2. 瓷质氧化

铝合金瓷质氧化膜呈灰色至深灰色，具有与瓷质相似的装饰外观。膜层具有一定的硬度和耐磨性、耐蚀性、耐热性、电绝缘性。膜层可承受机械加工和弯曲而不致崩裂。瓷质氧化处理不降低零件表面粗糙度，也基本不改变尺寸精度。瓷质氧化适用于精密仪器、仪表零件的特种防护装饰，以及粗糙度和尺寸精度要求高，并要求有一定耐磨性、电绝缘性的零件。瓷质氧化的标记方式是 Al/Et · A(pc)。

瓷质氧化工艺主要包括以下两种。

(1) 在草酸或者硫酸电解液中添加稀有金属盐（如钛、锆、钍等盐），在氧化过程中由于盐的水解作用产生的色素体沉积于膜孔中，形成类似釉的膜层。这种膜层质量好，硬度高，可以保持零件的精度和平滑度。电解液成本高，使用周期较短。

(2) 以铬盐为基础的混酸电解液，具有成分简单、价廉、形成膜弹性好等特点。显示瓷质的原因是氧化膜呈树枝状结构，光在此结构上产生漫反射造成的白色不透明瓷质感。但这种膜硬度低，在装饰性氧化中应用多。

航海导航仪器零部件瓷质氧化一般选用草酸和稀有金属盐作为电解液，充分利用膜层表面质量好、能保持零件精度的优点。液浮陀螺中铝合金零件，如浮筒、框架、端盖等零件均采用草酸的瓷质氧化，氧化前后零件尺寸精度变化很小。

3. 硬质氧化

铝及铝合金在特定的工艺参数下可以得到高硬度的氧化膜，这便是铝及铝合金的硬质氧化。

硬质氧化膜层有如下特点。

(1) 色泽：膜层外观呈灰、褐至黑色，与材质成分和工艺有关，而且温度越低，膜层越厚，色泽越深。

(2) 厚度：最高可达250μm。

(3) 硬度：氧化膜硬度很高，在纯铝上 1200HV ~ 1500HV，铝合金上的氧化膜层硬度显著降低 400HV 左右。由于微孔可以吸附润滑剂，因此可以提高耐磨能力。

(4) 耐蚀：具有很高的抗蚀性，尤其在工业大气和海洋性气泡中有卓越的耐蚀性。

(5) 结合力：与基体结合十分牢固。

(6) 绝缘和绝热性：硬质膜电阻大，膜厚 100μm，可耐 2000V 以上，熔点达 2050℃，导热系数低至 67kW/(m · K)，是极好的耐热材料。

另外，硬质氧化膜层还有一些不利之处，膜层性脆，并随着厚度增加脆性增大，不能承受冲击和弯曲。膜层超过一定厚度时，基体材料疲劳性能降低较为明显。承受疲劳载荷的零件选用硬质氧化处理时要慎重。硬质氧化处理会改变零件的尺寸精度和降低粗糙度。不同材料和不同工艺处理的硬质氧化所获得的膜层厚度和硬度各不相同。

惯性元件中有一些铝合金零件表面需要电绝缘性能，此时可以采用硬质氧化，如力矩器的线圈骨架、感应同步器底板等。该类零件表面需要粘接漆包线或铜箔，并且保证漆包线或者铜箔与基体之间的绝缘。硬质氧化标记方式为 Al/Et · A(hd)。

5.3.3.2 铝合金的化学氧化

与铝合金的阳极氧化相比，铝合金的化学氧化处理所获得的膜层比较薄，一般厚度为0.5~4μm。膜层质软不耐磨，抗腐蚀能力低于阳极氧化，一般不宜单独使用。化学氧化膜吸附能力较好，主要作为油漆的底层，如导航产品中一些机箱外壳会进行化学氧化，然后再进行喷漆处理。铝合金的化学氧化还有另一个优点，表面的氧化膜是导电的，特殊位置需要镀层导电时可以选择化学氧化。化学氧化标记方式为 Al/Ct · O、Al/Ct · O · Pt。

5.3.3.3 镁合金的氧化

镁合金具有密度小、比强度高等特点，是重要的航空和宇航结构材料之一。随着技术的不断发展，导航产品有些零部件开始选择镁合金作为结构材料。然而，镁合金化学活性高，在空气中生成碱式碳酸盐膜（腐蚀产物），所以镁合金作结构材料用时，必须采取可靠的防护措施。

镁合金表面防护有化学氧化和电化学氧化两种。化学氧化可获得0.5~3μm的薄膜层；电化学氧化可获得10~40μm的厚膜层。由于化学氧化膜薄而软，电化学氧化膜质脆而多孔，故镁合金氧化除作为装饰和中间工序防护外，很少单独使用。为了提高镁合金的耐蚀性，一般在氧化之后都要喷涂油漆、树脂及塑料等有机膜。经电化学氧化并加涂层抗蚀能力强。镁合金化学氧化标记方式为 Mg/Ct · O · Pt。

5.3.3.4 钢铁的磷化

钢铁零件在含有锌、锰、钙、铁或者碱金属磷酸一代盐溶液中进行化学处理，在其表面上形成一层不溶于水的磷酸盐膜的过程称为钢的磷化。形成的磷化膜分为假转化膜和转化膜两种。假转化膜是靠磷化液中本身含有的阳离子来成膜的，其膜是结晶性的；转化膜则是靠铁基体有限的腐蚀产生的铁离子来成膜的，加入的碱金属离子不参与成膜，其膜为无定型的。

磷化膜的用途有以下几种。

（1）作防护——装饰涂装底层。

（2）作防腐蚀涂油底层。

（3）作冷加工润滑用磷化膜。

（4）减磨润滑用磷化膜。

（5）电绝缘用磷化膜。

导航类产品的一些机箱外壳为钢铁，为了提高其防护性能，机箱完成焊接后一般先进行磷化处理，然后采取喷漆或者电泳等方法进一步提高防护性能。

5.3.3.5 微弧氧化

微弧氧化是通过控制相应的电参数和调整电解液体系，利用微等离子体放电产生的瞬时高温高压作用，并经过化学反应、电化学反应、热化学变化以及等离子化学等复杂反应，在铝、镁、钛及它们的合金表面原位生长出一层陶瓷膜的一种表面处理技术。该技术是在阳极氧化技术的基础上发展起来的，与阳极氧化技术相比，微弧氧化是一种更为先进的表面处理技术，现在主要应用于铝、镁、钛以及其合金的表面处理。

铝合金微弧氧化也称为铝合金陶瓷层氧化技术，是将铝合金工件置于一种弱碱性电解质溶液中，在施以较高电压、较大电流的条件下，首先在铝表面生成一层氧化物绝缘层，并随着阳极氧化电压的持续提高，当电压超过某一临界值时绝缘层会被击穿放电产生微电弧区，并在放电处产生数千摄氏度的高温而导致氧化层和基体金属被熔融甚至汽化，金属元素和氧元素在放电通道中发生强烈扩散并相互反应生成新的化合物，这些新形成的熔融物与电解质溶液接触后便会极冷而形成陶瓷膜层，这层陶瓷膜层主要由 $\alpha-Al_2O_3$、$\gamma-Al_2O_3$等相组成。有研究表明，一般情况下，越接近膜层内层其 $\alpha-Al_2O_3$ 的比率越大，而膜的外层主要以 $\gamma-Al_2O_3$为主。铝合金微弧氧化从加工方法上来看，与普通阳极氧化无异，但所用电解液对环境的污染更轻，其主要差别是采用高电压（最高可达 1000V）并使膜层的形成机理与普通阳极氧化有了明显的区别，进而形成一种全新的技术。

铝合金微弧氧化工艺在形成微弧氧化铝陶瓷层过程中，在理论上属于不消耗电解质和电极材料的工艺方法，因而可用非消耗性的不锈钢作阴极，避免了重金属离子从阴极溶入并随废水流出污染环境，所以铝合金微弧阳极氧化也可以称为清洁阳极氧化工艺。通过微弧阳极氧化所获得的膜层具有很高的硬度、耐磨性和耐蚀性，而通过常规阳极氧化所获得的氧化膜层不论在硬度还是在耐磨性、耐蚀性等方面都是无法与之相比的。该项技术早期主要应用于航空、航天、兵工等高技术领域。随着该技术的不断成熟和推广，近10多年来在机械、电子、装饰等民用领域也得到了较多应用。

与传统的阳极氧化技术相比，采用微弧氧化技术在2A12铝合金表面制备的陶瓷层具有以下特点。

(1) 耐磨性好和硬度高。

(2) 膜层厚、结合性好。

(3) 膜层韧性好且致密。

随着微弧氧化的发展，该技术已经比较成熟。为了得到更好的耐腐蚀性，可以采用微弧氧化处理铝、镁、钛及相应的合金。

微弧氧化技术所获得的膜层与普通阳极氧化所获得的膜层相比，在性能上虽然有很大的优势，但存在着一个明显的缺点：能耗高，成膜效率低。国内相关领域的研究人员对通过在电解质溶液中添加某些物质（如在硅酸盐电解质溶液中添加钨酸钠、EDTA、柠檬酸盐、甘油等）以及对电源波形和频率的优化选择，可提高微弧氧化的成膜效率与降低能耗等进行过大量研究并获得较大成功。

对于铝合金微弧阳极氧化所用的电解液主要有三种方案：一是以硅酸钠与氢氧化钠为主的电解液，这类溶液成分简单，对环境污染轻而较多采用，但这类溶液使用寿命短，能耗较高；二是以磷酸盐为主的电解液，主要成分是各种磷酸盐、硼酸盐等，这类电解液获得的膜层致密性、均匀性和硬度都有显著提高，但溶液的浓度较高，对环境污染严重而较少采用；三是以铝酸钠为主的电解液，主要成分有铝酸钠和氢氧化钠，这类溶液成分简单，对环境污染轻，应用较为广泛，但缺点是溶液中铝盐水解产物易于发生聚合反应而使溶液成分变化，从而降低电解液的稳定性。

5.4 镀膜技术

5.4.1 镀膜技术简介

早在20世纪30年代中期，德国学者马克斯·奥维将教授就已经开始研究和试制光学薄膜，之后，该薄膜应用遍及各个领域。

在超高真空、射线辐射强度大、高温下工作的航天设备，一般液体润滑剂已经无能为力，而航天发动机的功率及其结构和寿命，与诸如摩擦、磨损、腐蚀、气蚀、高温氧化和渗漏有直接关系，因此迫切需要固体润滑膜。用真空蒸镀、离子镀、溅射三种方法获得的固体润滑膜已在航空航天设备的各种仪器、齿轮、螺丝、轴承及滑动部件中得到广泛应用。作为防腐涂层，离子镀已成功应用于飞机、宇宙飞船的各种异型部件，代替质脆敏感的电镀 Cr 层和在太空中易挥发的涂层。潮湿试验表明，离子镀铝抗蚀层远比电镀镍和电镀金性能优越。

在航空工业中，涡轮发动机工作温度很高，在发动机叶片上溅射一层 Co－Cr－Al－Y 合金后，对其抗高温氧化和抗腐蚀性能有明显的效果。如果镀上一层 ATD－1 型合金，也具有良好的抗氧化和抗热腐蚀性能。

镀层刀在机械行业中也得到广泛的应用，镀层主要是 TiN、TiC 以及二者的复合镀层，大量的廉价刀具，在镀层后可以加大进刀量，提高切削速度，提高生产效率。工模具、量刃具、精密轴承及其他易磨损件，在表面沉积耐磨镀层，可大大提高使用寿命。

陀螺仪产品是惯性系统的关键元件，电机又是陀螺内部的核心部件。电机止推板和轴等零件需镀一层类金刚石（Diamond Like Carbon，DLC）薄膜，它是一类性质近似于金刚石，具有高硬度、高电阻率、良好光学性能，同时又具有自身独特摩擦学特性的非晶碳薄膜。

DLC 薄膜由于具有高硬度、耐磨、耐腐蚀等优良特性，表面镀有类金刚石薄膜的止推板和轴等零件，寿命有极大提高，电机性能也有明显改善。

DLC 薄膜力学性能优良，具有高硬度和高弹性模量、优异的耐磨性，同时 DLC 薄膜还具有极低的摩擦系数，在干燥的滑动条件下，其摩擦系数只有相应钢数值的 1/5，适用于动压轴承用 GT35 材料。

以动压陀螺电机止推板和轴等零件的表面防护处理为例，需要保证零件表面沉积类金刚石膜后的结合力且在 100℃的环境温度下电机启停 50000 次、膜不脱落等工艺要求，并通过相关工艺参数的优化，保证轴承零件镀膜合格率，对保证产品性能和产量是至关重要的。

谐振子镀膜是石英半球谐振子制造技术中重要的工艺环节，是谐振子保持高 Q 值和低频差的关键性技术。膜层的厚度、应力、微观结构和性能均匀性决定着镀膜后谐振子的 Q 值和频差。镀膜所带来的残余应力将引起谐振子振动衰减常数急剧下降，使 Q 值下降到镀膜前的 20%～30%；膜层的不均匀性则引起振子质量沿周向不对称，从而增大频差和损耗，使半球谐振陀螺的系统漂移增大。惯性导航级陀螺所要求的频差至少应达到 0.001Hz，因而半球谐振陀螺镀膜的关键即是尽量减小谐振子的频率裂解并保持高 Q 值。

5.4.2 石英玻璃镀膜方法

目前，石英玻璃镀膜方法主要分为真空蒸镀法、磁控溅射法、离子镀膜法和化学气相沉积法等，表 5.7 所示为对比 4 种镀膜方法产生的薄膜性能。为了保证半球谐振子等石英玻璃材质精密零件的镀膜质量，常常选用磁控溅射法和离子镀膜法。

表 5.7 对比 4 种镀膜方法产生的薄膜性能

参数	真空蒸镀法	磁控溅射法	离子镀膜法	化学气相沉积法
粒子能量/eV	0.1～1	1～10	0.1～1	<0.1
沉积速率/(μm/min)	0.1～3	0.01～0.5	0.1～2	0.01～0.1
薄膜密度	低（低温条件）	高	高	低
薄膜孔隙率	高（低温条件）	低	低	高
膜层与基底界面	清晰	清晰	模糊	清晰
薄膜结合力	小	大	非常大	小
薄膜均匀性	一般	一般	一般	好

薄膜的热处理作为镀膜的后处理过程，是镀膜技术研究不可或缺的一部分，适当的热处理工艺往往能提高薄膜结合力，降低薄膜应力，增加原子扩散提高薄膜均匀性。下文以半球谐振子镀膜工艺为重点进行介绍。

5.4.2.1 半球谐振子镀膜的性能

薄膜应力在薄膜应用中是一个不容忽视的问题。它的存在不但会直接导致薄膜的色裂和脱落，还会使基体发生形变。因此，研究薄膜的应力并设法控制其发展，是镀膜工艺中不可忽视的问题。薄膜应力是普遍存在的，并可能存在方向不一、分布不均匀等缺陷。目前，还没有解释薄膜应力产生的统一理论，但大致存在如下原因：成膜时由于温度急剧变化导致的薄膜收缩；薄膜内部温度分布不均而产生的形变；薄膜生长过程的晶界运动。

薄膜中的应力按方向划分有压应力和拉应力两种，按原理划分有热应力和内应力的区别。内应力也与薄膜结构和材料有关。如图 5.7 所示，Cr 膜内应力高达 10^3 MPa，Au 膜的内应力相对小很多，而且随着膜厚的增加，应力方向发生变化，这可能是 Au 膜发生在结晶过程。

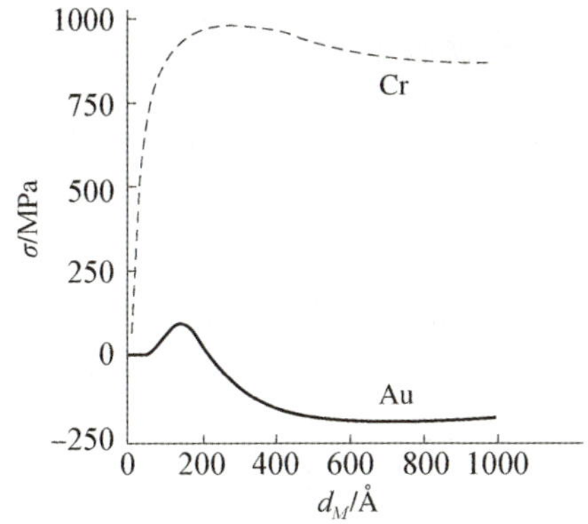

图 5.7　不同薄膜材料产生的内应力与厚度的关系

除此之外，薄膜应力还和镀膜速率有关。研究发现，在石英玻璃上镀 150pm Pt 膜时，镀膜沉积速率在 0.1 ~ 0.7μm/s 变化时，镀层中的拉应力从 230MPa 增加到 847MPa，增加了近 4 倍。此外，镀膜材料的纯度、镀膜过程中膜层氧化和热膨胀系数匹配程度等因素均会影响薄膜应力。

谐振子镀膜的目的是通过施加电信号对谐振子进行激励和检测，因而其重要电学性能——电阻率成为关键参数。由于尺寸效应，膜厚在很大程度上决定着薄膜的电学特性。图 5.8 显示了 Au 薄膜的电阻率与膜厚之间的关系，同样的 Au 膜厚度，不同的基底，电阻率不同。玻璃基底上 Au 膜电阻率随膜厚增加逐渐减小并趋于稳定，但是仍比纯金属电阻率高。当薄膜很薄时，属于由孤岛形成的不连续薄膜且存在散射效应，电阻率极大；随着膜厚增加，薄膜逐渐生长为连续薄膜，电阻率逐渐下降，但是因为薄膜存在很多缺陷，其电阻率仍比块体金属大。

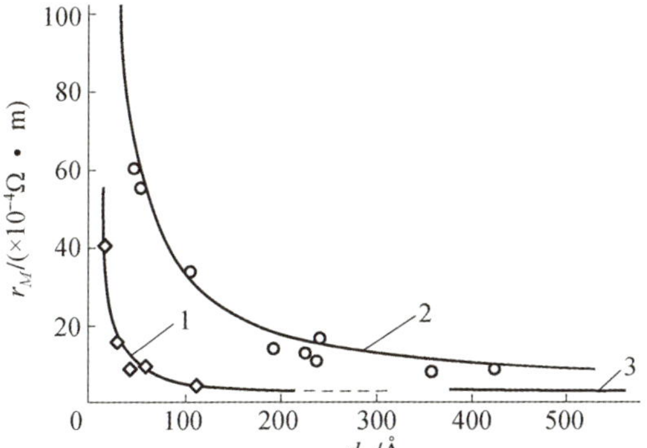

1—二氧化铋衬底；2—玻璃衬底；3—块体 Au。

图 5.8　Au 膜电阻率随其厚度的变化规律

5.4.2.2 半球谐振子镀膜工艺

石英半球谐振子镀膜存在多种工艺，主要有超薄 Cr 膜、Cr/Au 膜及金掺杂二元复合膜工艺。从膜层的均匀性、结合力和膜层本身质量方面考虑，优先选用磁控溅射法。

在超精密成型谐振子的光滑表面沉积几到几十纳米厚的 Cr 膜所带来的电阻值是有限的，同时因为膜层较薄，膜层内摩擦较小，引起 Q 值降低的幅度相对较小。但膜层太薄使得其表面粗糙，膜层表面积较大，在大气常温下易于吸附大量的水汽，增大谐振子的额外损耗，降低 Q 值。同时，Cr 膜化学性质相对活泼，极易氧化，膜层的氧化又会带来膜层电阻和内应力的变化，为谐振子保持高 Q 值的稳定引入更多不利因素。Au 在石英玻璃上的结合力差，但化学性质不活泼且稳定。在薄的铬层上镀金，既不存在 Au 膜结合力差的问题，又可有效防止 Cr 氧化和大量水分子的吸附，能量损耗也不大，缺点是随金层厚度的增加，谐振子 Q 值呈逐渐下降趋势（图 5.9），但是 Au 膜厚度在 50nm 范围以内，Au 膜带来的内摩擦变化不是很大，因而 Cr/Au 复合膜成为一种较为常见的谐振子镀膜方案。但由于 Cr 与 Au 的互溶性好，界面相互扩散现象严重，长时间放置后膜层结构改变，易引起谐振子性能的不确定变化，不满足半球谐振陀螺长期应用的场合。

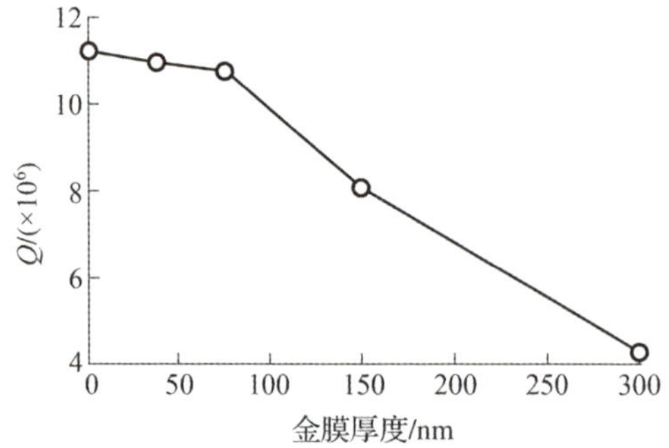

图 5.9 铬衬底上镀金膜对 Q 值的影响

谐振子表面镀 Cr 和 Cr/Au 薄膜都不是理想的镀膜方案，如何在保持成型谐振子高 Q 值的前提下提高薄膜稳定性是谐振子镀膜研究的难点。四川压电与声光技术研究所在谐振子表面镀 Au 膜，其摒弃掉 Cr 或 Ti 活性金属作为中间层提高 Au 膜结合力的思想，而是在 Au 靶材中预先有选择地掺杂某些金属，形成 Au 固溶体，这样能在基片表面形成有效的吸附中心提高金膜结合力。Au 与掺杂金属的均匀混合不会受磁控溅射的影响而改变，膜层性能也比较稳定（图 5.10）。截至目前，Au 与掺杂其他金属的二元复合膜溅射工艺是最好的一

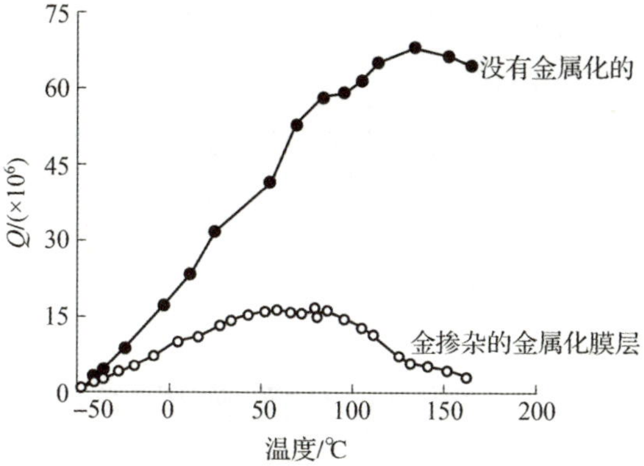

图 5.10　二元膜层工艺下的 Q 值与温度的影响关系曲线

种镀膜方案。表 5.8 所示为谐振子金属化镀膜工艺前后对照，膜层均匀性可控制在 3% 以内，对频差的影响可忽略，较好地保证了高 Q 值。

表 5.8　谐振子金属化镀膜工艺前后对照

样品编号	镀膜前 $Q/(\times10^7)$	镀膜后 $Q/(\times10^7)$	膜厚均匀性 /%	工艺去应力后 $Q/(\times10^7)$	Q 值维持状态 /%
谐振子 1	0.9	0.26	2.4	0.69	76.7
谐振子 2	1.6	0.33	2.6	1.00	62.5
谐振子 3	1.2	0.32	2.4	0.90	75.0
谐振子 4	1.0	0.36	3.0	0.80	80.0

参考文献

[1] 中国机械工程学会热处理学会. 热处理手册 [M]. 4 版. 北京：机械工业出版社，2008.
[2] 才鸿年，马建平. 现代热处理手册 [M]. 北京：化学工业出版社，2010.
[3] 张玉庭. 简明热处理手册 [M]. 2 版. 北京：机械工业出版社，2003.
[4]《工程材料实用手册》编辑委员会. 工程材料实用手册 [M]. 北京：中国标准出版社，2001.
[5] 王健安. 金属学与热处理 [M]. 北京：机械工业出版社，1980.
[6] 匡禄生. GT35 钢结硬质合金的热处理 [J]. 金属加工（热加工），2009（19）：37－39.
[7] 张允诚，胡如南，向荣. 电镀手册 [M]. 2 版. 北京：国防工业出版社，1997.
[8] 王治乐. 薄膜光学与真空镀膜技术 [M]. 哈尔滨：哈尔滨工业大学出版社，2013.
[9] 李云奇. 真空镀膜技术与设备 [M]. 沈阳：东北工学院出版社，1989.
[10] 王晓东，巴德纯，张世伟，等. 真空技术 [M]. 北京：冶金工业出版社，2006.

第 6 章　航海导航仪器多余物控制技术

6.1　导航产品多余物概述

顾名思义，多余物是产品中不希望存在的物质。它的出现，轻则造成产品功能性能下降、寿命缩短，严重情况下则导致产品功能丧失，试验失败，使武器装备在战时不能发挥应有的效能，最终可能贻误战机，后果不堪设想。

根据笔者对航海导航仪器中惯性元件类产品的粗略统计，对于定型生产的型号产品，多余物故障一项超过故障总数 60%。由多余物给产品带来危害的实例很多，以下列举两例影响程度大的事件，说明多余物对产品质量与可靠性的重要影响程度。

美国“民兵”Ⅲ导弹试飞 25 次，失败 8 次，其中 4 次失败是由于制导系统微型电路被微粒污染引起的。当飞行中末级助推飞行器处于零重力环境时，原来散落在微型电路中的微粒便会自由浮动，进入安装在末级助推器内制导系统的电路孔隙中，引起短路。

1992 年 3 月 22 日，我国“长征二号”捆绑火箭发射澳大利亚 B1 通信卫星，点火后发动机喷出火焰，但助推器在点火后随即关机，7s 后火箭自动紧急关机，发射失败。这次故障就是由于第三助推器的点火触点因一块一两厘米的多余铝屑接通了关机触点，从而造成助推器在点火后随即关机，火箭主计算机测得推力不够，所以发动机于 7s 后实施了紧急关机。这次故障使 B1 通信卫星未能如期升空，发射推迟了 144 天。这一事件也促成了 3 月 22 日“航天质量日”的诞生。

GB/T 40539—2021《航天器多余物预防和控制要求》给出的多余物定

义是，产品中存在的由外部进入或内部产生的与产品规定状态不符的物质。例如，产品装配过程中因人的因素带入的毛发、头皮屑等，作业过程由作业动作带入的金属屑、导线头、焊渣等，因工作遗漏留在产品中的垫圈、螺钉、套管等，因产品零部件局部脱落产生的胶块、漆皮等，因产品使用过程中非金属材料挥发、环境微小颗粒物随气流运动而进入产品中的物质等。

多余物定义中的产品规定状态可能是隐含的，对于轴承类产品，技术文件中可能明确规定了对轴承进行润滑，那么润滑油便是产品规定状态的物质，而其他零件表面残存加工时形成的冷却液、润滑液残留就是非规定状态的物质。另外，在表面处理工序，基材表面氧化层，以及吸附的气体等物质，可能在产品的规定状态中并没有明确说明，然而它将显著影响后续工艺效果、产品性能，所以，这些表面物质也是多余物。多余物的概念也是随着技术发展、产品需求而不断发展的。

对多余物的防控，很多人认为主要是管理问题，如对净化间的管理，然而，如液浮陀螺仪动压气浮轴承中多余物的来源和运动聚集，又是典型的复杂技术问题。因此，多余物的防控，必然涉及设计、工艺等技术问题，又离不开设备、环境、人员等生产全过程的管理，是一个需要综合治理的难题。

对多余物的分类，可以有很多形式，如按照材料分为金属多余物和非金属多余物，按照尺度分为宏观多余物和微观多余物。宏观多余物是指不需要借助任何显微工具，可以正常肉眼观察到的多余物就称为宏观多余物。微观多余物是指肉眼不可见，必须借助放大镜、显微镜等辅助工具方可观察到的多余物称为微观多余物。

航海导航仪器是航海导航用陀螺仪、加速度计等惯性元件和惯性稳定平台等惯性系统的总称，是舰船导航系统的重要组成部分。惯性元件及其主要部件陀螺电机、传感器、力矩器、磁悬浮、石英加速度摆组件等由于其作为敏感元件或施力机构的一部分，其加工、装配精度要求高，微小多余物会显著影响产品的精度和可靠性，特别是可靠性，难以在装配测试阶段进行测试筛选、预判，需要在装备长期运行中才能显现出来，因此导航产品中的多余物控制要求极其严格。此外，由于惯性系统中多余物尺度相对较大，对多余物管控侧重管理层面，技术难度相对较小，并且已有一些文献进行了充分的论述，而惯性元件中的多余物尺度上较小，往往需要显微镜才能观察，分析、清除难度大，以下主要分析讨论惯性元件中的多余物。

6.2 惯性元件结构特点与典型多余物问题

6.2.1 液浮陀螺仪多余物

常用单自由度液浮陀螺仪通常由陀螺电机、力矩器、磁悬浮、角度传感器、宝石轴承、波纹管、静平衡器、导电游丝、浮液，以及温控系统等部分组成。统计航海导航用液浮陀螺仪故障模式主要有：

（1）动压电机不启动或总滑短。

（2）性能下降。

（3）力矩器对地不绝缘。

（4）测温热敏短路匝故障。

（5）密闭性差。

（6）绕组短路、断路故障。

其中，电机不启动、性能下降、密闭性差，以及不绝缘问题均与多余物相关。而多余物引起的故障多为潜在威胁，不知在何时何地出现，而且往往突然出现，影响产品及惯性导航系统寿命。其中，陀螺可靠性的关键是电机的可靠性，作为多余物影响陀螺可靠性研究的第一步，应将重点放在电机可靠性上。本节讨论性能下降和绝缘有关的多余物问题，陀螺电机多余物问题下节专门论述。

6.2.1.1 多余物造成浮子运动卡滞

在故障陀螺仪的拆解分析过程中，使用滤纸对陀螺仪中的氟油进行过滤，要做好拆解过程中的防护，避免引入新的污染，经过过滤确实发现了陀螺仪内部浮液中存在一定数量和大小的多余物，如图 6.1 所示。

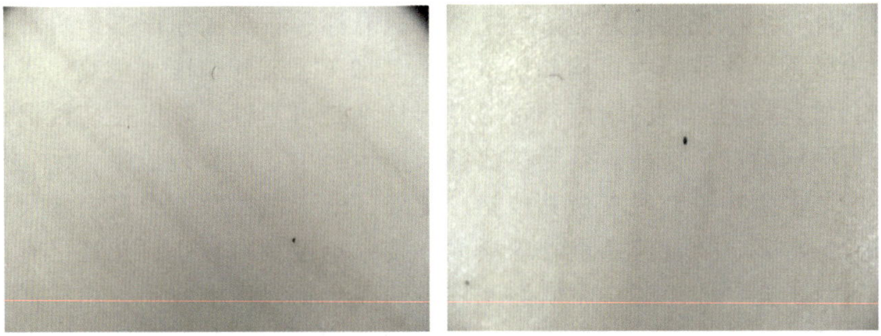

图 6.1　氟油中过滤出的多余物颗粒

多余物的存在，使陀螺仪使用性能下降，表现为陀螺仪漂移不稳，造成系统精度变差。液浮陀螺仪中，浮子通过球轴尖，支承在一对红宝石轴承上，浮子周围充满高比重悬浮液。为了限制正交输入量对陀螺的干扰，并保证力矩器力矩系数及传感器标度因数稳定，宝石轴承与球轴尖的径向及轴向间隙有严格的限制。航海用液浮陀螺仪输出轴宝石支承的径向间隙、轴向间隙都很小，最小的位置间隙仅有几微米。通过静平衡及温度控制，可基本确保球轴尖处于宝石轴承的几何中心位置，这样浮子球小轴对宝石轴承的正压力趋于零，支承上的摩擦力矩也趋于零。由于陀螺进动效应，沿输入轴微小的角速度输入将会因陀螺力矩作用而使浮子沿输出轴转动，此转动通过角度传感器输出角度信号，若设置一个力矩平衡电路，将角度信号输出变为成比例的电流量以负反馈形式输给陀螺力矩器，产生力矩与陀螺力矩相平衡，则按照反馈电流的大小及符号可对输入角速度进行准确测量。由液浮速率积分陀螺通过力矩平衡电路构成速率陀螺的基本原理可知，在陀螺中若产生任何一种不期望有的对浮子运动的阻碍均将出现随机漂移增大故障。陀螺仪表体内的洁净度不理想是主要原因，多余物存在于浮子与内壳体等外围件的间隙中，特别是浮子上的球小轴与宝石轴承之间的多余物改变了轴承的摩擦状态，使浮子的运动受到多余物的干扰而不能输出准确的数值。图 6. 2 所示为宝石轴承部件示意图。

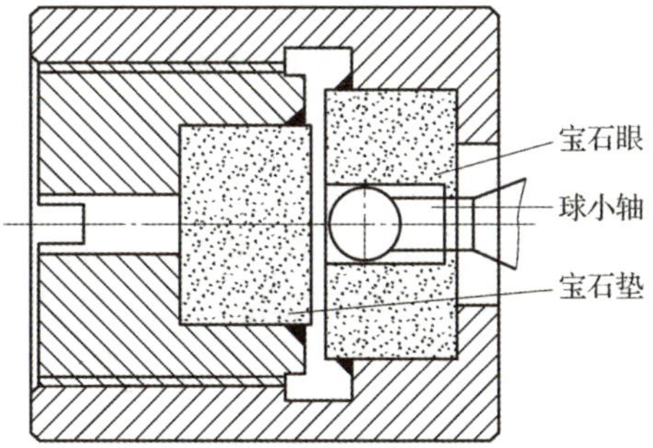

图 6. 2　宝石轴承部件

影响浮子组件运动，产生干扰力矩的多余物来源包括传感器、力矩器使用的陶瓷材料、铁氧体材料掉渣，铝合金浮筒、壳体瓷质氧化层破损掉渣，胶、漆类材料掉渣等，以及装配过程中导电游丝焊接焊料飞溅物等，这些飞溅物附着在壳体内部其他零件上，在环境应力的作用下，可能会脱离附着体而形成自由活动的多余物。

6. 2. 1. 2　多余物引起不绝缘故障

多余物引起的不绝缘故障也时有出现，以下是一个陀螺电机引线对壳体不绝缘故障的归零案例。取下左支承部件，在显微镜下检查护线板上接外引线的1#、2#、3#绝缘子焊点，发现1#绝缘子根部有一块金属状物质，经成分分析试验确定其不是焊锡，而是散落的金属铝屑。将其取下后再测，1#、2#、3#线对壳体绝缘良好，即可确定陀螺电机对壳体不绝缘是由于1#绝缘子根部有一块金属屑，将1#绝缘子内柱与外套连通引起。图6.3所示为陀螺内金属屑引起绝缘子失效。

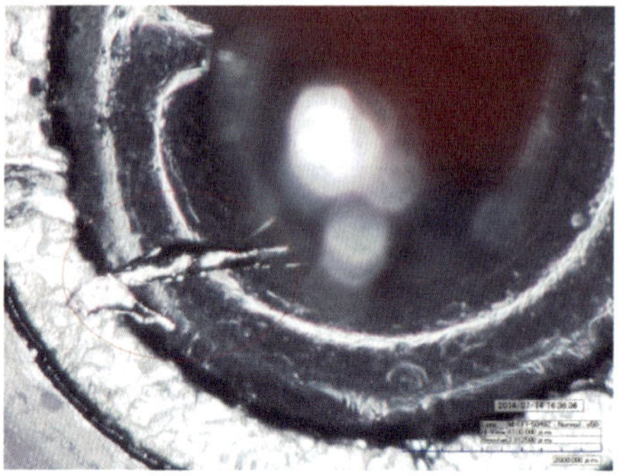

图6.3　陀螺内金属屑引起绝缘子失效

6.2.2　动压电机多余物

惯性元件中的多余物以动压轴承陀螺电机最为典型。动压气浮轴承陀螺电机采用无源气体支撑，电机在一直运转的情况下没有机械摩擦，理论寿命几乎无限长。为了确保气体动压轴承性能达到设计规定的指标，必须严格控制轴承几何尺寸的精度。一般轴承间隙为1～3μm，其形位精度高出近一个数量级，典型值为0.2～0.3μm。这样，动压轴承装配制造的难点就在于如何在达到如此高的尺寸、形位精度后，避免装配过程、浮子内挥发物、轴承启停磨损等任何原因造成的轴承污染。典型动压轴承陀螺电机结构及动压轴承间隙如图6.4和图6.5所示。

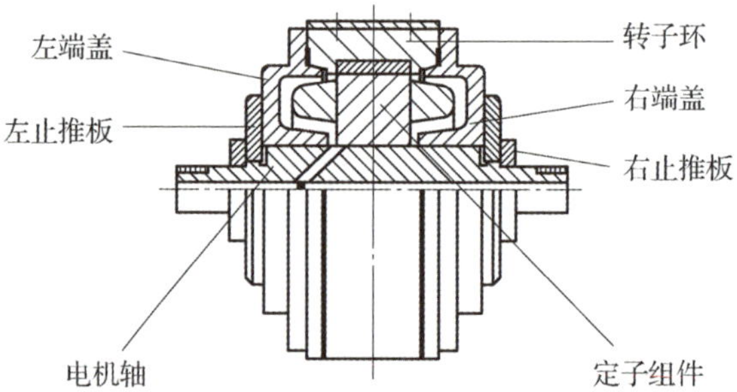

图6.4　动压轴承磁滞电机结构

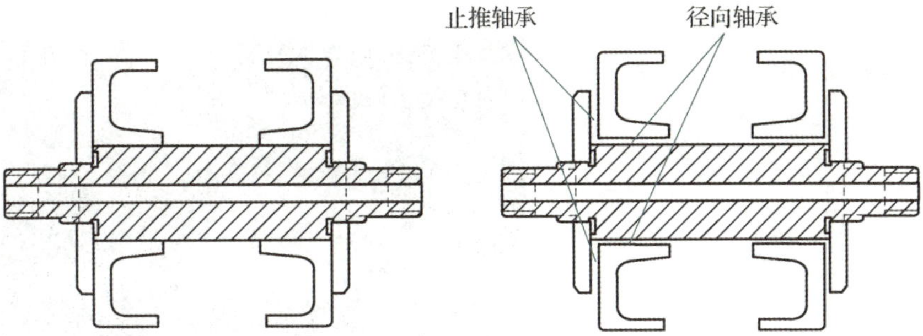

(a) 去掉定子、转子环的轴承　　(b) 间隙放大示意图

图 6.5　动压轴承间隙示意图

陀螺电机经过长期启停、运转之后，个别轴承受到多余物影响，轴承间隙会出现一些粉末状的物质，逐渐污染轴承，影响轴承的启停性能，严重情况可能造成运转不稳定，多余物累积到一定程度，影响电机启动，造成启动失效。动压轴承典型多余物如图 6.6 所示。

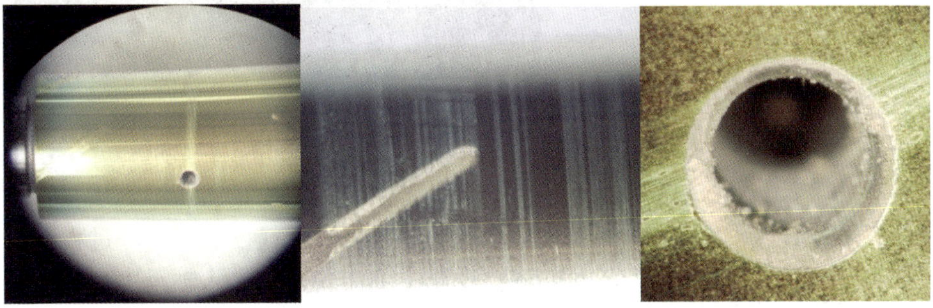

(a) 轴放大　　(b) 轴螺旋槽放大　　(c) 轴上小孔放大

图 6.6　电机轴承多余物

微小多余物难以检测和控制，取样困难，并且测试容易受到多余物附着基底的影响，需要采取仔细的处理方法。对无法启动电机轴槽内的多余物进行半定量分析，结合其他方法分析动压轴承多余物的产生源头及形成过程，主要包括机械加工有关多余物、轴承表面研磨多余物，磨损、挥发细微多余物，以及环境多余物。图 6.7 所示为轴承污染物成分分析。

6.2.2.1　机械加工有关多余物

机械加工有关多余物，通常包括动压轴承零件边缘尖角位置形成的毛刺类多余物，毛刺一般会出现在止推板边缘、轴肩、端盖孔口等，这些位置的微小金属刺如果处理不干净，容易造成电机启动时不能正常浮起。一个特别重要的毛刺位置是轴的三个穿线孔，可能割破导线，引起不绝缘，甚至输电异常。

谱图处理:
可能被忽略的峰: 2.281, 2.630keV

处理选项: 所有经过分析的元素(已归一化)
重复次数=3

标准样品: 电机-轴槽内污染物

C	$CaCO_3$	1-Jun-1999 12:00 AM
O	SiO_2	1-Jun-1999 12:00 AM
Si	SiO_2	1-Jun-1999 12:00 AM
Ti	Ti	16-Feb-2011 10:59 AM
Cr	Cr	16-Feb-2011 11:09 AM
Fe	Fe	1-Jun-1999 12:00 AM

元素	重量百分比	原子百分比
C K	33.15	50.06
O K	32.75	37.13
Si K	3.11	2.01
Ti K	13.54	5.13
Cr K	0.45	0.16
Fe K	17.01	5.52
总量	100.00	

注释:

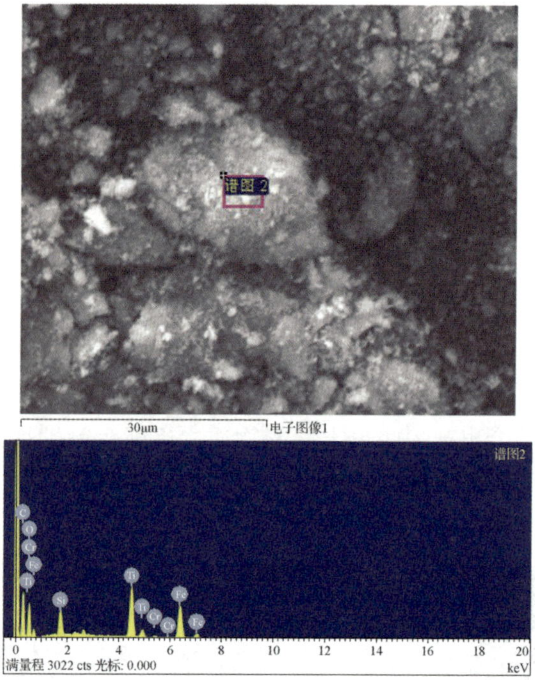

图 6.7　轴承污染物成分分析

螺旋槽如果采用离子刻蚀工艺，则可能在槽底造成金属瘤等物质，止推板离子刻蚀过程，由于其槽底一般比磨削加工表面粗糙度低，研磨过程中又难以触及这些残留微粒，在电机运转过程中可能脱落，进入轴承中，影响轴承性能。对这类多余物的控制一般采用机械去除方法，对边角进行油石打磨抛光，对螺旋槽采用抛光垫抛光、磁力研磨等工艺方法进行处理。

6.2.2.2　轴承材料有关多余物

动压气体轴承材料为钢结硬质合金 GT35，该材料具有较高的硬度和强度，但其采用粉末冶金烧结工艺制备，标准规定允许存在 0.2% 的孔隙率，图 6.8 给出了正常质量轴承材料研磨后的表面情况，有缺陷的材料显微镜下可见明显孔洞。这些孔隙本身存在多余物，同时在加工、研磨过程中还会吸附一些多余物，在轴承工作时，不断地释放出来，并在轴承表面逐渐积累，阻塞轴承工作间隙，导致轴承无法运转。

6.2.2.3　胶体挥发脱落类多余物

电机中胶体有关多余物，胶体主要涉及定子叠片胶、磁滞环叠片胶、定

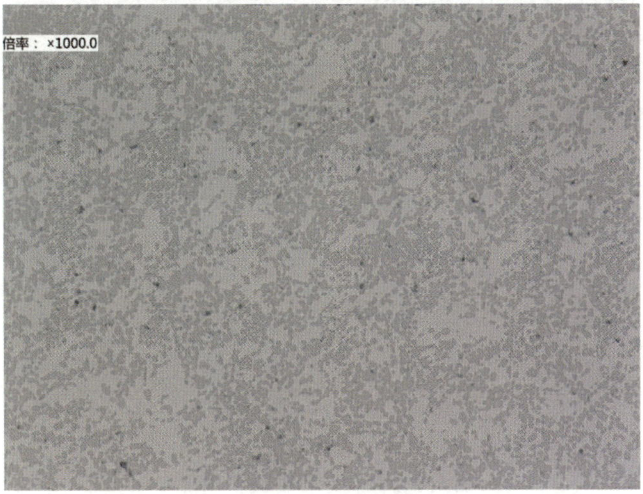

图 6.8　研磨后的轴承材料表面

子灌封胶。叠片过程中叠片胶位于定子片及磁滞环片之间，利用模具控制胶层厚度小于铁芯轴向尺寸的7%，后续机械加工过程中，叠片胶会随组件经历磨削加工，表面产生微小破损。电机装配陀螺产品运行过程中，如果叠片胶挥发、脱落后进入电机轴承中并形成堆积，可能导致电机无法正常启动。

电机定子的绕组采用胶体灌封，为保证电机定子表面的洁净度，电机定子绕组使用低热失重的陀螺电机定子专用胶灌封。灌胶过程中，如果定子灌封胶组分或者各组分比例发生变化，则灌封后的定子胶可能存在隐患，出现异常。此外，如果定子胶灌封过程中温度或者真空度未达到要求，则定子胶也会出现异常。电机装配过程中，如果前期定子组件真空净化处理不充分，电机在高温运行过程中可能会有挥发性成分从灌封胶中挥发出来，随着气体介质进入轴承间隙并沉积在轴承表面。挥发物会使轴承的摩擦系数增大，从而使电机的最低启动电压升高，严重时可能导致电机不启动。

通过对常用的几种胶黏剂以及几种型号的电机定子进行热失重试验，发现几种胶黏剂的失重情况存在明显差异，几种定子的失重情况如图 6.9 所示，几种型号定子用胶量不同，定子结构也存在差异，这均是研究电机可靠性时要考虑的设计因素。

6.2.3　石英加速度计多余物

石英加速度计表头主要由检测质量、力矩器、差动电容传感器等组成，当有加速度沿传感器敏感轴方向作用时，检测质量发生位置变化，从而使差动电容传感器两端的电容发生变化，伺服电路检测这一电容变化并转换成相

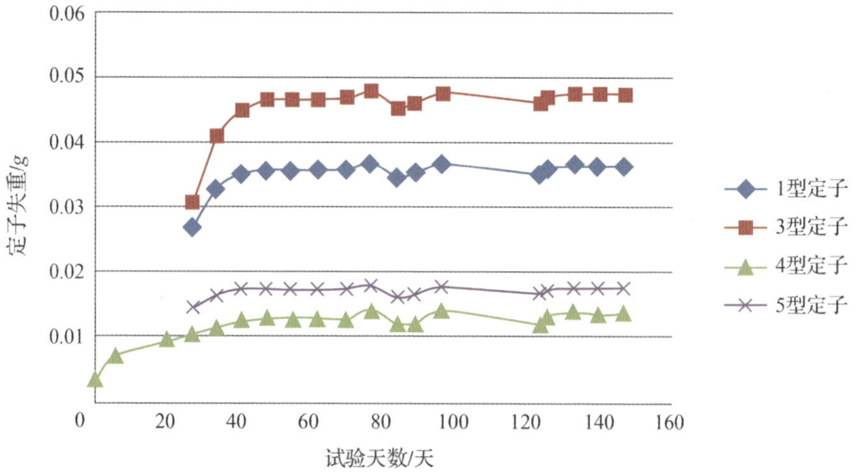

图 6.9　几种定子的失重情况

应的输出电流反馈给力矩器，使检测质量回到平衡位置。测量流过采样电阻的电流，可以得到要测量的加速度。由此可知，出现在表头中的多余物将带来几个问题，可能造成敏感质量发生变化，非金属材料放气会造成摆运动介质发生变化，这些都将影响石英加速度计的性能。另外，因多余物造成黏附，严重时摆片与激励环随传感器姿态变化无法分离，将造成仪表功能丧失。

6.2.3.1　多余物造成敏感质量发生变化

当表芯中有多余物分布在摆部件或工作气隙中，会使加速度计摆性不稳定甚至产生干扰力矩，从而使加速度计性能精度变差。图 6.10 所示为摆片表面污染物。

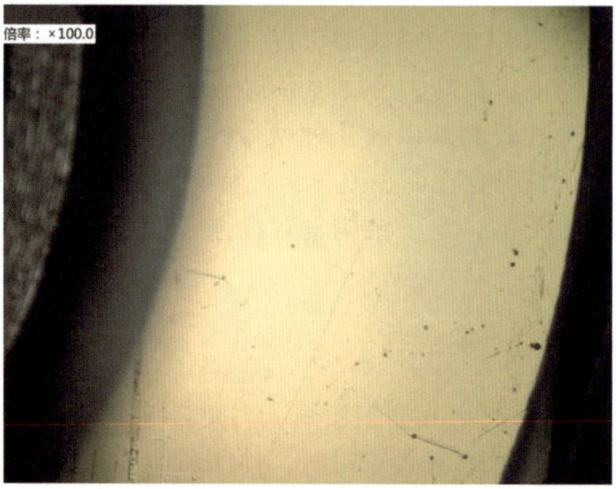

图 6.10　摆片表面污染物

从故障产品拆表情况来看，部分故障加速度计中发现了颗粒状多余物，分布在摆片的摆舌、导磁环等部位。观察多余物的形态，呈现白色颗粒状，应与线圈陶瓷骨架有关。进一步分析表明，在装配过程中，陶瓷零件与金属件进行剐蹭，形成粉末进入表芯内部，后续工艺没有清理彻底。多余物分布在摆部件及工作气隙中，使得加速度计摆性不稳定及产生干扰力矩，从而导致加速度计性能精度变差。

另外，在潮湿环境下，特别是湿热环境下，水分子容易进入表体内部，对摆组件产生影响，如漆包线绕组、胶层吸湿后导致的质量增加，从而导致标度变化。

6.2.3.2 石英摆片因多余物吸附

石英摆片因多余物造成摆吸附，摆片与激励环黏附，随传感器姿态变化无法分离。加速度计在未通电状态下，摆片的摆舌位置应该随着姿态变化而变化，当加速度计上电时，摆舌被拉到中间零位，保持左右电容平衡，这时加速度计处于正常闭路状态。由于存在多余物原因，摆舌和某一侧的导磁环表面“贴合”或“粘连”，这种“贴合”或“粘连”强度较低时，无法抵挡加速度计线路的启动力矩，因此不会表现出来。当“贴合”或“粘连”强度较高时，会导致加速度计上电时也无法克服贴合力，从而导致加速度计输出饱和。

北京自动化控制设备研究所张兰等在《石英挠性加速度计输出饱和故障分析》一文中，介绍了输出饱和现象的故障分析，解剖验证，构成电容传感器动极板的石英摆片单面镀金区上有微量黏物区。经分析，该污染可能是操作者焊接金丝后清理不干净导致。另外，表芯内部属于一个相对密闭的空间，清理、清洗的溶液很难随时间的推移而进一步挥发，而是随着温度的变化在表芯内部的任意空间漂移或凝结，图6.11所示为当溶液漂移、吸附或凝结到摆组件极板相对应的位置。由于极板活动气隙中介质表面张力的存在，同样会发生摆片与力矩器粘连故障。

6.2.4 多余物影响机理研究

金属屑导致绝缘损坏，这类多余物很容易观察和确定其对产品的影响机理，但对于液浮陀螺仪中多余物对浮子产生的干扰力矩，则很难研究其规律性。对于加速度计摆片的黏附问题，和动压陀螺电机放置一段时间后启动阻力矩增大的故障相似，其吸附力产生的深层次机理并不完全清楚。另外，对于灌封类产品，胶体中的杂质多余物可能随时间发生缓慢的运动变化，最终

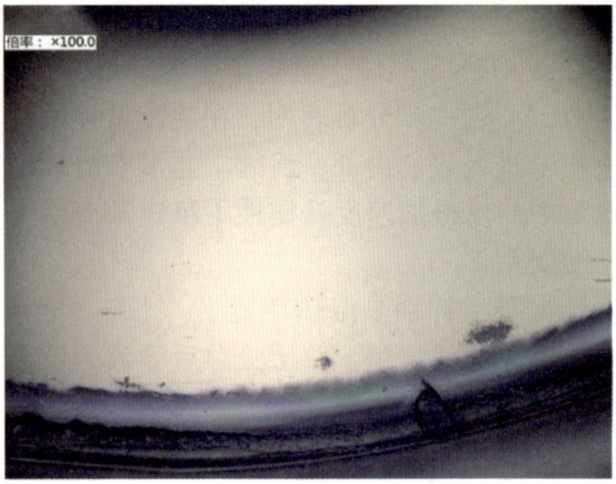

图 6.11　导磁环极板多余物

导致导电滑环、电机类产品绝缘性下降，烧结玻璃绝缘子也存在同样的问题，这类问题往往归结于材料杂质，对其运动机理未进行深入研究。

导航产品中大量使用的滚珠轴承，在实际使用中，多余物损坏了接触表面，增大了接触应力，加快了疲劳速度，使许多轴承工作失效时间远远达不到其额定寿命。大多数滚动轴承，其油膜厚度为 0.2μm，由于大多数污染物尺寸都大于油膜厚度，在其能循环通过轴承之前，必然经过一个尺寸减小过程，在接触面上，多余物被压缩或压扁，依附或磨损轴承表面，出现滑动接触。日本研究人员报告说，不管污染物尺寸如何，只要高度集中，就能使轴承寿命缩短到额定寿命的 5%~20%；当污染物比较分散时，则轴承寿命缩短到额定寿命的 40%~60%；当污染物尺寸增加到大约 20μm 以上时，其体积才会有影响，磨损相应增加。当污染物的硬度等于或大于轴承零件的硬度时，才会有明显的磨损发生。西安交通大学学者也对空气中 PM2.5 颗粒物对轴承的影响做过研究，证明其对轴承的使用寿命有一定影响。

动压轴承中的多余物是导致三浮陀螺故障的主要原因之一，而且一旦电机不能启动，就将造成陀螺不能使用。对轴承多余物的研究不仅是要确定其组成成分，更重要的是确定其运动及其累积的规律，寻求合理的设计，弱化污染物的影响，这些工作需要对污染物在动压轴承中的运动及沉积规律展开理论分析。

当轴承流体系统中有颗粒时，根据斯托克斯（Stokes）数选择合适的仿真计算模型，并粗略考虑颗粒在流场中的运动规律。斯托克斯数（St）是粒子（离散相）时间松弛系数（τ_d）和流动特征时间尺度（τ_c）的比值。

$$St = \frac{\tau_d}{\tau_c} \tag{6.1}$$

式中：$\tau_d = \dfrac{\rho_d d_d^2}{18\mu_c}$；$\tau_c = \dfrac{D}{U}$，$D$ 和 U 是流动特征长度和速度。

如果 $St \leqslant 1$，颗粒将会跟随流场流动；如果 $St > 1$，颗粒流动独立于流场流动。

对于动压陀螺电机模型来说，由计算可知，斯托克斯数远小于 1，即对于污染物颗粒流动，主要是轴承微米级间隙限制了污染物颗粒太小，使得时间松弛系数相对较小。即使是磨损产生的轴承基体铁质材料，也是随着流场流动，选择一款电机实际模型数据计算如下：

$$\begin{cases} \tau_{\mathrm{d}} = \dfrac{\rho_{\mathrm{d}} d_{\mathrm{d}}^{2}}{18\mu_{\mathrm{c}}} \approx 2.5 \times 10^{-5} \\ \tau_{\mathrm{c}} = \dfrac{D}{U} \approx 2.5 \times 10^{-3} \\ St = \dfrac{\tau_{\mathrm{d}}}{\tau_{\mathrm{c}}} \approx 1 \times 10^{-2} \end{cases} \tag{6.2}$$

图 6.12 展示了外来多余物进入轴承，随时间运动变化的规律，可见轴承中的多余物随着轴承的转动，自止推轴承螺旋槽进入轴承，逐渐向止推轴承与轴径轴承的交界面运动，最后进入轴径轴承中。

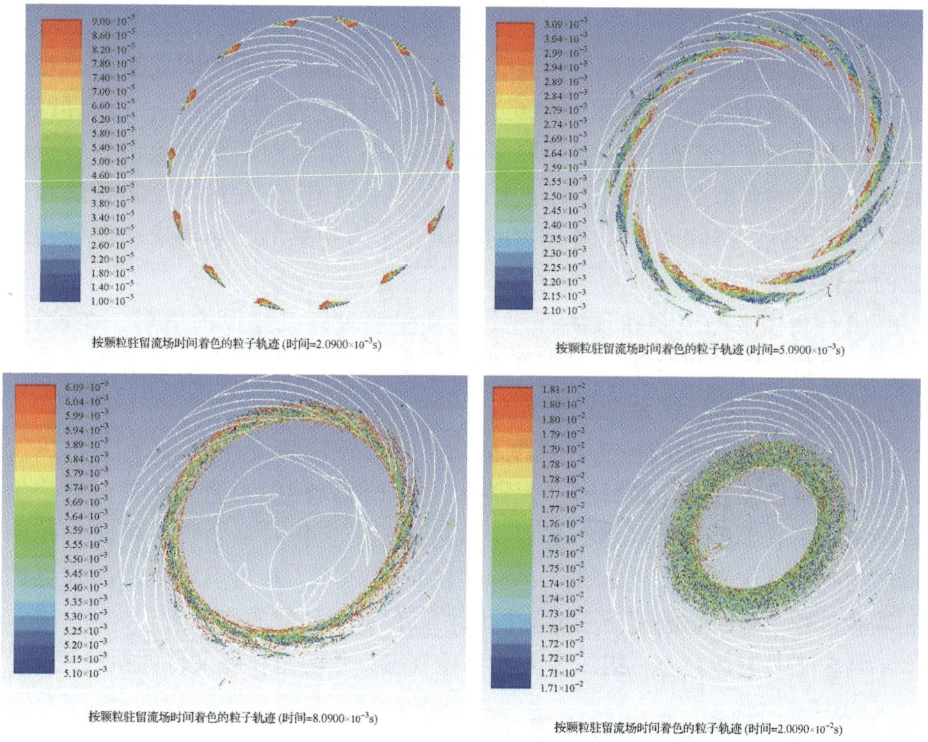

图 6.12　轴承多余物运动规律

6.3 多余物预防和控制

6.3.1 多余物预防管理

总结各单位对多余物的预防和控制经验，结合航海导航仪器多余物的特点，做好多余物预防和控制工作。首先，在思想上必须高度重视导航产品的多余物问题，教育员工将工作一次做对，要求全员参与，全流程严格把控，上道工序不给下道工序带去多余物。其次，经常总结质量案例，对多余物问题，不论是设计、工艺还是具体操作，强调做好预防是关键。具体来说，从管理上要做到以下几个方面。

（1）多余物一般涉及全员、全流程，因此对多余物管理，应以预防措施为主，强调全员参与，全过程控制。管理者及岗位员工应深刻意识到多余物的危害及影响，从思想上提高防范及控制意识。针对设计、工艺、加工、装配、测试（调试）等过程中产生多余物的主要环节，采取有效措施，实行过程重点控制。

（2）人是生产中最重要的因素，提高员工的品质素质和职业技能，对产品形成过程多余物的预防和控制至关重要。因此，应对新员工、转岗员工、从事技术状态变化产品的员工开展多余物培训。培训内容至少应包括多余物对产品危害的典型案例、多余物的来源、所从事工作/工序的多余物预防和多余物控制措施、清除和检查多余物的方法、个人物品的控制要求、多余物事故的报告程序等。

（3）将多余物控制和预防程序作为质量管理体系建设的内容，在设计、生产、包装、搬运和储存、试验和使用维修等过程中识别多余物的来源和产生过程，制定并执行多余物控制措施。

（4）应将多余物的预防和控制措施的有效性作为设计评审的内容之一，并重点审查设计方案、原材料、元器件、零（部）件的工艺方法是否会产生多余物或不利于多余物排出，并提出改进措施。应将对多余物的预防和控制措施的有效性作为工艺评审和产品验收的内容之一，并重点审查产品在生产和试验过程中多余物的预防和控制措施，以保证产品的质量。

结合工艺纪律检查，组织专人监督检查多余物防范作业文件的执行情况。

6.3.2 多余物检测试验技术

产品上发现多余物时应保护现场，记录多余物的位置，必要时可拍摄照片进行记录，应按质量问题的归零要求对出现的多余物问题进行技术归零或管理归零，必要时应开展同类产品的举一反三工作。形成有效的工艺文件或管理文件，在形成的工艺文件或开展归零过程中，需要掌握一些多余物的检测或实验方法。

常用多余物检测方法包括：①目视检查方法：直接观察或者借助放大镜等专用设备进行检查。②听觉检查方法：对于某些腔体类的产品设备，采取轻微晃动，听其是否有异响来判断。③无损伤检查方法：通过 X 射线检测、内腔检测、颗粒碰撞噪声检测等方法进行检测。④清洁度检测方法：一般采用表面离子污染物检测等。对适于航海导航仪器特点的多余物常用显微镜检查等，详细介绍如下。

1. 显微镜检测、内窥镜

惯性元件陀螺仪、加速度计，以及动压电机等重要部件，均在显微镜下完成关键部件装配、总装，检查、清除多余物是装配过程的重要工作，通常在10~20倍下检查，特殊问题在40倍下检查确认，对陀螺宝石轴承部位的多余物清除需要 100 倍，对动压电机多余物的观察清理甚至需要放大到1000倍。

对于惯性导航系统中细长深孔、相交孔、狭深空间、整机内部等可以采用内窥镜观察。

2. 洁净度检测、固体颗粒度检测

尘埃粒子定量检查，利用尘埃粒子计数系统定量检查零件多余物控制情况，适用于装配生产环境、溶剂（水）清洗的情况及零件，灵敏度可以达到0.5μm。针对高级别净化环境和工位，对整个装配环境中重点工作台定点测试，把测头安装在被测点的固定位置上，对高精度陀螺仪等导航产品装配的关键过程进行监控和检测。特别是对于洁净度不容易检查的零件，采用清洗后检查清洗剂洁净度的方法，对洗后试剂取样，使用液体颗粒计数器，对样品中颗粒对光的吸收或散射效应，来判断多余物的大小和分类。

3. 工业 CT、X 射线显微镜

对于封装在产品内部，无法拆解或不能拆解的情况下，利用工业计算机断层扫描（Computed，Tomography，CT）、X 射线显微镜等可以对多余物进行很好的观察分析。高分辨率 X 射线显微 CT 是利用微焦点射线源发射的锥形 X 射线穿透物体后投影到探测器上，同时让样品相对射线源、探测器进行 360°旋转，采集上千帧 X 射线衰减的图像。然后，利用 CT 成像重构方法进行三维重构，从而得到样品三维的立体模型。高分辨率 X 射线显微 CT 特点为无损、透视、高分辨、三维成像，可以在无损情况下通过大量的图像数据对很小的特征进行展示及分析。仪器分辨率可以达到1μm，国内代表性的设备厂家有天津三英精密仪器股份有限公司等。

4. 微粒碰撞噪声检测

微粒碰撞噪声检测法是一种非破坏型试验，将被测产品固定于振动台的传感器上，振动台产生一系列的冲击和振动，振动使黏附在腔体壁上或其他位置上的多余颗粒松动，松散粒子能够与内壁发生碰撞而产生声音。碰撞声音被声音传感器接收并转化为电信号，由上位机进行波形显示并判断分析，判断有无多余物。其主要用于检查密封元器件内的多余物，是目前采用最多的一种非破坏性的多余物筛选方法。哈尔滨工业大学电器与电子可靠性研究所研制的微粒碰撞噪声多余物自动检测系统在多家军工单位得到应用。

6.3.3 多余物预防和控制措施

6.3.3.1 设计过程多余物控制

预防和控制多余物应从设计方案的源头抓起，把预防多余物作为保证产品质量的设计准则之一。

(1) 设计应具有一定抵抗多余物的能力，产品结构布局应便于检查和清除多余物。

(2) 设计应充分了解产品加工的工艺方法特点，避免采用易产生多余物的工艺方法。

(3) 优先选用抗多余物能力强的设计方案。

(4) 优先选用少产生多余物的材料和元器件；与介质接触的材料应与介质相容，不应产生多余的生成物。不采用易产生静电、吸附性强、龟裂的材料。选择材料时应充分考虑材料由于磨损或咬死产生的多余物。

(5) 应尽量减少产品在装配过程中的拆装次数，确需拆装时应保证去除产生的金属屑等多余物。

(6) 合理选择表面镀（涂）覆材料和热处理、表面处理方法，保证产品在规定的条件下不脱漆、不脱镀层、不氧化腐蚀、不发生脆化断裂等。

(7) 对有相对运动的部件、螺纹连接部位、相交孔等易于产生多余物的结构应提出在生产过程中控制多余物的要求。

(8) 密封结构设计时应充分考虑密封材料产生的多余物。

(9) 避免采用斜孔、相交孔等易产生毛刺的结构，减少细长孔、窄缝、盲腔、复杂型腔等不利于多余物去除的结构。

（10）运动部件边缘处应设计倒角或圆角，避免出现锐边、咬边和毛刺等，以免划伤其他部件表面或因毛刺脱落产生多余物。

（11）合理选择表面涂覆材料和热处理、表面处理方法，保证产品在规定的使用期限内和使用环境条件下不脱漆、不脱镀层、不氧化生锈和不发生脆化断裂。

6.3.3.2　生产过程多余物控制

1. 工艺设计过程多余物的预防和控制

对于工艺设计，应根据产品特点，在工艺文件中规定控制多余物的方法及检验要求。装配工艺应按工序制定控制多余物的方法，尤其对关键工序和关键部位要规定预防与控制多余物操作方法和检查记录要求。对有可能产生多余物的工序，应编制预防、清除和检验多余物的细则，规定明确的清除方法和检查要求。同时，对整机装配应有专门的清除（洗）多余物工序，并对清洗用的液体和气体的清洁度提出要求。

（1）凡设计图样、技术条件有控制多余物要求的产品和工序，在工艺文件中，应明确规定多余物检验工序，规定所有必要的检查点和检验方法。

（2）工艺方案设计时应满足设计文件提出的多余物控制要求。工艺人员要合理地确定工艺流程和工艺分离面，以防止多余物的产生和便于清理多余物。

（3）工艺人员在会签设计文件时，应对设计文件中预防多余物的结构或措施要求进行工艺性审查，对不利于防止多余物的设计应提出修改建议。

（4）应制定合理的工艺方法，并优先选用不产生毛刺的加工、装配方法。

（5）对易产生静电的材料，如磁性材料、吸附性强的材料，应规定具体的多余物控制措施和检查措施，对难以清理的部位采取密封保护措施，避免吸附铁磁性加工屑及加工过程中进入多余物。

（6）对细长的深孔、螺纹孔、相交孔等结构应规定毛刺去除方法和清洗要求。

（7）对带有螺纹孔的零件，可用与之配套的螺钉试拧几次，确保连接通畅，并检查有无挤出的毛刺或其他多余物，之后应清洗螺纹孔，确保无多余物。

（8）对预装配（后跑和试验）后需要分解的产品，应采用清洗等方法控制产生的多余物。

（9）对惯性元件类产品，应对清洗介质和注入的介质进行洁净度检查。

（10）对清洗后的零件要防止再污染，清洗后的零件在洁净、干燥的容器中存储，有条件的抽真空或充入惰性气体进行防护。

2. 加工和装配过程

(1) 机械加工应选用不易腐蚀基体材料的切削液、清洗剂。

(2) 镀银件加工后应妥善包装并放入干燥器皿内，防止其氧化、发黑。

(3) 装配工艺应有专门的清除（洗）多余物工序，应明确清除（洗）多余物用的介质以及工具、仪器或设备。

(4) 在焊接过程中，对零、部件进行适当保护，防止残留飞溅物进入内腔，焊接零、部件后应彻底清除多余焊剂及氧化皮，焊缝应去除残余物，使用电烙铁焊接时，严禁有甩锡动作，避免产品中进入多余物。焊接装配后，每道点焊工序之后设置清除焊接飞溅物工序，在显微镜下检查。

(5) 装配前应检查零件、工具、设备、工装及工作台等，保持清洁无杂物，作业后应及时去除本工序产生的焊锡、碎屑等多余物。

(6) 装配前应对装配件进行清洁处理和多余物检查。装配件表面不允许有裂纹、凹陷、压痕、锈蚀等机械损伤；表面涂覆层应完好，不应有划伤、起皮、漏涂等现象。

(7) 在装配过程中，一般不允许再加工，如必须补充加工，应规定专门的工艺措施及加工场地，制定相应的工艺措施，以及预防和控制多余物的方法。

(8) 在装配过程中应尽量减少拆装次数，易产生金属粉末的软金属装配后不允许拆装，防止螺纹孔滑扣及产生多余物。

(9) 周转盒应采用玻璃、不锈钢、搪瓷等不吸附或不产生微粒的材料制作，保证零、部件在装配流程过程中不受污染。

3. 生产过程检验

(1) 检验过程本身要防止带入多余物。

(2) 产品在交接过程中应检查外观质量，包括产品表面应无划伤、碰伤、腐蚀、分层、漆层脱落，产品应清洁无多余物。

(3) 交接过程应办理交接手续并做好交接记录，对发现的多余物应排除。

6.3.3.3 环境控制

(1) 根据产品特点，应对生产场地、装配和总装车间、试验场地等规定洁净度要求。对高洁净度产品提出控制多余物的要求和方法。

(2) 生产厂房有空气洁净度级别要求的，应根据产品特点规定厂房的温度、湿度、压力等环境要求。

(3) 进入生产现场、精密装配车间、总装调试厂房的工作人员应按规定着装，按要求程序进入。

(4) 生产区域应实行定置管理。设备、零（组）件、工（量）器具、资料等应按标识规定放置有序，并保持清洁整齐。

(5) 应设置收集多余物的容器，必要时可由专人管理并及时清除。

(6) 部（组）件的装配车间（或区域）应与零件的加工车间（或区域）分开，一般不应在同一空间内进行操作。

(7) 储存胶、漆、润滑脂等容器应进行必要的防护，防止污染，避免将多余物带入产品。

(8) 用于产品清洗的设备应保持清洁干净，其清洗介质需进行过滤并定期更换或分析，防止给产品带来多余物或造成二次污染。

(9) 电装、总装间一般不允许进行钻、锉、削等机械加工。如需进行，必须与生产场地进行区域隔离，并制定详细的多余物预防和控制措施。

6.4 多余物去除

6.4.1 多余物去除方法

对导航产品多余物的去除方法有多种。首先是加工过程多余物的去除，主要包含去除毛刺及加工过程切削液等残留。去除毛刺方法有机械、振动、磨粒流法、激光加工等，进一步，对黏附在零件表面的物质，采用激光去除、清洗法等。其次，在部件及总装配阶段，较多采用擦洗法、吹除法、吸除法、胶黏法、置换法、真空挥发等方法，进一步去除零件表面、孔隙等部位残留的多余物。

(1) 机械法：微米级精度零件轮廓边缘微观毛刺，一般采用硬质合金条、纤维油石、金相砂纸等工具手工机械法去除，也可采用喷砂、磨料光整法去除。有保持锐边要求的零件轮廓边缘处微观毛刺，一般采用纤维油石、硬质合金条等工具手工机械法去除，同时保证尖边完整性。图6.13为陀螺电机端盖倒角工艺效果对比，图6.14为磨损的油石与金刚石磨头工具。

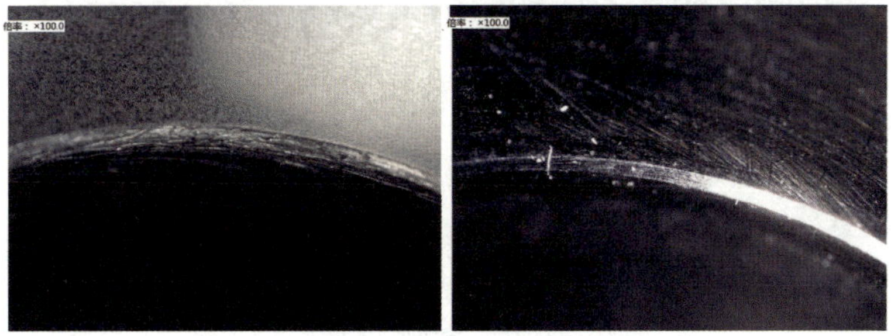

图6.13　陀螺电机端盖倒角工艺效果对比

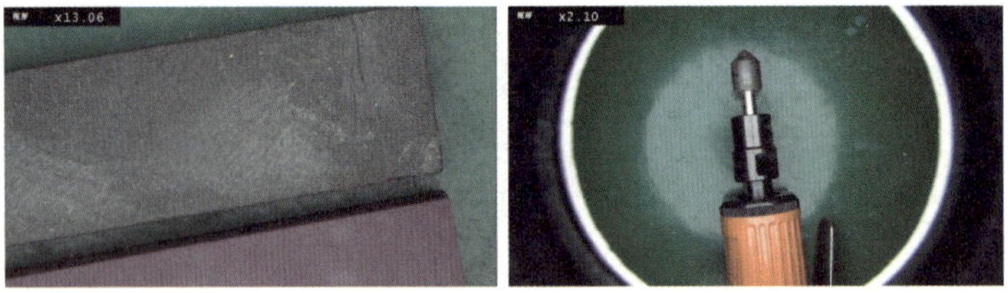

图 6.14　磨损的油石与金刚石磨头工具

（2）擦洗法：对产品表面（或可触及部位），用纱布或脱脂棉蘸无水乙醇或汽油擦拭零件，适用于零（组）件细小部位的清洁，是手工装配阶段的主要清理手段。惯性元件类产品多采用长丝棉，用酒精、石油醚、丙酮等作为试剂，使用过程注意有毛刺的位置容易挂棉丝形成残留、清理后及时晾干。

（3）挤压研磨法：通过黏弹性磨料反复通过要加工部位，实现细微毛刺去除与棱边倒钝，适用于零件相交孔处细微毛刺的去除与棱边的倒钝。对于相交孔系复杂零件，在孔内容易产生磨料残留。磨粒流挤压研磨法具备对硬质合金零件表面精处理以及关键部位抛光、倒角和去毛刺的处理能力，磨粒流设备外形、原理及工装如图 6.15 和图 6.16 所示。该工艺设备原理为以液压为动力，推动磨料做上下往复流动，流动着的磨料在被加工零件表面进行刮、磨、研，完成组合切削作用。图 6.17 为抛光效果对比。

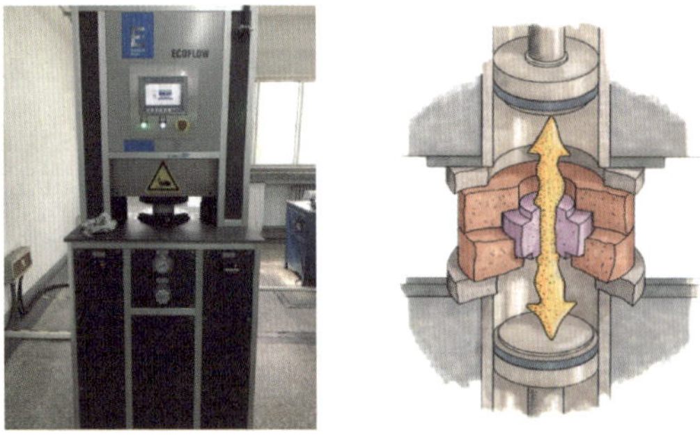

图 6.15　磨粒流设备外形、原理

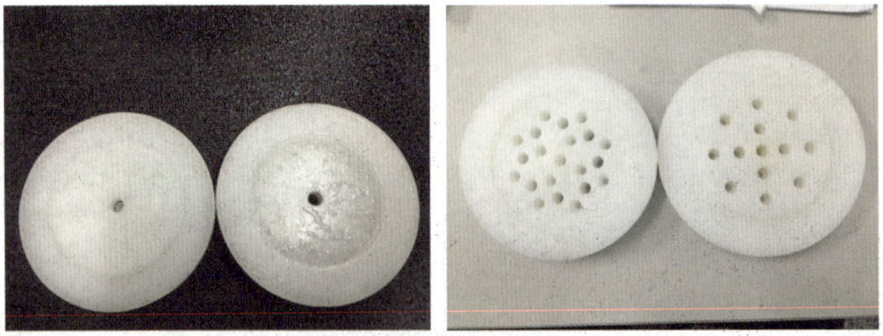

图 6.16　磨粒流用工装

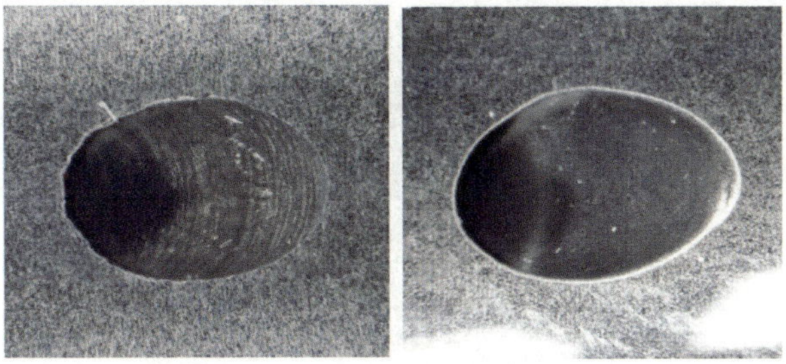

图 6.17　抛光效果对比

（4）射流研磨法：将磨料与磨液混合成悬浮状，并在高压下通过零件要加工部位，通过微量切削实现去除毛刺与抛光效果，如图 6.18 所示。其适用于微小孔孔口及相交部位毛刺的去除与孔壁的抛光加工。

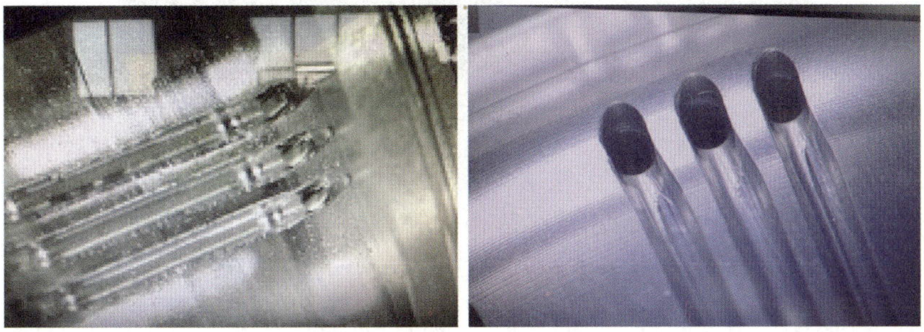

图 6.18　射流研磨前后对比

（5）磁力研磨法：是指利用磁场控制磁性磨粒运动的工件表面光整加工方法，磁场集聚形成的磁性磨粒具有良好的柔性、自适应性，可以实现传统方法不能或难以加工的细长孔、盲孔、凹槽等表面的光整加工，去除内表面棱边处毛刺，同时对孔底面以及上表面进行抛光，获得平整光滑的表面形貌。图 6.19 所示为辽宁科技大学先进磨削技术研究所对笔者单位石英加速度激励环处理的结果。

（6）压缩空气吹除法：用一定压力的净化压缩空气吹除零件表面、内腔、内孔、螺纹等处附着物，适用于零件加工后表面及内腔、内孔附着多余物的去除。元件装配一般每个工位都配有压缩空气枪，配备离子风枪效果更好，但需要注意避免离子风枪高压电离产生新的污染源。

（7）吸除法：平台、机箱等大型腔体空间，用真空吸尘器或各种磁铁吸除。

（8）胶黏法：仪表装配中，有大量的微细金属屑、焊料及纤维等非金属多余物，需要操作者在显微镜下用针尖挑除黏性物质。微细多余物因静电、

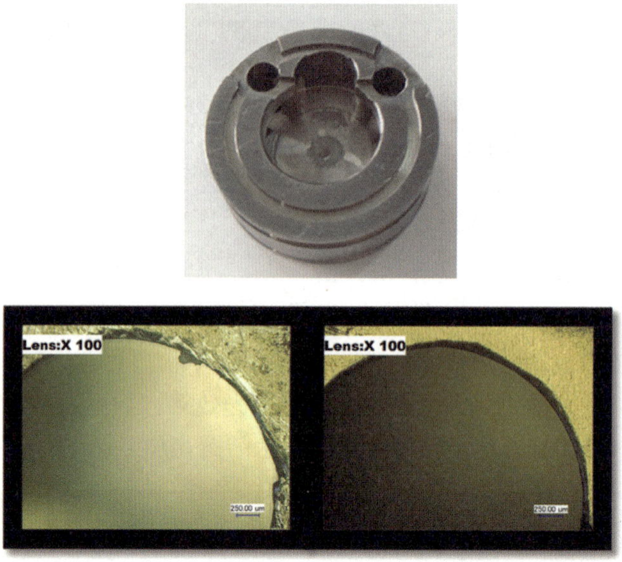

图 6.19　激励环及小孔局部研磨前后对比

磁力吸附作用，其他吹、吸无法去除时，采用胶带黏除法非常有效。需要注意的是，黏渍会有残留，对动压陀螺电机等精密零件的工作面不能采用。

（9）真空挥发法：动压电机轴承、电机定子，石英加表摆组件等，工艺要求中都有开展长期排气的工序，以使零部件中的可挥发性物质早期排除。

（10）置换法：需要在特定气体介质中工作的仪表敏感部件，采用气体置换的方法，有利于制造阶段吸附气体的彻底排出。

在所有的多余物排除方法中，清洗占有绝对重要的地位。首先，清洗可以覆盖到零部件的所有表面；其次，好的清洗方法可以减少擦、吹、吸、粘等手工操作，更利于待装配零件及装配环境洁净度的保持，下节将重点介绍清洗技术。

6.4.2　多余物清洗技术

6.4.2.1　常用清洗方法

机械加工过程中，零件表面常残留有金属屑，有的通过冷却液黏附在金属表面，尤其是在沟槽孔隙中容易隐藏金属碎屑，需要进行工序间清洗。动压轴承、石英加速度摆片、导磁环等零部件存在研磨残留，以及零件接触空气中的灰尘、装配人手上的汗渍等，都需要彻底清除。

传统清洗以手工擦洗为主，试剂采用航空汽油、无水乙醇、石油醚、丙酮等，随着产品需求的提升以及产品一致性、可靠性要求的提升，一定批量的零件清洗逐渐向自动清洗发展。

为了正确选择清洗剂，首先可以将待清洗多余物对象分为无机物和有机物。对有机物一般采用试剂清洗，试剂清洗过程分为清洗、漂洗、干燥等主要工序。鉴于零件的尺寸、形状以及表面状况，清洗工艺至少要考虑试剂选择，试剂浓度、温度、时间、清洗机械动力等要素。

$$\text{清洗效果} = \text{试剂浓度} \times \text{温度} \times \text{时间} \times \text{机械动力}$$

式中：“×”号并非数学意义上的乘积关系，只是表示各因素对清洗效果的累积作用，合理的工艺参数要根据具体零部件特性来选择。

精密清洗根据不同的零部件特点选用不同的清洗剂，清洗剂分为水基清洗剂/半水基清洗剂、有机溶剂清洗剂和碳氢化合物清洗剂。

水基清洗技术包括高纯水清洗、电解离子水清洗和水基清洗剂清洗三大类。高纯水清洗主要用于精密清洗行业，如光学玻璃、液晶显示器（Liquid Crystal Display，LCD）、硅片的清洗等。水基清洗是国内目前金属清洗的主流，技术发展很快，原材料供应充足，清洗设备规格齐全，清洗现场不燃不爆，操作安全可靠，清洗成本略高于臭氧消耗物质（Ozone Depleting Substance，ODS）清洗。无论是清洗剂还是清洗工艺都成熟可靠。水基清洗剂应用范围很广，是最有前途的精密清洗剂。水基清洗的优点是水基清洗剂臭氧消耗潜能（Ozone Depletion Potential，ODP）值为0，大多数具有生物降解性，不燃不爆，对健康和环境的危害性低，能很好地去除无机及极性有机污染物。半水基清洗剂是水基清洗剂和有机溶剂的组合清洗，因存在废液处理问题，应用有限。

有机溶剂清洗剂，不燃性非ODS清洗剂主要是含有卤素的有机溶剂，主要包括：卤代烷烃，如二氯甲烷、三氯甲烷、二氯乙烷、1,1,2-三氯乙烷、四氯乙烷、正溴丙烷、异溴丙烷；卤代烯烃，如三氯乙烯、四氯乙烯；氟醚和全氟烷烃HFC，如十氟戊烷等。这类清洗剂除油作用强，不易燃，价格便宜，没有ODP值，挥发速度快，但毒性较大，部分有麻醉作用，选择它们作为替代清洗时需十分慎重。三氯乙烯、四氯乙烯是硫代乙醇酸（TCA）诞生之前最常用的工业清洗剂，不燃不爆，除油能力强。但其气味较浓，毒性较大，在保证良好通风和封闭清洗设备中是理想的ODS替代清洗溶剂。已商品化的溴系清洗剂，如正溴丙烷或正丙基溴（n-PB），其清洗能力基本上与TCA相同，而且它的密度、汽化潜热、表面张力、KB值、无着火点等物理性质都非常接近于TCA，所以只要对原有的清洗设备加以改造即可使用。氟醚和全氟烷烃 HFC 类清洗剂 ODP 值等于 0，不燃、不爆、无毒、味小，是可以长期选择的 ODS 替代品清洗剂，但这类清洗剂价格非常高，每千克高达数百元，目前不太适合国内企业大量使用。

碳氢化合物清洗剂是一种以烷烃类、芳香烃类碳氢化合物为主要成分的有机溶剂，是无色透明液体，其典型物理化学特性为沸点 60～150℃、闪点 30～100℃、表面张力 20～30mN/m。碳氢清洗剂通过溶解、渗透作用去除工件表面的油渍、油脂和其他顽固污渍，广泛应用于精密机械、电子类产品的清洗。其主要特点是对矿物油、润滑油等有机污染物具有优异的溶解能力，适合清洗金属表面。与常用精密机电元件的材料相容性好，挥发后无残留或低残留，适配自动化设备，可以实现循环使用。与传统溶剂相比，碳氢化合物清洗剂低毒性、可燃但不易燃，更加环保，对人体和环境的危害较小，是导航仪器精密机电元件清洗剂的较好选择。

零件的清洗方法种类繁多，但从本质上可分为机械清洗和物理化学清洗两种。

1. 机械清洗

机械清洗包含高压水清洗法、磨料射流法等。高压水清洗法是依靠高压水枪、旋转式清洗机、通用式清洗机等设备产生的高速水流的冲击动能，将零部件表面、死角、盲孔及内腔等各部位的污垢冲洗干净。磨料射流法是在水中混入磨料，形成固、液混合介质，将这种混合介质以高压的形式喷射到零件表面，高压水和磨料撞击污垢层后，将污垢层击碎，并将零件表面冲洗干净。

2. 物理化学清洗

（1）浸洗和煮洗法：将零部件浸泡在清洗液中，清洗液和污垢之间发生物理、化学反应后，污垢逐渐软化、游离，最后从零部件表面脱落。温度提高后，物理、化学反应发生得更快、更彻底，清洗液的去污能力会更强。

（2）蒸汽浴清洗法：卤代烃类、有机溶剂类清洗液加热后会使清洗液形成蒸汽，蒸汽与零部件的表面充分接触，并与污垢发生物理、化学反应，将污垢快速地分解和剥离，从而达到清洁的作用。

（3）超声波清洗法：超声波发生器能产生 20kHz 以上的超音频电信号，该超音频电信号通过安装在清洗槽内的压电效应换能器转换成同频率的机械振动。在液体中形成空化作用，对零件表面产生流体冲击，将污染分解、剥离，随液体带走，对局部细微处及缝隙的清洗是超声波所独有的能力。

（4）电化学清洗法：在特定的电解液中通入直流电，通过电化学的溶解、抛光作用，可将零部件表面的薄氧化膜、硫化物、夹杂层、薄金属层等彻底清洗干净。

做好产品的清洗工作，除了清洗液、清洗方法的选择，还包括清洗液性能的检测、清洗后的干燥方法，以及清洗液体的浓度、温度，单步清洗还是多步清洗，每步清洗的工序和漂洗次数，都应在充分试验的基础上确定工艺细节。

6.4.2.2　污染去除机理与清洗设备

1. 超声机理

超声波清洗，以水基清洗剂或有机溶剂为介质，用超声波清洗机对零件进行清洗。其适用于各种零件清洗，一般用于工序间集中清洗。多孔隙零件翻转方向多次清洗，铸铁、铸铝件清洗会暴露表面缺陷。

超声波发生器能产生 20kHz 以上的超音频电信号，该超音频电信号通过安装在清洗槽内的压电效应换能器转换成同频率的机械振动。该机械振动在清洗槽内清洗液中辐射传播，在清洗液中形成交替作用的正压区和负压区，并产生无数个超过 1000 个大气压的微小气泡（空化泡）。气泡的形成和爆破，对清洗物表面产生高压轰击，将零件局部细微处及缝隙中的污垢迅速剥落（空化效应）。超声波在液体中沿声的传播方向产生流动（直进流），液体的流动作用使污物与清洗液产生对流，并将污物层分解、乳化、剥离。超声波频率大小的不同，会产生不同尺寸的“空化泡”，对零件的清洗效果也是不同的，如图 6.20 所示。

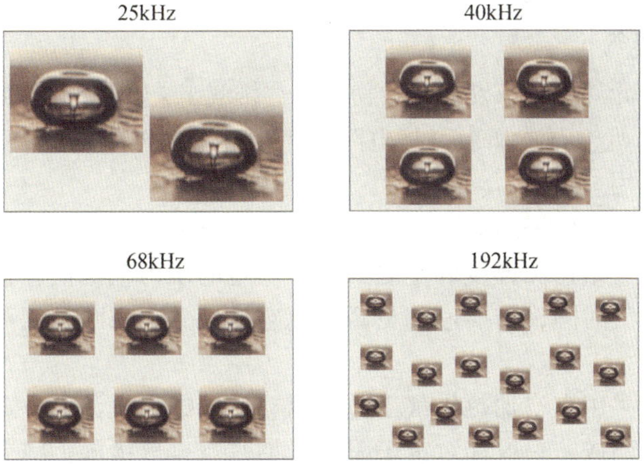

图 6.20　同样体积的液体中不同频率超声波所产生的空化泡

在设计工艺阶段需验证超声波清洗能力是否满足要求，由于超声波清洗机的功率会随着使用条件和时间增长而发生衰减，导致声强减弱、空化泡的半径变小及空化强度减弱，进而清洗效果变差，这就需要对超声波清洗能力进行测试。

清洗行业采用超声波声压计对超声能量进行测试，输出一个电压信号，对于常用40kHz台式超声波清洗机，正常经验值为100mV ± 15mV。对电机装配用超声波清洗机进行了测试，检测仪器为Ultrasonic Online，试验过程如图6.21所示。

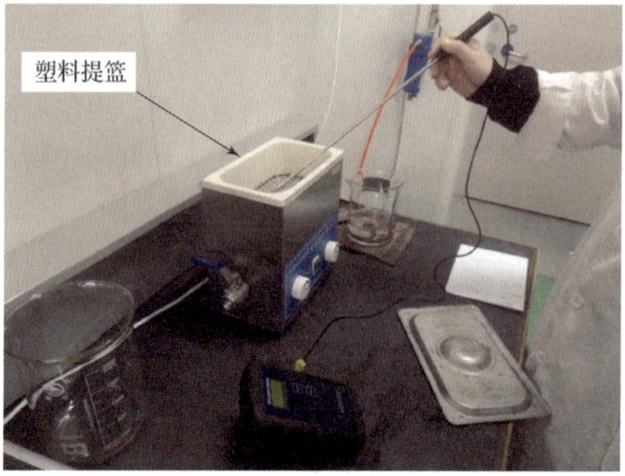

图6.21 实际测试试验

另外，对惯性元件装配使用的超声波清洗机功率进行实测发现，设备有塑料提篮的情况下超声功率明显减小，而提篮是厂家配置的工装，说明在清洗工装的选用中要特别注意，避免选用吸收能量的材料。

2. 真空排气

对于惯性元件中的挥发性多余物，真空排气工艺越来越受到人们的重视，在动压陀螺电机、石英加表、静电陀螺、半球谐振陀螺等元件中广泛应用，发挥了重要作用。

真空排气也可以采用间断抽气的方法，停止抽气并不影响材料的放气过程，一旦材料、结构和温度确定之后，在一定的压力范围内，材料的放气量主要取决于放气时间，与抽速和更高的真空度无关。间断抽气可使设备更节能经济地运行。

惯性元件采用真空加热排气工艺，以动压陀螺电机为例，定子因采用环氧树脂胶灌封而成，一般都对定子采取长期真空排气措施，减少电机运转时定子挥发物对气浮轴承的影响。定子排气首先是选择热失重小的胶黏剂，对于已经确定的灌封胶选型，工艺上应开展热失重试验，通过设计零件允许温度、工艺设备能达到的真空度等参数，开展长期排气效果检查，最终确定合理的工艺参数。

3. 工艺流程与清洗设备

导航产品零部件众多，惯性平台、元件装配过程烦琐，每个环节都或多或少产生一些多余物，由多年归零经验可知多余物一直是影响惯性元件可靠性的一大因素。针对多余物控制问题，采取的措施应该有一个主线工艺流程，制定工艺时根据不同的产品特点在此基础上进行适度的增减。

下面以惯性元件为例，说明其工艺流程。

（1）机械加工阶段以去除毛刺为主。

（2）以过程清洗去除加工环节施加的切削液等物质。

（3）装配准备阶段对零件进行进一步清理、清洗。

（4）零部件真空排气后，进行真空储存。

（5）总装前选定合适的清洗工艺设备及工艺参数，进行最终清洗。

（6）真空排气。

（7）在净化环境下装配。

在动压陀螺电机的实际制造过程中，零件加工阶段主要是采用磨粒流工艺处理轴孔多余物，对定子采用真空排气措施，对端盖等零件采取电动工具手工再清理，在总装环节，改进早期陀螺电机零部件定频（40kHz）清洗方式，开发了复频超声波清洗流程，设计了合理的超声波清洗工艺参数，完成了多余物控制单项验证试验，使得陀螺仪零件清洗后的洁净度显著提升。图 6.22 ~ 图 6.24 所示为电机清洗所采取的工艺设备和工装。

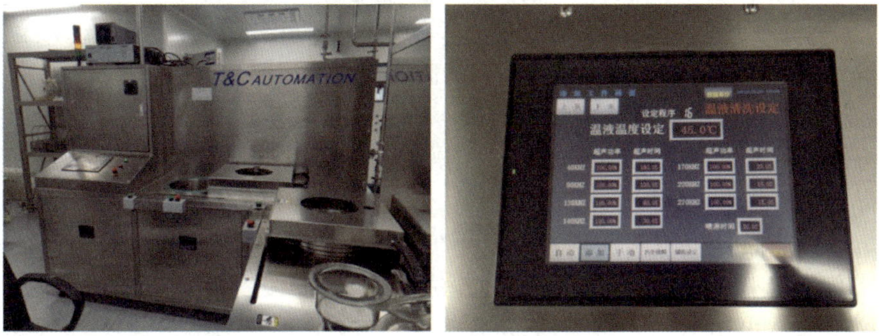

图 6.22　真空清洗设备及程序设置界面

6.4.2.3　清洗效能评估

长期以来，由于多余物非常细微，不便于观察，对清洗效能的检查是个比较困难的问题，一般来说有以下几种方法。

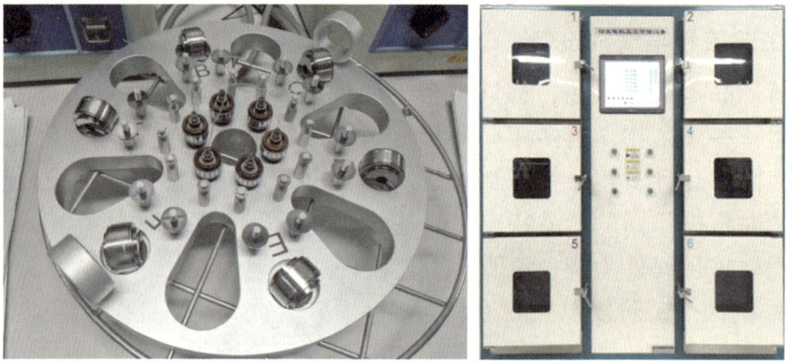

图 6.23　清洗工装、真空柜、检验工位

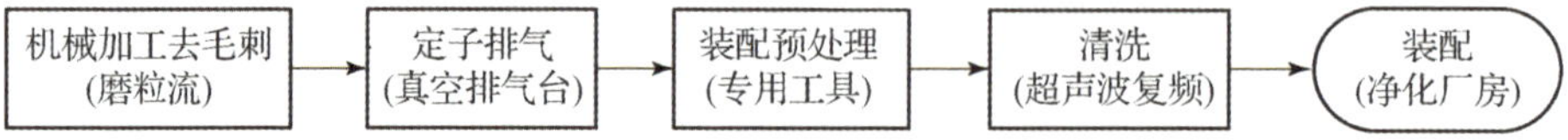

图 6.24　动压电机多余物去除流程

（1）显微观察：普通体式光学显微镜是元件装配工位的标准配置，人手一台，对所装配的零件各部位进行逐一检查，一般为 20 ~ 40 倍，对宝石轴承等特殊部位，往往需要在 80 ~ 100 倍观察。

（2）颗粒度检查：结合清洗工艺进行，对清洗后的零件直接观察不方便、不量化的情况下，通过分析清洗液的颗粒度情况来间接反映零件的洁净度。取一定体积的清洗液，用颗粒度分析仪进行量化分析。

（3）显微镜图像识别：当前很多显微镜配备了图像识别软件，在此基础上，设计了统计分析功能，可以用于零件表面的直接观察，或者类似颗粒度分析方法，对一定体积清洗液过滤后的固体残留进行照相、分析。

（4）电镜分析：涉及更细微的多余物，或是需要对多余物成分进行检查分析的场景，可以采用扫描电镜、能谱仪，或者电子探针、红外光谱仪等，进行更深入的测试分析。

（5）产品阶段跑和验证：对于不便观察的情况，或是考虑最终产品性能，产品老化跑和仍是绕不开的方法。对动压轴承电机来说，装配完成后都要进行老化跑和，拆解并进行多余物检查，确认无多余物之后方可进行进一步的精装配、测试。

清洗检验如图 6.25 所示。

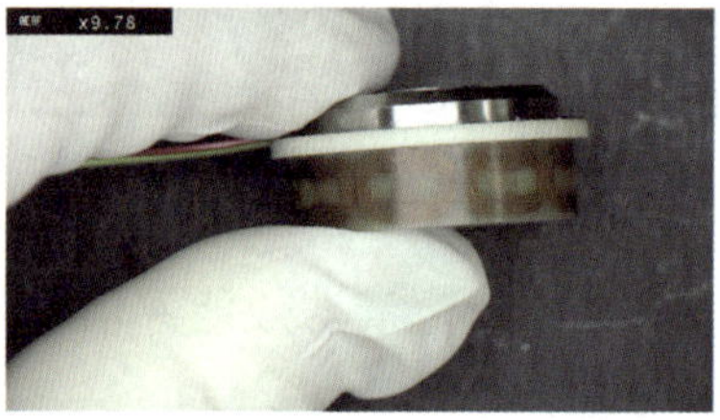

图 6.25　清洗检验（电机定子）

参考文献

[1] 王春玲，顿赛英，郑德晃，等. 火箭与导弹产品多余物控制［M］. 北京：中国宇航出版社，2009.

[2] 张兰，刘永远，李邦清. 石英挠性加速度计输出饱和故障分析［J］. 战术导弹控制技术，2005 (1)：51－53.

[3] 中国航天科技集团公司. 航天产品多余物预防和控制：QJ 2850A—2011［S］. 中国航天标准化研究所，2011.

[4] 何传伍，李东. 陀螺电机可靠性研究［J］. 航天控制，2002 (4)：74－81.

[5] 李金萍，惯导系统产品装配多余物控制方法［J］. 航天制造技术，2011 (4)：65－67.

[6] 阮菊红，史学飞. 密封继电器内部多余物的预防和控制［J］. 机电元件，2003 (2)：33－35.

第7章　精密测量技术

7.1　概述

随着航海导航仪器精度的提升，制造的精度也提出更高要求。要解决制造精度和质量问题，其核心关键是解决精密测量能力问题。没有精密测量，就不会有高质量的制造保障。

导航仪器几何量精密测量涵盖了传统的测量仪器以及高精密坐标测量机、圆柱度仪、光学形貌仪等精密测量仪器，覆盖长度、形位、坐标、粗糙度、角度等几何量测量，实现从微米、亚微米到纳米的尺寸、形状、形貌测量。

7.2　尺寸测量的常用方法

长度尺寸和轴孔内外直径配合精度是导航仪器零部件精密装配后达到性能要求的关键。在实际生产制造环节往往通过尺寸选配方式实现，此时零部件的测量精度就决定了选配精度。

7.2.1　长度尺寸测量

7.2.1.1　测量长度常用的仪器

目前，较为常用的测量仪器有机械或数显类千分尺、测长机、高度仪、电感测微仪、三坐标测量机等，根据待测件的尺寸、结构、所需测量精度选择不同的测量仪器。

7.2.1.2　典型零件的测量

液浮陀螺仪电机轴上的螺旋槽和止推板需要进行槽深的测量，可以选用电感测微仪。电感测微仪也称为电感表，是一种测头能够敏感微小尺寸变化的精密测量仪器，配上相应的测量装置（如测量台架等），能够完成各种精密测量。

电感表精度高，测量范围大，方便快捷，适用性广，所以成为测量槽深类零件的首选仪器。下面以代表性零件电机轴槽深的测量为例说明此类零件的操作方法。

常见电机轴有 2 组 5 槽和 2 组 16 槽两种。用航空汽油将零件刻槽的槽底和顶尖孔清洗干净，用绸布擦干净待测量部位。使电感测微仪通电预热时间大于 10min。

根据槽深选择合适的量程，一般选用 ±10μm 挡位即可。将电机轴放于顶尖上固定好，电感测微仪的电感测头与轴的轴心线垂直轻轻接触，通过微调旋钮使电感测微仪读数在“0”附近。缓慢旋转电机轴，记录每个槽示值的突变情况。零件转回一周后，检查是否和初始位置的读数相差不大于 1μm。如果偏离太大，则需要重新测量。

7.2.1.3　测量中的注意事项

测量中的注意事项主要包括以下几方面。

（1）测头选用 $\phi1$ 的球头，可以防止测尖半径过大无法接触到槽深底部，引入测量误差。

（2）测头应该位于电机轴最高的母线附近，且位于刻槽的中间位置（特殊情况可以在刻槽两端附近监测以发现单个槽深变化情况）。

（3）测量时要保证电感测针方向尽可能与测量面平行，若不平行呈现一定偏离角 θ（θ 为测针与测量面之间的角度），则实际值 = 测量值 × $\cos\theta$。当使用的自制测杆与标准测杆长度不一致时，应将测量结果按测杆和标准杆的比值给予修正。

（4）实际值 =（自制测杆长/标准测杆长）× 测量值 × $\cos\theta$。

7.2.2　内径测量

7.2.2.1　测量内径常用的仪器

目前，较为常用的测量仪器有内径千分尺、内径千分表、测长仪、三坐标测量机等，根据待测件的尺寸、结构，所需测量精度选择不同的测量仪器。

7.2.2.2 典型零件的测量

陀螺仪框架两端 Φ2mm 孔直径具有小孔径测量的代表性。可以选用内径千分表测量。它由表杆和表头组成。表杆相当于传动作用，通过精研的带锥测针将测头的两弹簧力半圆分开，测量时表杆部分受到挤压，将运动传递到指示表上读数。表头的刻线值为 0.001mm。

内径千分表广泛应用于测量内孔直径，精度高达 0.001mm，示值稳定，多用途，不同规格的测头量程可达 0.47 ~ 18.6mm，在各范围内可既快速又轻松调节到任意规格和型号。测头表面镀硬铬，减少磨损。内置弹簧使测力稳定，不受使用者影响，对测量者能力要求低，所以成为测量高精度孔径类零件的首选量具。此方法的局限性是必须有合适尺寸的标准环规校对，下面说明其操作方法。

测量前先检查 Φ2mm 内孔洁净度，若有铝屑和油污则需用气枪吹净内壁，擦拭干净待测量部位。

选用合适的测杆和测针，组装好量表。将 Φ2mm 测量头垂直插入环规。测量头两弹力半圆因测针推动及环规内光滑表面共同作用，自然顶至环规直径两顶点。可将测量头左右轻微晃动，寻找拐点，以确保测量头找到环规直径。松开握杆滚花螺母以调节指示表在握杆内插入深度，直至指示表指针定位在表盘相应刻度处，如环规直径为 Φ2.002mm，则调节指针至 +2μm 处，然后将滚花螺母锁紧。如指针未能正好定位在相应刻度处，则调节指示表右下侧微调螺母，直至指针调节到位，此时内径千分表的零位为 Φ2.000mm。将测量头从环规中拔出，插入工件上待测孔，并左右轻微晃动，取得拐点位置，由此得出测量结果。

7.2.2.3 测量中的注意事项

测量中的注意事项主要包括以下几方面。

(1) 组装内径量表时应将两个弹簧套压缩扩张方向与表盘法向方向垂直。

(2) 测量中要不断用环规校准内径千分表偏离值，及时修正偏差。

(3) 若没有合适的环规，可以考虑将工件中孔径圆度和锥度误差较小的工件校准后作为标准件，但注意校准误差会引入增大测量误差。

7.2.3 外径测量

7.2.3.1 测量外径常用的仪器

目前，较为常用的测量仪器有外径千分尺、立式光学计、测长仪、三坐标测量机等，根据待测件的外径或厚度大小、结构形状、所需测量精度选择不同的测量仪器。测量仪器选用原则如表 7.1 所示。

表 7.1　测量仪器选用原则

测量仪器	可测量范围/mm	测量方法的优缺点和特性	可测量的典型零件
外径千分尺（含卡规类）	0～100	测量精度 3～4μm，测量效率高，成本低，适合批量大的零件	球小轴、轴承衬套、导电环、螺母厚度
立式光学计	0.5～200	测量精度 1μm 左右对测量人员技能要求高，仪器调整较烦琐	电机轴
测长仪	0～640	精度极高，达到(0.1 + L/2000) μm，适用测量盘类零件，但仪器较贵重，成本较高，效率一般	零件外形适合在可调工作台上摆放
三坐标坐标机	1～1000	测量精度 0.7～2μm，可同时测量出圆度、圆柱度，成本较高，效率一般	绝大多数零件外径

7.2.3.2 典型零件的测量

电机轴是液浮陀螺仪的一种高精度零件，其外径的测量可以根据已有仪器情况采用立式光学计或测长仪。立式光学计是一种精度较高而结构简单的常用光学测量仪，可以用来测量各种工件的外形尺寸。它用量块作为长度基准，采用比较测量法可有效提高测量精度，满足电机轴测量要求。下面以代表性零件电机轴的外径测量为例说明其操作方法。

零件用航空汽油清洗后放置在立式光学计旁边恒温。按照被测量轴的尺寸将选用的量块或量块组清洗干净研合后也放置在立式光学计旁边恒温待用。

光学计测头通常有球形测头、平面测头、刀口形测头三种，根据被测零件表面几何形状来选择使用何种测头，选择测头的原则是使测头有尽可能少的点接触。所以，测量平面时选用球形测头，测量球面时选用平面测头，测量圆柱时选用刀口形测头。外圆精密测量主要包括仪器调整以及工件测量两步。

调整工作台面与立柱的垂直度，主要包括以下几个步骤：

（1）调节反光镜以及目镜，使得刻度尺可以清晰地看到，选用平面测头，将测头固定好，将量块放置于工作台中心、测头的正下方，使其与工作面充分研合，调节立柱，使测头与量块接触，将刻度尺上 0 刻度与分划板上刻度对齐。

（2）选择调节方向，将量块放置在调节方向的 1/4 处，同时调节此方向上的两个旋钮，再将量块放于此方向的另外一面 1/4 处，调节旋钮，反复几次，将两面测量值尽量接近。

（3）重复步骤（2），将另外一个方向调节好，此时，工作台与立柱的垂直度已调节好，可以进行测量。

（4）再将平面测头更换成刀口形测头，在工作台面上放置标准量块，调节立柱高度及微调旋钮，将测头调到合适的位置，将刻度板示值与量块的修正值相对准。

（5）测量工件：取下量块，将被测轴放在工作台上，在轴外径轴向取 3～4 个不同截面分别测量，再在各自不同的母线上测量 3～4 个数据，在多个测量值中取其最大和最小值作为此轴的外径尺寸。

7.2.3.3 测量中的注意事项

测量中的注意事项主要包括以下两方面。

（1）注意校准零位时量块应与工作台充分研合，否则会出现较大误差。

（2）立式光学计对温度较为敏感，在接触仪器时应尽快完成调节任务，测量工件前，测量人员也应使仪器和工件充分恒温稳定。测量过程中，最好使用隔气罩防护测量人员呼吸造成的仪器温漂。如果测量过程持续一定时间，应重新校对标准量块检测示值漂移。

7.2.4 常用的非接触式测量

7.2.4.1 常用的非接触式测量仪器

精密零件内外径尺寸精度要求较高，且对于薄壁件，较大的装夹力和测量力都会产生轻微变形影响测量准确度。为了满足上述要求，根据测量工件尺寸和精度要求，目前可以采用以下几种方法测量，如表 7.2 所示。

表 7.2 常用非接触式测量仪器

测量仪器	可测部位和适应性	测量方法的优缺点和特性	典型适用零件
坐标测量机影像测头万能工具显微镜投影仪	内、外径小于 Φ2 且通孔的零件	无测力，测量精度高，测量方法较便捷；由于物镜焦距的限制，不适用于大轴径比的工件	宝石轴承
像点比较仪	200mm 以内的通孔，轴向高度小于 30mm	无测力，测量精度小于 0.001mm；但测量效率低，必须通孔，受工件粗糙度影响，且测量人员经验和瞄准能力对测量结果有一定影响	精密轴承内、外圈
激光测径仪	0～25mm	测量精度为 1～2μm，无测力，适合测量薄壁件，但表面质量要求高	各种小尺寸薄壁件

7.2.4.2 典型零件的测量

精密轴承内、外圈属于薄壁件，高精度测量时像点比较仪更为精确。像点比较仪可作为标准环规的校准仪器，具有精度高、稳定耐用的特点。

像点比较仪测量注意事项如下。

（1）调整目镜，聚焦清楚。方法是先把目镜尽量向外旋，然后慢慢向内旋至视野清晰为止。测量过程中，目镜位置不应有改变。

（2）工作台水平方向调整。将标准六面体块放于工作台中间位置，移动工作台直至反射器下方十字虚线的反射像正确地位于反射器上方目镜视野内双刻线正中间为止。如果十字虚线呈现倾斜，那么应当转动工作台左侧的螺钉水平方向旋转工作台直至十字虚线准确地平行于双刻线在全部长度上为止。

（3）工作台垂直方向调整。放松反射器的压杆，用手轮上下移动反射器（注意勿使反射器上下的两个物镜与工件或工作台碰撞）。如果反射器向上移动时十字虚线反射像向右偏，则调整工作台左侧下方的滚花螺丝将工作台向右倾斜；如果十字虚线反射像向左偏，则调整滚花螺丝将工作台向左倾斜。

（4）调整对准工作完成后将标准六面体块取下放好，再将恒温后的轴承轻轻放置于工作台中间位置，调整反射器高度至从轴承下截面起大约全高度的 1/4 处，锁紧反射器压杆。

（5）测量内径。调整工作台纵向和横向旋钮，使测量面反射像中间三个点的外侧的两个点对称地位于目镜双刻线正中间，此时三个点的中间点就位于环规的直径上，然后调整左侧工作台滑板纵向微调旋钮，使中间的像点对称地位于双刻线中间，在比较仪右侧的目镜中读数。再调整到内径另一侧同样瞄准读数，两个读数的差值即为内径直径。同样方法测量外径。

(6) 调整反射器高度可测量不同截面的内外径。通过转动轴承一定的角度，测量不同方向的内外径。

(7) 通过以上步骤，分别测量出内外径两个截面三个方向共 6 个直径，分别取内外径各 6 个直径中的最小值和最大值作为直径测量结果。

7.3 形位精度测量的常用方法

形状公差是实际形状对理想形状所允许的变动量，包括直线度、平面度、圆度、圆柱度、线轮廓度和面轮廓度 6 项。最小条件是评定形状误差的一个基本原则。最小条件是指被测实际要素对其理想要素的最大偏离量为最小时的状态。

对中心线、素线（母线）、棱线及狭长表面（如导轨面），形状误差主要是控制直线度；对平面要求控制平面度；对旋转体要求控制圆度、圆柱度、圆锥度；对曲线和曲面要求控制线轮廓度和面轮廓度。

位置公差是允许实际要素的方向和位置偏离理想要素方向和位置的变动量，包括：平行度、垂直度和倾斜度三个定向公差；同轴度、对称度和位置度三个定位公差；圆跳动和全跳动两个跳动公差。理想要素的方向和位置由基准（或基准与理论正确尺寸）确定，因此，在设计图纸上提出位置公差要求时，一般要注明基准。最小条件用于基准。

在航海导航仪器中，平面度、圆度、平行度、垂直度、同轴度几项指标较为常用，往往是零部件的核心关键指标，精度也要求较高。

7.3.1 平面度测量方法

测量平面度一般采用打表翻转法和坐标机测量法进行测量。手工打表法较为烦琐，数据处理量大，适用于坐标测量机无法直接测量的情形。

7.3.1.1 打表翻转法

对于一些结构复杂、质量小、刚性低以及测杆易产生干涉问题的异型零件，可以采用打表翻转法在平板上进行测量，并应用十字交叉原则评价测量数据。对于该类型零件只要符合测量精度要求，采用打表翻转法测量既简单快捷又直观。

打表翻转法测量平面度所用计量器有高精度测量平板、电感测微仪、可微调千斤顶。

首先用无水乙醇清洁平板，在平板上均布放好三个千斤顶，用千斤顶支持零件下端面适当位置，也可以在支持点上方施加一定压力以固定零件。把待测平面调整到与平板大致平行。先把电感测微仪的挡位调到低挡 ±300μm，旋转千斤顶的螺纹，找正测量面上均布的三个点数值一致，使其与平板接近平行。边调整千斤顶边观测电感测微仪数值，把电感测微仪的挡位逐渐提高为 ±30μm，调整到均布的三个点数值完全一致后，测量各个点位数值，记录原始数据。应用十字交叉原则评价测量数据较为便捷。

因为零件比较薄、质量小，结构复杂，电感测微仪接触零件表面时，零件容易变形，所以测头接触零件表面时，注意动作要轻，并且入表的方向尽量一致。

电感测微仪接触零件表面时，测头移动时摩擦力容易使轻薄零件位移，移动表头前可以轻抬表头到达测量位置后再放下。

7.3.1.2　坐标机测量法

测量过程点击三坐标测量软件中测量平面模块，由于待测平面一般为非标准平面，故一般采用手动取点。取点时尽量覆盖待测平面，待测区域均匀取点。取完点后在测量模板中选择形位公差，点击平面度按照最小二乘法计算评定。

测量时一定要设置好测量的安全点，避让高出平面部分，以免造成测头意外碰撞，对仪器造成损伤。

对于较轻的工件既要保证测量中工件不移动，又要保证夹具不会造成测量位置发生变形，所以适度的夹紧力是很考验测量者经验的，必要时可以一定的实验和工装来验证。

7.3.2　圆度测量方法

对圆度的测量根据测量工件表面的位置和精度要求通常选用表 7.3 所示的三种仪器。

表 7.3　圆度测量仪器

测量仪器	推荐的圆度值	测量方法的优缺点和特性
三坐标测量机	2 ~ 3μm	经济便捷，但采样点少，效率低，可同时完成其他多种尺寸、形位误差的测量

续表

测量仪器	推荐的圆度值	测量方法的优缺点和特性
传感器旋转式圆度仪	>0.05μm	精度高，可测参数多，润滑油成本较高
转台式圆柱度仪	>0.05μm	精度高，功能多样，可测多种形位误差

传统的测量方法一般都选用圆度仪测量工件的圆度，但是无论用圆度仪还是圆柱度仪操作相对都比较复杂，对于圆度要求不高的工件来说，经济成本也比较高。圆度仪能够确定圆度的真实值，是一种仲裁的标准仪器和方法。

当测量工件的圆度要求大于0.002mm时应首选高精度坐标机。三坐标测量机编程简单，测量过程快捷，测量时只需采集好测量的截面设定好至少16个采样点，然后三坐标自动运行就可以了，三坐标测量机测量软件选用最小二乘圆圆心来评定，自动计算所测截面的圆度。

在车间生产现场，常用的方法还有两点法和三点法。两点法是用杠杆千分表架沿工件圆周测量多个方向。三点法是一种简便快捷的测量方法，示意图如图7.1所示。它又称为V形块法，是将工件置于90°开角的V形垫块上，用测微表接触工件顶部，工件旋转一周，观察测微表示值变化量，变化量的一半即可粗略地估算出圆度。

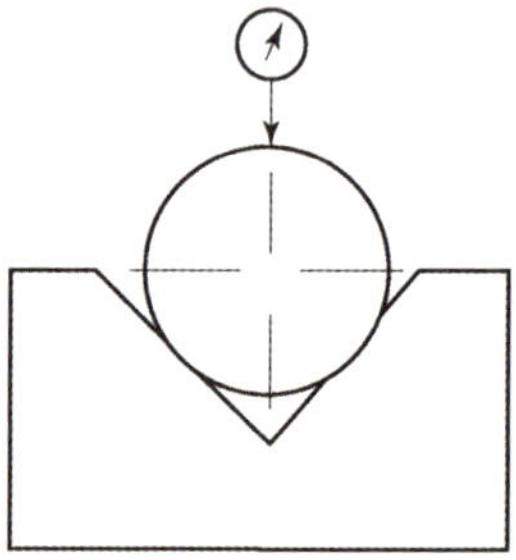

图7.1　三点法测量圆度

7.3.3　平行度测量方法

平行度误差在实际测量中往往采取简便快捷的直接打表法。这种方法是采用与理想元素即高精度大理石平板比较的检测原则进行测量。

将被测零件基准上的毛刺用油石轻轻去除，擦拭干净基准表面，放于平板上。调整电感测微仪表头到指定的测量平面，调整表头压表至零位左右，慢慢移动零件，使测头在被测表面不同区域滑动，观察示值变化范围，取最大最小差值作为测量结果。

7.3.4　垂直度测量方法

7.3.4.1　常用的仪器和方法

垂直度测量主要以垂直度检查仪为主要手段，利用其 Z 轴优良的直线度和垂直度为主要依托，如表7.4所示。

表7.4 垂直度测量仪器

测量仪器	测量方法的优缺点和特性	典型适用零件
垂直度检查仪	行程500mm，可测内外尺寸，可读数，稳定性好	平台件中各面垂直度要求
直角直尺	测量器具易得，行程400mm，但读数需人工经验辨识，只可测量外尺寸，对零件外形结构有限制，可作为高精度垂直度测量备选方法	台体各面

7.3.4.2 垂直度检查仪测量垂直度

1. 面与面的垂直度

测量时，将工件基准面放置于大理石平板上，移动工件至合适的位置，使垂直度检查仪测头与零件待测面根部接触后作为起始位置（调零），轻轻移动垂直度检查仪 Z 轴手柄带动测头匀速向上移动，至离开零件表面前，此过程中读数最大变化值即为两平面的垂直度。再次移动工件，使测头在待测平面均布三个以上的位置重复上述步骤，取最大值作为最终测量结果。

2. 面与线的垂直度（面为基准）

此方法经常用于测量轴类零件。

若以平面为基准，被测零件如图7.2支撑或固定。将测头接触于测量表面，在母线底端至顶端移动。在不考虑轴径锥度的情况下，测量在工件母线0°和90°两个方向进行。将两个读数的最大变化值用以下公式计算，所得即垂直度（在0°最大变化值为 ΔX，在90°最大变化值为 ΔY）：垂直度 $=\sqrt{(\Delta X)^2+(\Delta Y)^2}$。

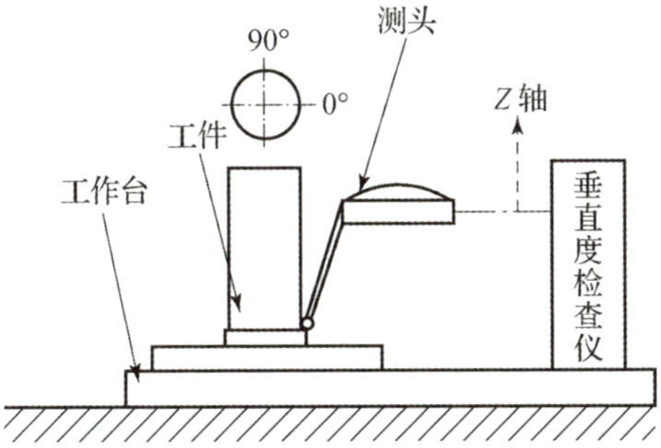

图7.2 垂直度检查仪测量工件垂直度

3. 线与面的垂直度（线为基准）

基准轴线为外圆，则需将轴放在V形铁上，将测头与被测面接触调零，剩下步骤参考面与面的垂直度测量方法。

7.3.5 同轴度测量方法

同轴度测量主要分为三种要素关系：①轴线与轴线；②轴线与公共线；③圆心与圆心。因此，影响同轴度的主要因素有被测元素与基准元素的圆心位置和轴线方向，特别是轴线方向。

7.3.5.1 常用的仪器和方法

目前，主要采用电感测微仪表直接测量法和三坐标打点法两种测量方法。电感测微仪表直接测量法方便快捷，适合大多数的零件测量要求，但对于内、外表面圆度较大的零件则会较为显著地影响测量结果，同时对于长轴类且无中心孔的零件测量，也由于测量基准端面与轴线的垂直度会引入一部分测量结果，所以此种方法较适合测量盘类且圆度好的零件。三坐标打点法能较好地解决上述问题，但测量成本高，效率低，部分零件测量时测头与零件产生干涉，应用上也存在一定局限性，应作为上述方法的补充和核验。

7.3.5.2 使用电感测微仪测量同轴度

1. 有中心孔零件的测量

1）带有60°顶尖孔的零件

将带有标准60°顶尖孔的零件安装于偏摆仪上是最常用的测量回转零件同轴度的基本方法。在加工回转零件时零件上常带有顶尖孔，测量时以此顶尖孔安装于偏摆仪上形成公共轴心线，通过电感测微仪表直接测量被测元素（形状误差较小，可以忽略）回转一周的最大最小值，差值为所测位置对于基准中心孔的同轴度值。

2）使用球头顶尖

当零件两端孔为已加工直径一致的孔时，一般采用球头顶尖测量方法进行测量。测量时，将球头顶尖插入零件两端孔内，使零件处于悬挂状态，然后使用其他工装固定零件，旋转零件一周通过电感测微仪表直接测量被测元素（形状误差较小，可以忽略）回转一周的最大最小值，差值为所测位置对于基准中心孔的同轴度值。

2. 无中心孔零件的测量

1）有公共基准面零件

对于有公共基准面的零件，将其基准面放置在平板上，通过单点或两点固定专用螺钉仅靠住基准元素，旋转零件一周用电感测微仪表测量被测元素(形状误差较小，可以忽略)，所测得数值的最大最小差值即为同轴度。单点固定需要找一周内每个测量点拐点值，以确定此位置的测量值。两点法可直接读取差值数据。

2）无公共基准面零件

首先将 V 形块摆放在平板上，调整水平，将被测元件的基准要素的中截面放置在两个等高的 V 形块上，基准轴线由 V 形块模拟。将电感测微仪表探针与被测元素（形状误差较小，可以忽略）接触，缓慢旋转零件读取最大最小值，其差值为该截面的同轴度。

7.3.5.3　三坐标测量机测量同轴度

1. 直接测量法

在三坐标上，能够在同一高度的 Z 轴截面上，测量出被测元素和基准元素，通过三坐标自带的形位公差测量库，找到同轴度元素，直接进行评价，所得数值为同轴度。

2. 公共轴线法

在被测元素和基准元素上测量多个横截面，再将这些圆的圆心构造成一条直线，作为公共轴心线，每个圆的直径可以不同，然后分别计算被测圆与公共轴心线的同轴度，取最大值为同轴度。

3. 直线度法

在被测元素和基准元素上测量多个横截面的圆，然后选择这几个圆构造一条直线，同轴度接近直线度的两倍。被收集的圆在测量时最好测量整圆，如果是在一个扇面上收集，则测量软件计算的误差比较大。

4. 求距法

同轴度为被测元素和基准元素轴线间最大距离的两倍，即用关系计算被测元素和基准元素的最大距离后，将其乘以 2 即可。求距法在计算最大距离时，将其投影到一个平面上来计算，因此这个平面比用作基准的轴垂直度要好。这种情况比较适合测量同心度。

7.3.5.4　测量中的注意事项

在实际测量中，同轴度的测量受到多方面的影响。操作者要根据零件的形状来选择合适的测量方法以达到快捷准确。测量中还应注意以下几个方面。

（1）要保持偏摆仪顶尖和零件中心孔的干净程度，不能有油渍和其他微小杂物，偏摆仪顶尖若有磨损应及时修复。

（2）在平板上旋转零件时应保持轻微一致的测力，以防止零件划伤和位置变化。

（3）采用测量机打点法时应该在每个测量圆上采样至少 12 个点，以保证充分体现测量轴线的真实位置。

7.4 表面粗糙度测量的常用方法

7.4.1 常用的仪器和方法

目前，最为常用的粗糙度测量参数主要为 *Ra*、*Rz* 值，送测零件的 *Ra* 范围为 6.3～0.012。根据测量工件表面的位置和精度要求，可以采用表 7.5 所示的 4 种方法测量。

表 7.5 表面粗糙度测量方法

测量方法	建议可测量范围 *Ra* 值/μm	可测部位和适应性	测量方法优缺点和特性
比较样块触觉比较法	10～0.63	外表面、孔径大于 *Φ*2mm 的内表面和其他触针不易接触到的地方	可测量触针不易接触到的地方，但不能给出准确测量数值，多用于定性判断，测量人员技能要求偏高，测量方法较便捷，适宜检验或生产现场使用
小型粗糙度检查仪测量	3.2～0.02	外表面和孔径大于 *Φ*8mm 的内表面	测量方法较便捷
轮廓仪测量	6.3～0.01	外表面和孔径大于 *Φ*3.5mm 的内表面	测量精度高，可测参数多，会有轻微测力造成轻微划伤
干涉显微镜测量	0.08～0.01	零件外形小于 100mm 的外表面	精度高不划伤测量表面，但操作复杂，适用的测量范围小

7.4.2 方法选择原则

测量方法选择原则如下：

（1）当测量工件的表面粗糙度时，首选使用小型粗糙度检查仪。

（2）当粗糙度 $Ra < 0.01\mu m$，测量后显示屏显示"L"时，说明粗糙度低于测量能力范围，可以改用轮廓仪测量。

（3）当测量内孔粗糙度而内孔尺寸小于 Φ8mm 时，小型粗糙度检查仪测头无法伸入，可以选用泰勒 PGI 型轮廓仪测量或比较样块触觉比较法完成测量。

（4）当测量线为曲线时或测量线过短（小于 2mm）时，可以选用轮廓仪测量。

（5）当测量表面精度高于 $Ra = 0.08\mu m$，且表面不能有任何划伤时则选用干涉显微镜测量。

（6）当测量一些特殊部位，各种探针无法进入测量位置时，可以选用比较样块触觉比较法。

7.4.3　比较样块触觉比较法

比较样块触觉比较法是用粗糙度样板与被测零件加工表面进行比较来评定表面粗糙度，尽管此方法准确度不高，但其操作简单，使用方便，可以测量接触和非接触方式无法探测的一些特殊位置，在工作中还是有一定的实用价值。测量时取出和待测工件加工方法一致的比较样板，清洗掉表面的防锈油，用竹制牙签或指甲分别在工件待测区域和目测预估一致的样板之间轻轻滑动比较，直至找到和工件表面接近的样板，取此样板标称值作为测量结果的估计值。

测量后一定要把样板清洗干净，均匀涂抹上防锈油并放回原位以备后用。

7.4.4　小型粗糙度检查仪测量

首先将测杆轻轻放于测量面上，调整粗糙度检查仪的高度，使测杆与测量面呈 5°~15°角，根据测量面允许的距离尽量选取大的挡位测量，检查两个挡位是否为"Ra"和"μm"，调整好仪器后按启动按钮完成测量任务。

注意事项如下：

（1）定期在显微镜下对测针进行清洁。

（2）可在多处测量，如有异常值可以观察表面情况排除一定干扰，还可以重新调整工件固定方式和测杆的位置与角度，再重复上述测量过程。

（3）测量前后都需注意保护测针，当把测杆转入或转出时应轻轻抬起测杆再转动，以免测针和其他位置直接硬性磕碰滑动，造成测针损伤。

7.4.5　轮廓仪测量

轮廓仪是测量工件表面形貌最具有代表性、应用最广的测量仪器。其测量步骤如下：

（1）将工件放于V形块或固定在平板的垫铁上并置于大理石平板合适的位置。

（2）启动轮廓仪并运行程序。核实屏幕提示的驱动箱和立柱大约的位置是否正确。

（3）选择合适的测头并用标准玻璃球标定。

（4）测量工件。把已经准备就绪的工件和夹具放于测头下方并注意测头移动扫描方向应与加工纹路相垂直，移动测头至测量位置，压表至“0”位附近。设置好测量参数，仪器自动完成测量任务。重复上述步骤完成其他3～5个不同部位的测量，取最大值作为测量结果。

表7.6 *Ra*的取样长度l和评定长度l_n选用值

Ra/μm	l/mm	l_n/mm
≥0.02	0.08	0.4
0.02～0.1	0.25	1.25
0.1～2.0	0.8	4
2.0～10.0	2.5	12.5

注意事项如下：

（1）当采用红宝石测头测量轮廓时应尽量避免测量铝件，当不得已使用时事后应该及时在100倍的显微镜下仔细清除吸附在红宝石测头上的铝屑残余物。

（2）若外界震动较大，可以给工作台下方减震气囊充入一定气压以减轻外界干扰。

7.5 球体类零件的精密测量方法

陀螺仪中常用的球体类零件包括轴尖、石英谐振子、静电球碗和静电铍球等。按照测量项目分为球径大小、球心位置和球面轮廓度（简称“球度”）、粗糙度。球体按照凹凸可分为球碗和外球体两种。按照球体的完整度又可分为球冠（可存在极点区域缺失）、半球和整球。

球体的测量仪器种类较多，主要有轮廓仪、高精度坐标机、干涉显微镜（两点法）、圆度仪、球径仪和测长机等。

触针式轮廓仪在测量球冠时应用较多，它利用自身Z轴的高精度采点后应用最小二乘法准确地计算小圆弧的直径，同时完成表面粗糙度的测量。

高精度坐标机在测量半球体时通过测球模块采点更为方便，尤其是测量静电陀螺球碗的球径、球心距等具有不可替代的作用。根据坐标机的精度可以测量球径的精度为0.5～1μm。

外球体球径的测量除了采用坐标机，还可以应用两点法在多个方向测量直径，来评价球体球径和球度。在测量微球时由于工件体积太小，装夹不太牢固，而导致坐标机具有测力，不太适用。此时，干涉显微镜的非接触测量优势明显，在不考虑接触损伤工件的情况下，测长机也可以达到测量要求。

圆度仪在测量球度时更为准确。其可以用圆度仪沿工件的几个互相交错、不同方向扫描球体表面。在测量静电陀螺球碗时可以取3～5个不同位置测量。

7.5.1 干涉显微镜测量

使用迈克逊干涉显微镜测量直径为0.6mm的微球头，球小轴球头的测量属于高精度测量项目，球头与宝石眼为间隙配合，间隙精度为0.003～0.005mm，以至球头直径的测量精度尤为重要。一般的测量方法为使用外径千分尺直接通过接触测量，但是接触式测量过程中极其容易对球头形成划痕，导致球头不能使用，造成废品率的提升。应用干涉显微镜进行非接触方法测量微小尺寸的球头直径是较为理想的测量方法。

1. 标准器的准备

根据测量原理，干涉显微镜的测量方式属于比对测量，若想测量一个尺寸，必须有一个与其尺寸相差很小的比对标准，一般不超过测量尺寸±3μm，所以一般根据不同尺寸的工件配有不同的测量标准，如标准器尺寸有0.59845mm、0.59107mm、0.58837mm等，根据不同尺寸端的工件使用不同的测量标准器，从而使测量更加快捷准确。

2. 干涉显微镜使用前的调节

（1）首先根据需要测量的尺寸，选择与其最接近的标准块，然后将基准块和对比块用酒精或者汽油进行清洗，清洗结束后将其擦拭干净并进行研合。研合方式为将标准块和对比块研合在基准块上，并保证三者研合之后紧密不脱落，标准块与对比块相互贴合。

（2）将研合好的拼块摆放在工作台中心位置方便后期调节，通过显微镜找到标准块，然后不断使用粗调细调工作台的高度直至目镜或屏幕中出现标准块的干涉条纹，找到条纹之后，转动工作台，使干涉条纹与显微镜中的标准刻线垂直，以便后面的测量。

（3）球小轴清洁后经过恒温，用镊子将球小轴夹取放置在对比块的平台上，使其球头接触标准块，小轴尾部架放在V形支撑架上。

3. 干涉条纹的读取

根据所用的干涉光源，干涉条纹的读取方式分为两种。

（1）白光源干涉条纹的读取（图7.3）。直接从显微镜的目镜中读取对应的条数，白光的条纹间距为3μm，这种方法直接简便，但是读取范围比较小，只适用于5条干涉带以内的测量。

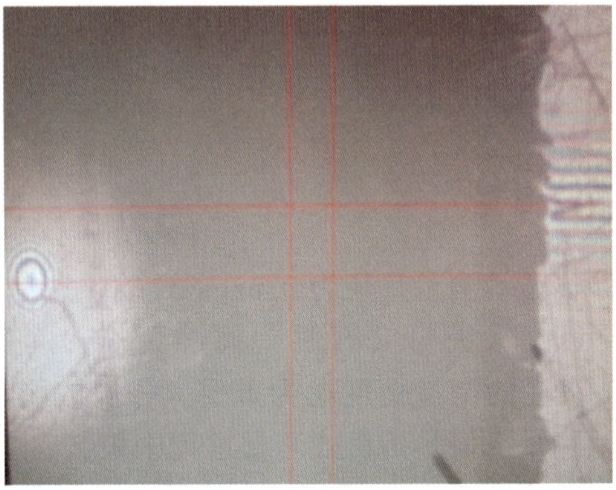

图7.3　白光条纹读取

（2）绿光源干涉条纹的读取（图7.4）。绿光条纹的读取需从显示器中读取，这种方式读取范围比较广，但是调节过程比较繁杂。首先通过白光观察，然后调节显示屏上的红色移动刻线，一条在球小轴顶点上，另一条在标准块的零次干涉带上，推进滤光片，调成绿光，在显示器上读取两条红色标记线的距离，最后读取实测数值，每两条绿光干涉带间距为半波长0.00027mm。

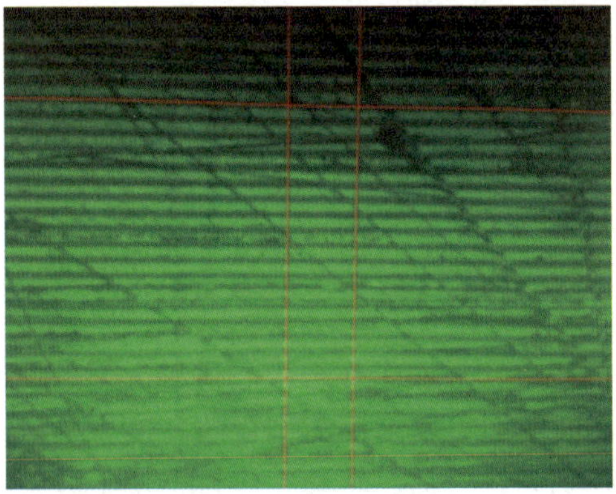

图7.4　绿光条纹读取

4. 测量结果数据处理

数据处理公式如下：

绿光：测量结果 =（实测条纹数 +1）×0.00027 + 标准块尺寸；

白光：测量结果 =（实测条纹数 +1）×0.0003 + 标准块尺寸。

7.5.2 三坐标机测量球面

7.5.2.1 测量仪器的选择

坐标法球面测量设备选用三坐标测量机。三坐标测量机尤其适用于球碗尺寸的测量。被测量球面最大外径尺寸与三坐标测量机的最小测量范围之比应不大于4∶5，被测球径公差与三坐标测量允许示值误差之比应不小于4∶1。

7.5.2.2 测量条件

1. 工件固定

（1）被测工件应处于可靠固定、无附加应力状态。

（2）当被测工件需使用工装夹具进行固定时，应符合以下要求：

①保证工件定位后处于正确的测量位置。

②夹紧力要适当且稳定，确保工件在夹具工装上的测量过程。

2. 工件固定方法

（1）自带柄球体或带工艺柄球体：使用台钳或夹盘固定。

（2）自带基准座球面：直接摆放于三坐标工作台，使用压板下压固定或使用带V形槽工装横向挤压固定。

（3）自身无辅助固定球面：通过专用工装摆放，使用高强度橡皮泥固定，固定力需大于三坐标测力。

7.5.2.3 测量方法

1. 工件摆放

被测球面的最外边缘拟合平面垂直于测针轴向方向。

2. 测量

根据球面的球径确定测量点的分布、测量点数以及测量截面数，应符合表7.7所示的要求。

表 7.7　单测头测量点的确定

测量点数 a	测量截面数 b	测量点分布	
		外半球面	内半球面
25	≥4	测量点均匀分布在球面上，分布如图 7.5 所示： (1) 在测量球的极点（探针方向所定义）一点； (2) 极点下 22.5°四点（均匀分布）； (3) 极点下 45°八点（均匀分布），相对前一组点旋转 22.5°； (4) 极点下 67.5°四点（均匀分布），相对前一组点旋转 22.5°； (5) 极点下 90°（即在赤道上）八点（均匀分布），相对于前一组点旋转 22.5°	测量点均匀分布在球面上，分布如图 7.6 所示： (1) 在测量球的极点（探针方向所定义）一点； (2) 极点上 22.5°四点（均匀分布）； (3) 极点上 45°八点（均匀分布），相对前一组点旋转 22.5°； (4) 极点上 67.5°四点（均匀分布），相对前一组点旋转 22.5°； (5) 极点上 90°（即在赤道上）八点（均匀分布），相对于前一组点旋转 22.5°

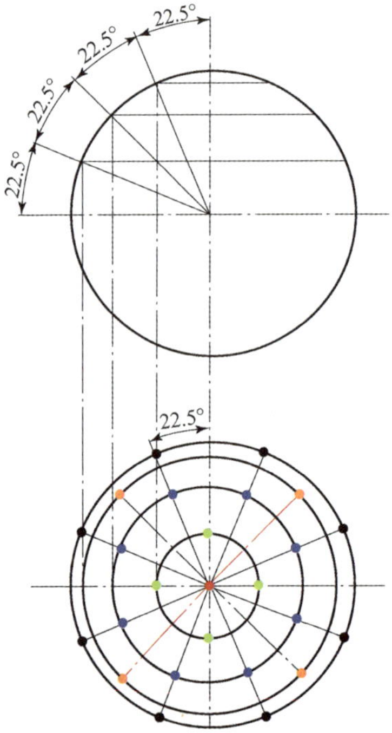

图 7.5　外半球面测量点分布

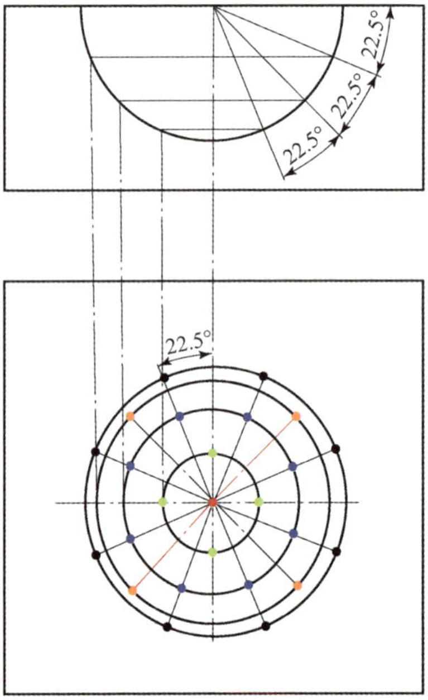

图 7.6　内半球面测量点分布

测量过程中，当最外边缘拟合平面与建议测量截面重合时，测量截面可以根据测量需求向球顶方向平移；当理论测量点位置为空时，测量点可在自身测量截面平移，确保总测量点数。

7.5.2.4　测量结果的处理

1. 拟合球

利用所测球的坐标采集点，采用最小二乘法拟合球，可获得球心坐标(x, y, z)、半径R和直径D。

2. 球径

由拟合球所确定的直径即为球径。

3. 球面形状误差

计算球上的测量点与最小二乘拟合球心的距离，其最大距离R_{max}和最小距离R_{min}之差，即为球面形状误差F：

$$F = R_{max} - R_{min} \tag{7.1}$$

7.5.3　典型球类零件的精密测量

谐振子是半球谐振陀螺仪中的关键零件，属于典型球类零件。石英谐振子的测量需求根据其外形尺寸测量主要包括中心柱形柄外径与形状、薄壁壳体的球径与面形、中心柱形柄与薄壁壳体的位置关系即壳体壁厚的均匀性等。这些关键参数都会影响半球谐振陀螺的最终性能，是必须加以测量和控制的。

石英谐振子的外形尺寸测量可以采用高精度三坐标测量机和圆度仪分别完成尺寸与形位的精度指标测量。采用三坐标测量机可以通过编制程序一次性完成伞形结构内壁尺寸与球形尺寸的测量。利用圆度仪既可以完成伞形薄壁内外球面圆度的测量，又可以完成伞形薄壁与中心柱形柄同轴度的测量。

由于谐振子质轻、易碎，在测量前的可靠装夹就显得尤为重要。过紧的夹持力极容易造成谐振子出现损伤和裂痕；过小的夹持力又可能造成装夹不可靠，在测量中由于测头触发力的影响使谐振子位置变化，影响测量精度，测量结果不可靠。故此，一个较为理想的测量方案就显得尤为重要。

通过大量测量实践证明，只有在整个测量过程中对多个测量参数加以控制，才能得到准确可靠的测量结果。

(1) 采用4爪夹持是较为理想的方式。夹持工装滑动灵活，4爪的夹持面共柱优于0.01mm。

(2) 夹持器中控制夹持器的锁紧螺钉需要固定扭矩拧紧，可以夹持测量位置对侧的中心柱形柄。

(3) 三坐标测量机选用雷尼绍TP200型高精度触发测头、低测力测针模块以及标准测针，以尽可能实现高精度、低测力的目标。

(4) 为了验证装夹的可靠性，可以先对谐振子中心柱形柄在测长仪上标定好特定位置的外径尺寸。当在三坐标测量机上测量同位置的外径尺寸小于测长机标定好的尺寸0.002mm时，需要确定是否装夹牢靠，必要时重新装夹或者检查夹持器的装夹性能。

(5) 三坐标测量机的测量运动速度和加速度要适当减小，以此尽可能减少仪器运动冲击的不良影响。圆度仪的转速也应该降低到3r/min，以此尽可能降低电感测头与工件接触测量时的线速度。

参考文献

[1] 朱正辉. 几何量计量 [M]. 北京：原子能出版社，2002.

[2] 徐昌杰，潘永强. 利用迈克尔逊干涉仪测量光学球面的曲率半径 [J]. 西安工业学院学报，2002 (1)：31－34.

[3] 徐海辉，等. 球面测量技术规范：Q/707J 167.1—2023 [S]. 中国船舶集团有限公司第七〇七研究所，2023.

第 8 章　精密装配技术

8.1　概述

根据规定的技术要求，将若干零件组装配合成部件，或将若干零件和部件组装配合成机械的过程称为装配。在现代制造业中，装配工作量占整个产品研制工作量的 20%～70%，平均为 45%，装配时间占整个制造时间的 40%～60%。产品的可装配性和装配质量直接影响着产品性能和生产效率。而在传统制造业的发展过程中，装配工艺的提升往往是滞后于加工工艺的。现如今，随着各种精密产品的出现或原有产品的升级提升，精密装配技术越来越受到重视。

精密装配技术是指装配精度达到某一量级的所有装配技术的总称。其目的是将不同尺寸结构的较高精度的零组件组合成具备较高配合精度、接触精度、位置尺寸精度、相对运动精度等特性的产品，并经过调试、检验使之成为合格的产品。随着科学技术的进步，学者不断地用最新的成果来提高装配精度，因此“精密”的概念也是随着科技的发展而不断更新的。

在精密制造领域，精密装配技术对产品性能有着至关重要的影响。相同的零部件，如果装配工艺不同，其装配后的产品性能差异有时很大；甚至如果装配质量不好，即使有高质量的零件，也会出现不合格的产品。例如，某新型高精度陀螺仪，主要零部件加工精度大都达到了精密乃至超精密水平，部分甚至超过某些先进国家加工精度，但装配后仪表的性能仍然很难得到保障。同时，在装配后工作过程中，其某些性能会出现不同程度的下降。装配过程乃至加工过程形成的微应力的释放会造成零组件的微变形，进而在长时间工作后影响产品的整体性能。因此，在某些场合中，精密装配技术不但要考虑产品的初始装配性能，还要考虑产品寿命周期内可能造成负面影响的潜在因素。

提高产品精度是机械制造领域永恒的追求目标之一，随着产品复杂化、轻量化、精密化和光机电一体化等方向发展，服役环境也越来越恶劣化和极限化，装配精度要求越来越高，精密装配技术已经成为高性能军事武器、航空航天装备、精密超精密机床、精密测试设备等产品的重要支撑技术之一。

8.2 惯性平台装配技术

8.2.1 轴系径向、轴向定位技术

回转轴系采用两端各用一对角接触球轴承，一般将一端称为固定端，另一端称为游动端。首先装配固定端，将一对轴承背靠背压入轴承衬套，用压板压紧外圈，再将衬套装入框架部件，将轴深入轴承内圈，利用轴头的细牙螺纹用螺母旋紧使轴承内圈得到固定，这样固定端轴承就装配完成。其次装配游动端，理论上可以通过计量各零件的轴向尺寸计算出游动端的轴承定位面尺寸，但由于计量存在误差，误差积累会造成尺寸链计算不准确，通常采用装配实测来减小误差。将游动端轴承衬套装入框架部件，用深度尺测量游动端轴承定位轴肩与游动端轴承衬套轴承定位面的距离，再与轴承内外圈高度差进行计算得出一个固定值，按此值打磨一个调整垫，垫在轴承衬套与轴承外圈之间，然后装入轴承，内外圈分别压紧，完成轴向定位。

8.2.2 基准标定技术

航海导航仪器在工作时要进行标定，产品调试过程中，陀螺、加速度计等惯性元件在结构内部，其定位面需要在产品结构外部反映出来，这就要求在相应结构件加工出与重要元件定位面相对应的基准面，以便调试时进行参考、计算。

通常在结构件上加工一个安装面，在该面上安装一个光学六面体，六面体的6个面的互相平行、垂直要求较高，系统安装好后，以陀螺定位面为基准，用光学自准直仪测试六面体镜面与基准面的角度，若角度过大则

对安装面进行刮研或修整，直至达到要求，然后用硅胶将光学六面体安装处封住，以免产生变形，这样就达到了通过测量光学六面体的镜面来反映重要惯性元件的安装基准面的位置精度。图 8.1 所示为光学六面体及安装示意图。

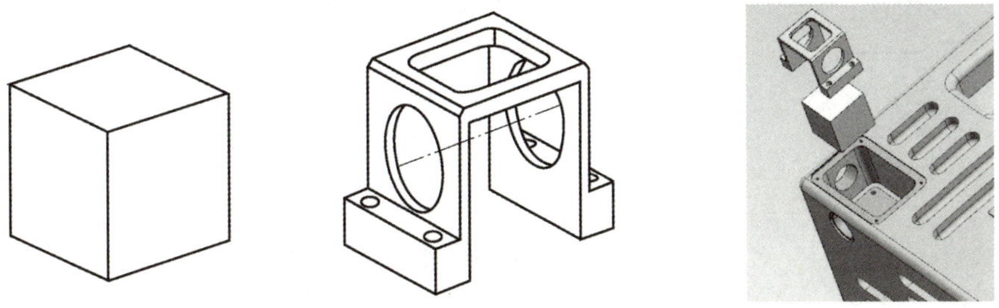

(a) 光学六面体　(b) 六面体压板　(c) 光学六面体安装示意图

图 8.1　光学六面体及安装示意图

8.2.3　轴系静平衡技术

航海导航仪器是一种自主式的导航设备，能连续、实时地提供载体位置、姿态、速度等信息。按照结构形式可分为回转类惯性导航系统和非回转类纯捷联惯性导航系统。回转类惯性导航系统又分为平台式惯性导航系统以及调制解调式捷联惯性导航系统，其中平台式惯性导航系统是通过陀螺信号控制回转框架追踪惯性坐标系或地理坐标系，控制框架回转的力矩电机电流是系统解算的重要部分，如果框架部件的质心不在回转轴线上，力矩电机的电流就会存在偏差，直接影响系统精度。调制解调式捷联惯性导航系统平台为了提高捷联式惯性导航精度，需要框架组件绕轴系以一个定速进行旋转，速度要求平稳。旋转的抖动、速度不均会对陀螺精度造成影响，进而影响导航系统精度。因此，对于回转轴系进行静平衡是惯性平台装配的重要组成部分。

平台类产品的静平衡工作均是在简易平衡架上 4 点定位或 8 点定位翻转试错完成的，如图 8.2 所示，操作者在框架部件两端轴孔内安装工艺轴，利用工艺轴把框架部件架在平衡架上翻转，由于重力作用，框架部件如有偏心则不能在任意点静止，通过在框架部件上粘贴配重，逐步调整使框架部件可以在任意角度静止不动，将配重取下，量取配重质量，按照此配重质量加工实际配重，加工完成后将其安装在框架部件上，复测仍满足在任一点静止不动，则达到静平衡，否则需对配重进行修整，直至满足静平衡要求。

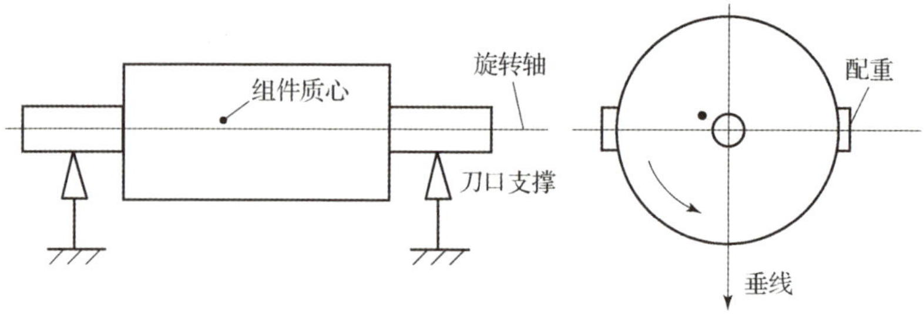

图 8.2　惯性平台轴系静平衡示意图

8.3　液浮陀螺装配技术

8.3.1　浮子组件静平衡技术

静平衡时把浮子组件完全浸泡在平衡油中，当满足液体浮力与浮子重力平衡，使浮心、质心与几何中心相重合时，浮子组件就达到了静平衡。一般平衡时必须经过以下三个步骤。

（1）调整浮力与重力平衡。

（2）调整质心与浮心在同一径向平面内，达到轴向平衡。

（3）调整质心与浮心重合于一点，达到径向平衡。

为了保证静平衡的要求，在三个相互垂直的轴线方向上，设有三对可均匀调节的平衡质量。浮液平衡时一般选用常温平衡油，即平衡油常温下的密度与陀螺仪工作时氟油的密度相一致。

浮子组件平衡时应先检测平衡油温度，温度范围必须在规定温度 ±1℃范围内，然后将浮子组件轻轻放入平衡油中。此时，应用干净的银针将浮子组件周围的气泡一一挑出，特别是螺纹孔周围处的气泡。浮液平衡可分为轴向平衡与径向平衡两种，常用的平衡顺序为径向粗平衡→轴向平衡→径向精平衡。

径向平衡时一般用到的工装为平衡支架，先将浮子装配至平衡支架上，如图 8.3 所示，然后再将二者完全浸没在平衡油中，仔细挑去浮子表面的气泡，特别是两端杯子内侧、调心螺钉孔等凹槽或内孔位置。注意，浮子需在平衡油中浸泡 5min 以上，让平衡油把浮子完全浸润，以便藏在缝隙的气泡冒出来，否则会影响平衡结果。以浮子组件上传感器杯子的 4 个肋为基准，紧挨止挡块的肋定义为 1#面，顺时针依次为 3#、5#和 7#面，每次观察径向平衡时，以该 4 个面中的一个与眼睛水平为起点；将压杆搭在浮子上，3#面为起点位置，轻轻松开压杆，若 3#面向上转动，说明 3#面轻；若 3#面向下转动，说明 3#面重；根据这个判断方法，在重的对应位置处安装调心螺钉，并且不断调整螺钉重量；径向粗平的结果是，分别以 4 个面为起点，松开压杆，浮子均从起点位置向上转动，且转动速度缓慢。

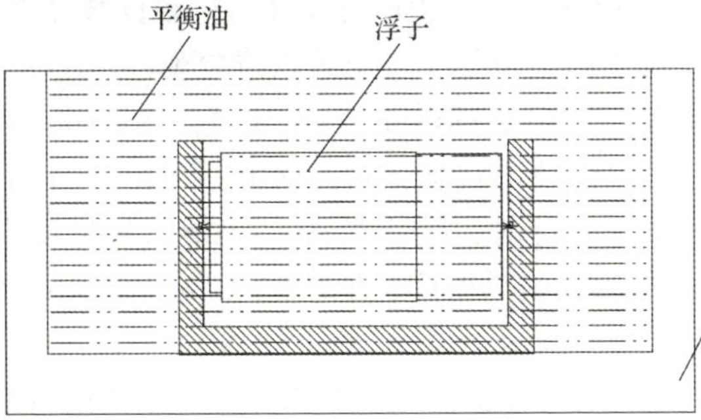

图 8.3　浮子径向平衡示意图

轴向平衡时，先将浮子组件从平衡支架上卸下来，然后将浮子组件放入平衡油中，并去除气泡。用搅拌棒辅助浮子组件水平悬浮在平衡油中，待平衡油稳定后，松开搅拌棒，观察浮子组件的运动。同时，通过温度计观察平衡油温度，实际温度必须满足（标定温度 ±1℃）以下要求。

(1) 若浮子一端上扬，说明上扬端轻。可以采取的方法是：若此时实际温度在允许范围的上限，在上扬端更换一个略重的螺母；若实际温度在下限，在下沉端更换一个略轻的螺母；若实际温度居中，则可以任意选取一种方式。

(2) 若浮子整个上浮，说明浮子总重偏轻。可以采取的方法是：若实际温度在上限，可以两边都更换更重的螺母；若实际温度居中或在下限，可以升高平衡油的实际温度。

(3) 若浮子整个下沉，说明浮子总重偏重。可以采取的方法是：若实际温度在下限，可以两边都更换更轻的螺母；若实际温度居中或在上限，可以降低平衡油的实际温度。

平衡油的降温和升温，通常用低温箱或台灯辅助实现，在这个过程中，特别注意要不断搅拌平衡油以达到温度均匀，否则会有误差。也可以用恒温箱实现温度的调整。

径向精平衡时，先将浮子组件安装在支架上，放入平衡油槽，去除气泡，浮子完全浸润。用专用压杆搭在浮子上，防止浮子转动，传感器杯子的 1#面水平；待浮子静止 30s 左右后，轻轻松开压杆，观察浮子的转动情况，通过调整调心螺钉的重量和调心螺钉在框架上的相对位置，最终达到浮子基本不转动。再次将浮子转动到1#面水平，用橡皮锤敲击台面，然后将浮子逆时针转动到3#面水平，松开压杆，浮子的3#面应该向上转动，否则称为反转，这说明3#面重；用同样的方法检验3#、5#和7#面，直至最终都不反转，且浮子转动缓慢。

将浮子组件转动到1#面水平，用压杆压住；调整读数显微镜，让镜头中心略高于浮子中心，调整镜头焦距，直至可以清楚观察浮子上的1#面；用橡皮锤敲击台面，保证浮子内电机的转子靠向7#面，然后转动浮子到3#面水平，松开压杆；在读数显微镜内观察，3#面向上移动，当3#面与显微镜内十字线相切时，按下秒表开始计时，继续观察，当3#面从目镜中消失的瞬间，再次按下秒表，记录为3#面转动时间；依次记录5#、7#和1#面的转动时间，需满足装配要求。

若出现反转或转动时间差不满足装配要求，需要重新精调径向平衡。

8.3.2 磁悬浮元件干态调整技术

高精度液浮陀螺仪一般是“三浮”陀螺仪，三浮即动压马达轴承气浮、浮子组件中性悬浮——液浮、磁悬浮。磁悬浮的作用是利用高频交流电产生的交变磁场，使浮子组件精密定中，进一步降低浮子组件球小轴与宝石轴承之间的摩擦力矩。磁悬浮类陀螺仪在总装之前应进行干调，干调即在陀螺仪未充液时进行的对中调整。干调可分为轴向对中调整与径向对中调整，干调的原理是利用RLC组成的谐振桥路电路，实现轴向、径向磁悬浮对中调整。

磁悬浮陀螺仪在干调前，应将左右支撑端盖、浮子组件、壳体组件组装在一起。组装完成后将陀螺仪水平安装在万向支架上，在进行磁悬浮干调前先进行轴向磁悬浮气隙测试。

轴向气隙测试完成后应进行轴向间隙对中调整，轴向间隙即浮子组件球小轴能够在左右端盖宝石轴承之间的移动范围。将陀螺仪调整至竖直状态，把左宝石轴承组件往上顶并观察宝石轴承进程，当轨迹信号达到最大并开始减小时停止左侧操作。把支架翻转180°，用同样的方法调整右宝石轴承组件。

最后将陀螺仪调整至与水平呈一定角度，安装千分表，轻推千分表顶杆。使浮子移动到斜上方，将千分表读数设置为0，此时球小轴与右宝石垫接触，即右侧间隙为0。用橡皮榔头轻敲基座，使浮子缓慢下移，直至移到原点，停止敲击。

径向磁悬浮对中调整前，先按左、右径向磁悬浮的电容值，调整干调设备上相应支路的电容值。把万向支座倾斜至陀螺仪水平并旋转一周，观察径向磁悬浮轨迹，使得信号中心 O 和机械位置中心 O' 在坐标中心重合。绘制出图 8.4 所示的图形，然后用同样的方法调整左端。最终，保证左右径向电容差值满足设计要求。

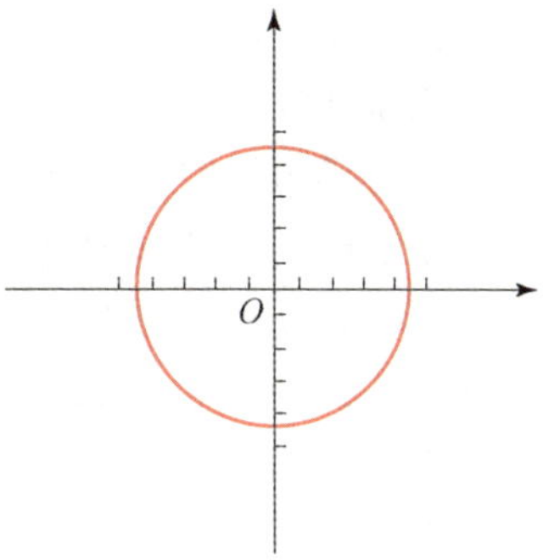

图 8.4　径向磁悬浮干调过程示意图

8.3.3　充液技术

液浮陀螺仪在总装完成后都需要将其灵敏部件——浮子所在的空间抽空，建立负压空间并充以经过真空除气的悬浮液体，这一过程称为抽气充液或真空灌油。抽气充液是液浮陀螺仪装配过程中的一个关键工序，抽气充液的质量直接影响仪表的性能、精度和成活率。

抽气充液系统的基本要求，可以通俗地归纳为“抽尽、充满、封牢、无泡”8 个字。

抽尽是指将浮子所在空间的残余气体尽量抽尽，建立负压空间。

充满是指将浮子所在空间全部充满悬浮液体（如氟油），使其没有剩余空间。

封牢是指液浮陀螺仪的密封性，无论壳体外部或是悬浮子腔内都不允许漏油或渗油，要求结构具有高真空密封性。

无泡是指在抽气充液结束后悬浮液体内没有气泡。

这里抽尽、充满和封牢都是消除气泡的过程和手段，消除气泡是最终目的。传统的抽气充液系统由抽气系统和充液装置两大部分组成。真空钟罩与底盘通过密封圈连接构成密封容器，通常称为真空室。底盘上开有抽气口，与抽气系统相接。充液装置安放在真空室内，由抽气系统对真空室抽气。

抽气系统由分子泵机组、前置机械泵和真空阀门等部件组成。真空室的真空度由安装在底盘上的真空规管测量，电离计测量系统的高真空度，热偶计测量系统的低真空度。

充液装置包括储油杯、加压装置、油路开关和待充液陀螺仪，全部安放在真空室内，陀螺仪进油管道的油路开关与储油杯相接。出油管则通过活塞组合与加压装置相接。储油杯中盛装需要充灌的悬浮液体——氟油。氟油可以预先经过真空除气处理，也可以放在真空室内进行除气。油路开关控制油路的通断和调节充油的速度。加压装置是为了减少和消除气泡而采用的压力源，当真空室接入抽气系统后，真空机组即对真空室内的所有器件和空间进行抽气，主要目的是建立浮子组件充液所需的负压空间和对氟油作除气处理。

当系统建立极限真空并保持一段时间之后，打开油路开关开始充液直至出油管中充满氟油时停止充油。关闭油路开关，通过加压装置对出油管油面加压，使油内残余的气泡排出或“溶解”，通过手柄控制的卡管机构卡断并封死进油管。切断抽气系统并使真空室接通外部气压环境，取出陀螺仪并使悬浮液体加热至一定温度后，卡断并封死出油管。当然，随着抽气充油方案和工艺的不同，抽气充液设备的设计和结构也各有差异，以上所述只是此种系统一般的、基本的工作情况。图 8.5 所示为充液过程示意图。

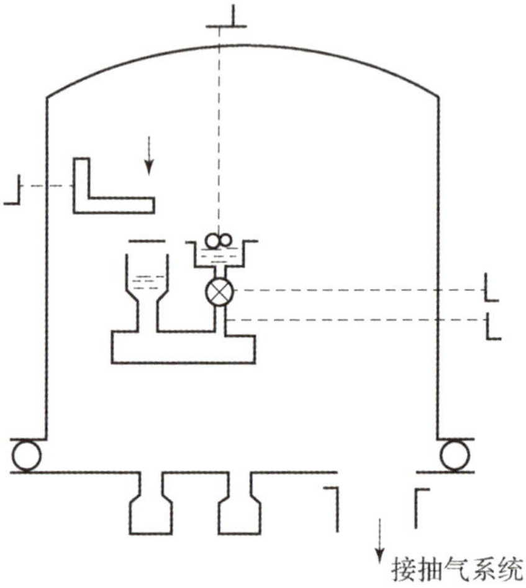

图 8.5　充液过程示意图

8.4　动压电机装配技术

8.4.1　总装及测试工艺流程

动压电机的总装可分为初装和精装两种，在多次初装、精装之间会穿插进行电机的性能测试，以筛选出合格的电机，部分电机要经历数次的初装或是精装才能合格交付。

电机初装的目的是使电机达到设计的基本要求，进行初步的转子动平衡后电机通电转子能够浮起并同步运行。测试轴承间隙、转子浮起时间、轴承滑行时间等参数后进行高温跑合，然后拆检电机，对轴承运转情况进行评估，以判断是否进行下一步的装配测试工作。一般动压电机的初装工艺流程如图 8.6 所示。

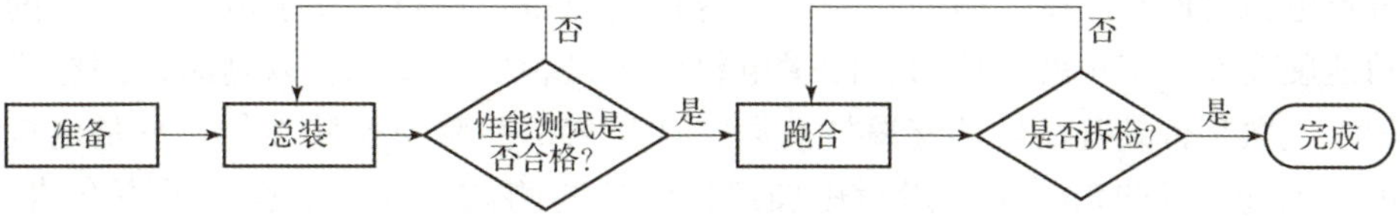

图 8.6　动压电机初装工艺流程

一般初装测试过程如下：

(1) 准备工序。按照工艺文件复测轴承零件的研磨配作精度，需满足工艺指标要求；进行严格的清洗，一般使用超声波进行粗、中、精三次清洗，每次都要更换新的清洗剂，且要保证清洗剂的洁净度，使用前要进行过滤。

(2) 初装工序。清洗完毕的电机零件应立即进行装配，装配在净化车间内进行，并配备有净化工作台。在显微镜下进一步观察电机零件，轴承材料是否有缺陷、瑕疵，并对所有零件的洁净度进行细致的检查，必要时使用洁净布或长丝棉对零件进行清理、擦拭，去除多余的污染物，保证电机零件洁净度；按顺序装入电机定子轴组件、轴承盖、拧紧螺钉、装入左右止推板并拧紧螺母；双定子永磁电机无轴承端盖，直接装入止推板、定子组件并拧紧螺母。

(3) 性能测试。首先，测量电机各项阻值及绝缘性能；其次，测量轴、径向间隙；再次，在低速下进行初步的转子动平衡，平衡精度不作严格要求，以电机同步旋转没有明显振动为原则；最后，测量轴承的浮起时间、滑行时间等，以初步评估轴承的性能。不同型号的电机，测试指标不甚相同，但测试步骤及方法大体是一致的。在测试过程中，只要有一项指标不合格，就应当对电机进行返工。大部分时候，都是由工人对轴承的间隙及形位精度进行修调，以满足设计要求。

(4) 跑合。跑合在初装性能测试后进行，其目的是使轴承进行充分的磨合，并将电机内部的污染物提前“暴露”出来，为后续的精装工作做准备。电机跑合的时间必须充分，不同型号电机因尺寸或材料的差异，跑合时间是不同的，通常来讲，跑合时间应大于50h。

(5) 拆检。电机跑合后进行拆检，检查轴承是否磨损并观察内部的污染状态，若轴承内没有污染物则转入下道工序，若轴承内有污染物则需要进行第二次跑合，直到轴承内没有污染物才可以转入下道工序。对于某些特殊要求的电机，需要至少连续两次的拆检没有污染物方可转入下道工序。

电机经过初装拆检合格后，进入精装环节。精装一般工艺要求进行两次，第一次精装的主要目的是在测量轴承间隙、转子浮起时间、轴承接触滑行时间、转子总滑行时间等参数的基础上测量轴承轴、径向气膜刚度、柔度差并进行电机耐回转测试。耐回转测试在专用的设备上进行，要求电机以一定的角速度旋转一定角度的同时，测量电机轴承是否发生接触，以判断被测电机轴承气膜是否具有良好的支撑性。第一次精装的步骤与初装类似，只是电机进行了进一步的精平衡，指标更加严格。这些测试步骤只要有一项不合格，电机就应当进行返工。所有项目测试合格的电机转下一步“试装框架”，通过配作加工不同尺寸的螺母以保证电机与框架的过盈量，从而保证电机在陀螺仪工作温度下与框架部件的热膨胀尺寸配合精度。

第二次精装是电机进浮子前的最终总装配阶段。第二次精装前使用配作来的螺母进一步研修电机轴承精度，自测轴承精度合格后，进行电机总装前的精密清洗，再进行总装。装好后交由测试人员通电复测转子浮起时间、轴承接触滑行时间、转子总滑行时间、轴承间隙、刚度等参数。然后在动平衡机进行最终的精平衡，其动平衡精度指标要求达到 G 0.4 级。所有项目测试合格的电机转下一步“进框架”，由专人将电机装配至框架部件内并将定子引出线焊接至框架焊点上。电机进框架后仍需进行测试，如转子浮起时间、轴承接触滑行时间、转子总滑行时间等参数。然后将浮子整体进行高温跑合，部分型号电机则在这之后还要进行高低温老化试验。最后将浮子封胶、充入氦气后检测电机功率，确认无异常后将充气嘴做密封处理。此时的电机与框架部件、浮筒组成浮子组件，转下一步待陀螺仪总装使用。

应当注意的是，在工艺布局上，电机总装配、清洗及测试过程都应当在无尘厂房内进行，清洗设备的放置应紧邻总装配车间，且在清洗、周转、检查、总装、测试的过程中，所有操作人员都应当穿着净化工作服并佩戴一次性口罩及净化手套。

8.4.2 总装及测试技术

1. 精密装配（研配）技术

动压电机轴承的最终精度，如轴承工作面平面度、对轴承孔的垂直度、轴承间隙、止推板的粗糙度等，都靠装配工人的手工研磨配作保证，并且其在最终的组装阶段，还要极为细致地在显微镜下对零件进行检查及清理。轴承的形状位置精度通常在亚微米级，研磨工人通过偏摆测量仪及电感表可对研磨过程中的轴肩垂直度、转子止推面的垂直度等进行监测；而转子止推面的平行度、轴承轴向间隙等数值可以通过立式光学计测量获得；一些工作面的平面度则可以利用光学平晶的干涉条纹判断出实际值。根据这些测量仪表提供的信息，工人对研磨状态加以修正，以便最终满足电机轴承精度的设计指标。也可在电机总装前设置电机轴承精度的专检环节，以保证电机零件的精度质量。

总装配由装配工人在千级实验室、百级净化工作台上进行，首先是准备好工装、工具，使用净化布擦净工作台表面。其次在显微镜下仔细观察待装配零件，如有污染物可使用无尘布擦拭干净；确认无污染物后将电机轴定子组件装入转子组合件内，按标记角度装好轴承盖并拧紧螺钉，在拧紧螺钉时需要将各螺钉拧紧力保持一致，以防止因拧紧力矩不一致导致的不均匀装配应力，建议使用力矩螺丝刀。最后使用镊子装上止推板并用工装拧紧螺母（通孔 H 形轴承无轴承盖，直接装入电机轴后装入止推板、外定子并拧紧螺母即可）。不论是研配过程还是总装过程，都需要具有经验丰富且有一定耐心的装配工人进行操作，并配备专业的、高精度的测量仪器，以保证动压电机的精度及洁净度。

2. 精密清洗技术

电机轴承零件研磨过程不可避免地会有大量研磨膏、煤油等物质进入轴承结构之中，且零件机加工过程及周转过程等环节产生的“污染物”也会有一定的残留累积至装配环节。因此，对总装配前的清洗必须极为重视。常见的清洗工艺是使用 40kHz 的超声波清洗机配合石油醚、汽油等有机溶剂对电机零件进行清洗，并在显微镜下检查清洗效果。理论上，40kHz 的超声波只能去除 2.5 ~ 3μm 的颗粒物，且石油醚、汽油等溶剂因存在安全性等问题，只能单件少量清洗，无法实现批量化。近年来，随着精密制造业及电子行业的发展，精密清洗技术也随之蓬勃发展。

精密清洗根据不同的行业和应用领域，所用的清洗剂不尽相同，其按化学属性可以分为三大类：水基清洗剂（碱性、中性、酸性、完全水溶或者是高纯水）、有机溶剂清洗剂（表面活性剂和溶剂的混合物不溶于水）、碳氢化合物清洗剂（通常以碳氢类的烷烃化合物不溶于水）。而清洗方法除了普通的 40kHz 超声波，还有着更高频率的超声波，如 80kHz、120kHz、270kHz 等，甚至是 1000kHz 的“兆声波”。而清洗设备有喷淋清洗机、喷流清洗机、气相清洗机等多种。针对动压电机的材料、结构特点及加工工艺过程可能造成的污染物质，在清洗时一般既要考虑有机污染物（包括油性污染物）的清洗，也要考虑微小颗粒物的清洗（微米级的金刚石研磨膏颗粒、微小的金属加工残留物等）。采用不同频率超声波清洗方法配合真空溶剂清洗是较好的方案，其中碳氢化合物是除油效果较好的清洗剂，但代价是清洗剂本身及清洗设备的价格比较昂贵。

3. 电机测试技术

电机转子的动平衡精度指标要求达到 G 0.4 级，需要使用精密的动平衡机来进行平衡。平衡过程包括不平衡量的测量和校正两个步骤。平衡机主要用于测量不平衡量，校正一般采用去除材料的方法，往往使用小型钻头或激光去除。材料去除部位的边缘应光滑无毛刺，并应配备同步的除尘装置，及时将切削下来的材料吸走，避免污染电机轴承。

电机轴承间隙测量时，一般采用电容或激光传感器测量转子相对位置，误差在亚微米级。不同的位置变化由专用设备上翻转相对于重力的不同方向产生，图 8.7 所示为测量径向间隙的示意图。测量轴向间隙时与上述原理一样，只不过使用不同的装卡工装将电机轴向止推面位置对向传感器探头。

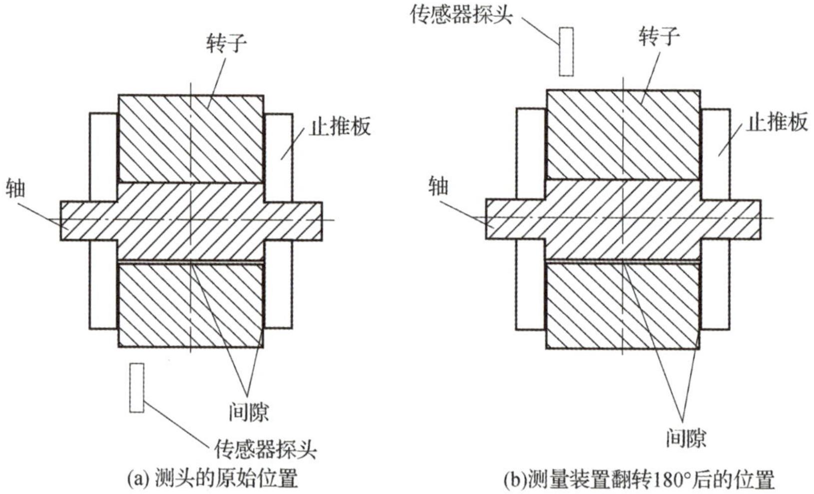

图 8.7　间隙测量示意图

除了常规的动平衡和间隙测量，还有气膜刚度测量、电机耐回转测试等，这些都要靠专门的定制设备进行测量。某些高精度陀螺仪为了筛选出高性能、高可靠性的产品，还要制订不同的电机测试方案，如电机启停性能检测、电机轴承接触滑行转速监测、电机高低温老化筛选等。这些根据陀螺仪不同使用环境所进行的不同测试环节是保证电机质量的关键。

8.5　石英摆片加速度计装配技术

石英加速度计由摆部件、磁钢部件、壳体部件等组成。摆部件在装配过程中对于力矩器的粘接应力、同轴度等具有较高要求。两侧力矩器的粘接会导致摆片电容极板产生变形，因此粘接力的大小直接决定了电容极板产生变形的大小。而粘接力的对称性则直接决定了两侧电容极板产生的变形是否一致。鉴于胶黏剂具有蠕变的特点，上述的变形会在石英加速度计整个生命周期中不断缓慢变化，严重影响其使用性能。

石英加速度计在完成表芯装配后需进行表芯固定连接，目前常用的技术手段为多段激光焊接，不同的焊接顺序会导致在加速度计连接环上产生不同的焊接残余应力。这些应力会进一步传递到摆片上，使摆片产生有害变形。为此，需要研究不同焊接顺序下的残余应力，得出较为合理的焊接顺序。

石英加速度计在整表装配完成后还应进行密封性检测，不同于液浮陀螺仪漏率检测，因为中低精度的石英加速度计在设计上无气嘴结构，不能通过充氦进行质谱检测。由于真空度会影响控制线路的阻尼，因此石英加速度计常用的检测手段为超调量检测，除了超调量检测，还可以先对石英加速度计进行压氦，然后利用氦质谱仪检测漏率。

8.5.1　摆部件装配技术

摆部件作为石英加速度计的核心元件，其装配精度直接影响加速度计 K_0、K_1 系数。目前，摆部件与力矩器之间的连接方式一般为胶结，如图 8.8 所示。目前，常用的胶黏剂一般为环氧类热固化型，胶黏剂在固化完成后会形成局部的残余应力，该应力会引起摆片电容传感器产生变形，同时也会引起摆片挠性接头产生变形，这都会影响加速度计的精度。为了降低两侧力矩器粘接产生的残余应力对摆片的有害影响，一方面严格控制胶黏剂的粘接面积、粘接厚度以及两侧粘接区域的空间一致性，另一方面胶黏剂在固化时应保持一定的预紧力。为了保证胶黏剂厚度的均匀性，应使用旋涂设备进行胶黏剂涂覆，为了保证两侧力矩器胶黏剂厚度的一致性，应使用能够精确计量、限位的工装进行保证。胶黏剂一般不建议整圈涂覆，并且胶黏剂厚度应控制在合理范围内，以某型加速度计胶黏剂为例，胶黏剂的厚度对摆片挠性接头的影响如图 8.9 所示。

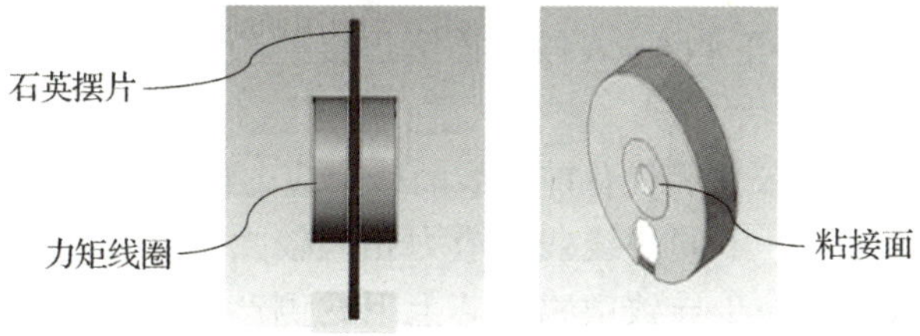

图 8.8　摆部件装配示意图

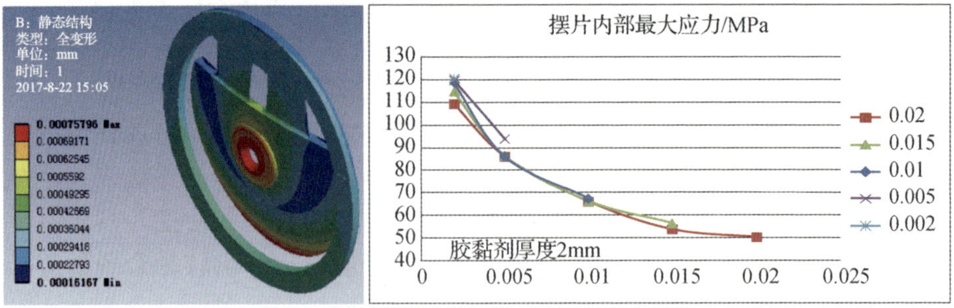

图 8.9　胶黏剂厚度对粘接应力的影响

力矩器与摆片装配的同轴度一般用 V 形铁保证，如图 8.10 所示。摆组件粘接所需的预紧力由弹簧柱塞提供，预紧力大小由压力传感器显示测量。粘接完成后，将摆部件及定位工装一起放入烘箱中进行固化处理。

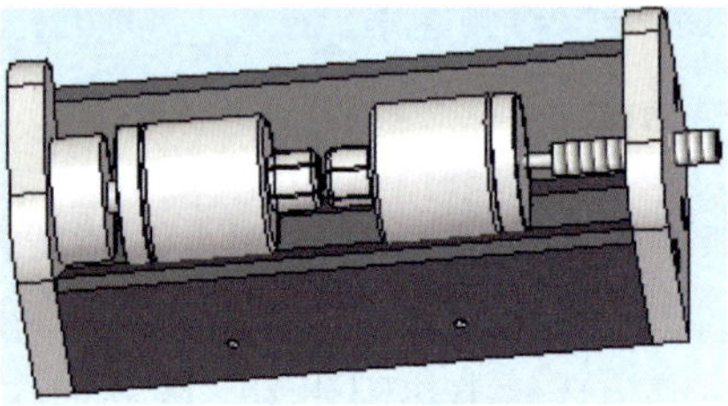

图 8.10　摆部件粘接辅助工装示意图

8.5.2　敏感表芯低应力焊接技术

加速度计敏感表芯完成装配后，一般有胶接和激光焊接两种连接方式。相比胶接，激光焊接具有连接强度更大、连接周期更短、不存在蠕变等优点，是目前表芯连接普遍应用的技术方案。

影响激光焊接残余应力的主要因素有激光功率、焊接速度、焊接顺序等。以某型加速度计焊接工艺为例，列举了不同焊接顺序下焊接残余应力的大小。该型加速度计焊线共有 6 段，如图 8.11 所示，即上下两侧各间隔 120°焊接三段。优化前的焊接顺序为上侧 1 - 2 段→下侧 1 - 2 段→上侧 3 - 4 段→下侧 3 - 4 段→上侧 5 - 6→下侧 5 - 6 段，连续焊接前预先点焊每条焊线首中尾三个位置。

利用 X 射线衍射仪检测优化前焊线的残余应力如图 8.12 所示。

由检测结果可知，不同焊线残余应力相差较大。这就导致不同焊线产生的形变量不一致，进一步导致敏感表芯上下两侧产生不对等变形，从而影响加速度计相关系数。利用相关仿真软件针对焊接顺序进行仿真分析，优化后

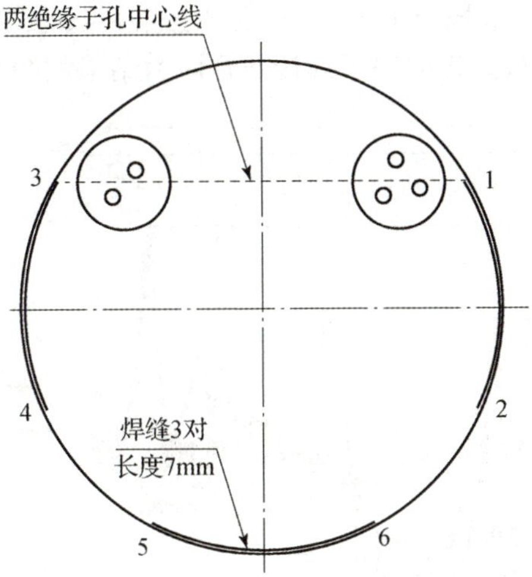

图 8.11　某型加速度计焊接线段示意图

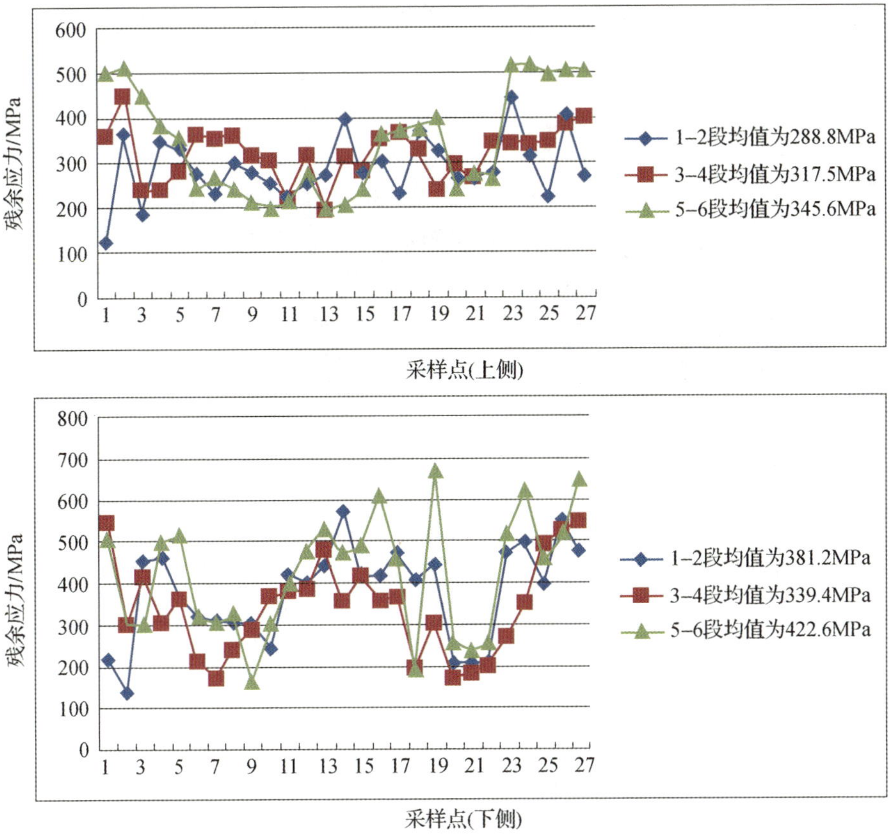

图 8.12　残余应力示意图（一）

的焊接顺序为上侧 5－6 段→下侧 5－6 段→上侧 1－2 段→下侧 1－2 段→上侧 3－4 段→下侧 3－4 段。该顺序下焊接残余应力结果如图 8.13 所示。

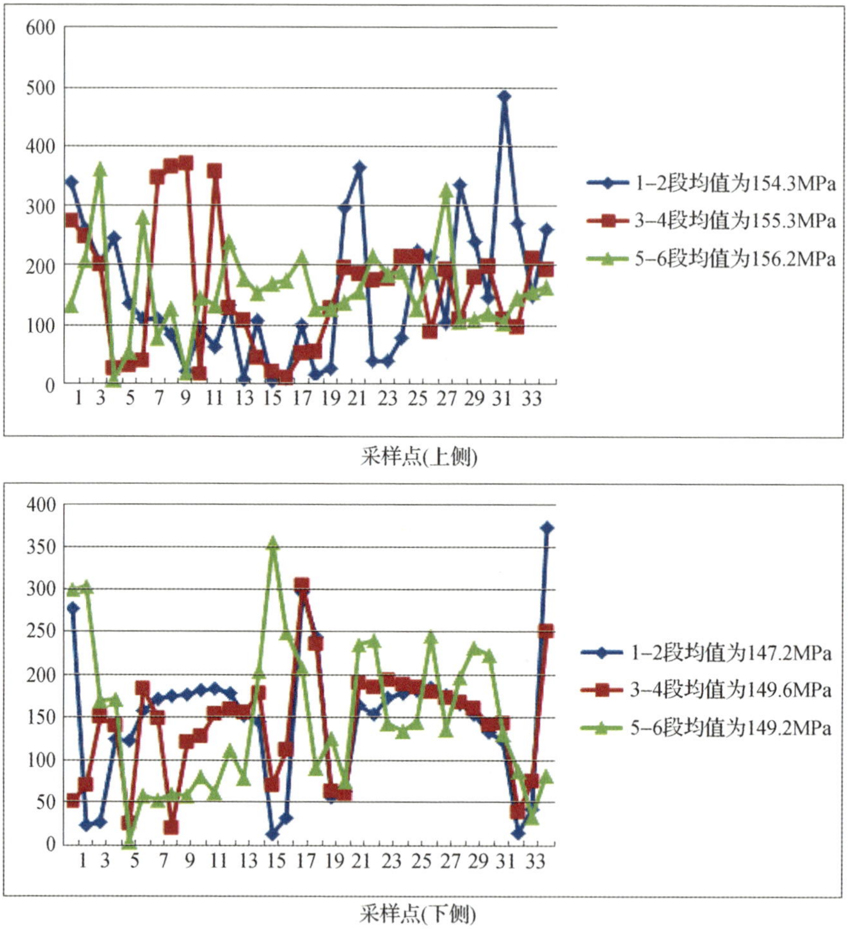

图 8.13　残余应力示意图（二）

优化后的焊接残余应力均匀性得到明显提升，并且焊接残余应力大小得到明显减小。在焊接顺序为最优的情况下，可进一步针对激光光源、焊接顺序等参数进行优化，最终形成一套完整的低应力焊接工艺参数。

8.5.3　密封与气密性检测技术

加速度计密封一般有胶黏剂连接和激光焊接两种方式。胶接及激光焊接技术成熟度均较高。胶接需要注意的是胶接过程中胶黏剂流动性需要加以控制，避免流动性太高导致胶液流入加速度计内部，激光焊接需要注意的是焊接速度不能过快以免出现漏焊的区域。

加速度计在密封连接完成后需要进行漏气率检测。常规加速度计内部充有一个大气压的空气。漏气率检测一般有两种方式：一种为压氦后利用氦质谱仪检测；另一种为阻尼超调量检测。压氦检测时首先将压氦罐真空度提升至 10Pa 以内。其次关闭抽气阀并打开充氦阀门，当压氦罐内气压为两个标准大气压左右时关闭充氦阀门，保持 2h 以上。取出加速度计并用压缩空气对表面进行吹洗，以清除表面残余的氦分子。再次将加速度计置于 80℃ 环境内烘烤 2h。最后将加速度计放入氦质谱仪内进行漏气率检测。

阻尼超调检测时，先按照图 8.14 进行接线，然后在一个大气压环境下开启信号发生器，利用示波器读取此时的超调量 σ_1。再将加速度计放置在真空罐中并抽至指定气压，重复先前步骤并读取此时的超调量 σ_2，当超调量变化量 $\Delta\sigma \leqslant \pm 5\%$ 时，判定加速度计的气密性合格。

$$\Delta\sigma = \sigma_1 - \sigma_2 \tag{8.1}$$

式中：$\Delta\sigma$ 为抽真空前后加速度计超调量变化量；σ_1 为标准大气压下加速度计的超调量；σ_2 为低气压下加速度计的超调量。

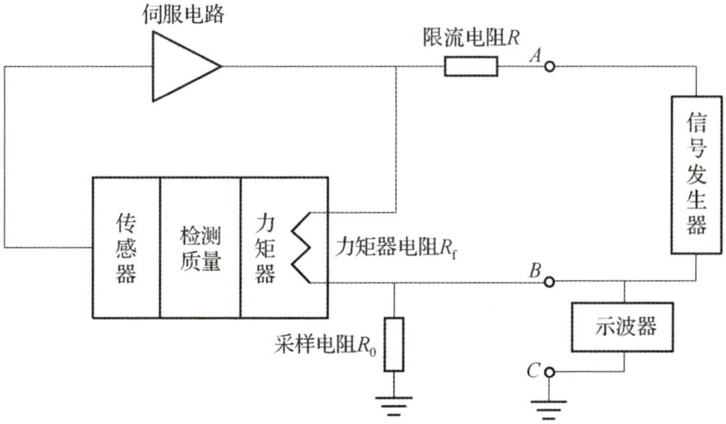

图 8.14　密封检测接线

8.6　静电陀螺仪装配技术

静电陀螺仪的核心组合件主要由转子、电极碗和真空泵组成。其中，电极碗通常采用陶瓷材质，并分为上、下电极碗两部分。上、下电极碗的装配误差是引起陀螺漂移的主要原因之一。同时，电极腔又必须严格密封以保持超高的真空状态。组合件有两种密封方式：一种采用“直接密封”结构，通过在电极碗上增加密封垫圈和紧固螺钉的方法，以达到密封要求，这种方法在保证密封可靠性的同时还要满足定位精度的要求。另一种采用“钟罩结构”，“钟罩结构”不仅电极碗采用陶瓷作基体，钟罩及底板也为陶瓷材质，可以保证主要结构件、定位件线膨胀系数的一致性，但会使陀螺结构复杂，体积增大。目前，国内静电陀螺仪研制比较成熟的结构采用“直接密封”并内置空心铍球。图 8.15 所示为静电陀螺仪结构示意图。

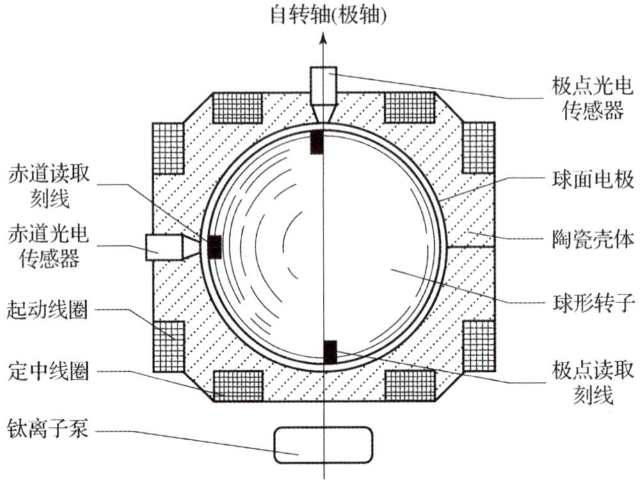

图 8.15　静电陀螺仪结构示意图

电极碗加工合格后，转子、电极碗和真空泵在装配前要经过干燥、超声波及辉光清洗等严格处理，采用铟封工艺，将上、下电极碗和中心环密封成一个内含转子的球形壳体。然后上排气台进行真空处理，抽真空大概需一个月时间，用氦质谱检漏仪检测真空是否达到指标要求。最后焊装真空泵。

安装光电传感器到组合件，将关键组合件通过安装有屏蔽罩的十字架装配在上、下框架组件上，完成支承线路板、钛泵电源板、高压控制电源板、数字信号处理（Digital Signal Processing，DSP）控制线路装配。装配、焊接密封筒，对密封筒内部充氮气，保护线路。完成外围上下电刷盘组件、旋转变压器等外围件的装配。

组件装配前，静电陀螺仪球形空心转子最终加工精度除了要满足尺寸精度、圆球度、表面粗糙度，还要求满足很高的平衡精度，即球心与质心的偏心度要控制在设计要求值以内。

球形空心铍转子的质量不平衡可分为两类：一类为静止状态下的质量不平衡，称为静态质量不平衡；另一类为工作状态下的质量不平衡，称为动态质量不平衡。球形空心铍转子平衡技术主要有两大难点：一是如何测得质心方位并确定不平衡质量的大小；二是如何去除不平衡质量。

对于球形空心转子来讲，传统的不平衡量测量方法，如轴状转子、盘状转子等方法是无法适用的。根据球形转子的结构及不平衡的力学模型，需要一种专门的不平衡量测量方法。目前，国内相关研制单位使用的测量方法为小孔静压气浮静不平衡测量系统。其测量步骤大致如下：

(1) 将转子放在测量系统的球冠形静压气浮支承上，打开氮气（或氩气）源和节流阀，用具有一定压力和一定流量的气流把转子浮起，在偏心质量的作用下该转子做往复摆动，同时记录转子的摆动周期。重复测量三次，以摆动周期最小值作为测量结果。

(2) 当在气体阻尼作用下转子停止摆动时，其质心（重心）位于转子的下方，并在转子表面上方做出标记点。

(3) 根据步骤 (1) 测得转子的摆动周期，计算转子质心偏心距。

当已知去除表面材料的厚度，可采用表面均匀去除材料的方法来去除不平衡质量。表面均匀去除材料的方法有研磨去除法和化学腐蚀去除法。四轴自动球体研磨机是目前公认的球形转子保证圆球度的最佳手段，可以使用该手段对测量后的球形转子进行研磨去除不平衡量；化学腐蚀法的关键点是确定去除材料的质量与腐蚀剂成分、配比和腐蚀时间之间的定量关系。其中，去除材料的质量多少与转子的密度、去除表面层的厚度和去除表面积的大小有关。腐蚀剂一般由氢氟酸、硝酸和水按一定的比例混合而成。

研磨法和化学腐蚀法在球形转子平衡技术中各有特点。由于铍材硬度高，研磨法去重时，若去除材料厚度较大，则去重效率较化学腐蚀去除法要低很多；研磨法研磨时需要专用设备，而化学腐蚀法所需设备要求简单；化学腐蚀法被腐蚀的转子表面与未腐蚀面间有可见的分界轮廓线，腐蚀出的转子表面没有研磨去除法研磨出的转子表面光滑。由于研磨法效率太低，且装置复杂，故现在去重时一般不采用研磨法而采用化学腐蚀法，在用化学腐蚀去重后添加修圆转子表面工序。

8.7 谐振陀螺仪装配技术

8.7.1 谐振子调平技术

旋转对称结构的谐振陀螺仪调平的目标是通过在谐振子上增加扰动量来消除 1 ~ 4 次谐波所产生的误差。对于不同类型的谐振陀螺仪，调平的指标要求也不尽相同，这是由陀螺仪最终所能达到的精度来决定的。对于金属谐振陀螺仪和微机电系统（Micro - Electro - Mechanical System，MEMS）谐振陀螺仪，其所能达到的精度为战术武器级，对该精度的谐振陀螺仪，前三次谐波对其影响可以忽略，调平主要针对 4 次谐波引起的频率裂解。

而石英半球谐振子因其材料特性极好，性能潜力极高，仅仅修调 4 次谐波不足以支撑惯性导航级精度，为此需要进行 1～3 次谐波的修调。大量专利给出了调平过程的各种工艺实现方法，但一般可分为两类：第一类是去除谐振子的单个点质量（如采用激光法）；第二类是材料表面处理法（化学腐蚀或离子刻蚀）。

相关文献表明，利用点质量去除法调平半球谐振子的过程非常复杂，主要是从技术角度来看，从每个齿上去除精确的质量是非常复杂的。在实际的半球谐振子中不平衡质量是分布在整个薄壳上的。例如，典型的一次谐波的不平衡质量产生的原因就是内、外半球的中心未重合。材料表面处理方法不是补偿式的调平，而是对谐振子的薄壁结构进行修复，是科学合理的方法。此外，采用这些方法降低了制造调平齿的必要性，极大简化了谐振子的制造工艺。

8.7.2 谐振子与基座连接技术

石英半球谐振陀螺仪装配比较复杂，涉及谐振子与电极的空间对准，重点为谐振子与电极的间隙一致性以及谐振子与电极间的连接。美国通用汽车公司在谐振陀螺仪装配时采用了铟焊技术，该方法可以确保部件间的可靠连接，但技术较为复杂。为了使铟能够良好地润湿石英玻璃表面，间隙对准后被焊接部件必须加热到 150～160℃。除此之外，熔融的铟很容易氧化，所以应在无氧或者真空的环境中进行焊接。还要指出的是，铟的熔点很低，这限制了组装后的仪表在排气时的加热温度，温度不应超过 90℃，这些要求使得排气的速度明显减慢，时间成本显著增加。

氯化银也可以使玻璃部件和金属部件牢固连接。氯化银在熔融状态是低黏稠的液体，可以很好地润湿这些玻璃和金属部件的表面，但其熔点很高，需要将被连接部件加热到 500℃，这是石英半球谐振陀螺仪设计所不能允许的。即使使用易熔的玻璃钎料和玻璃结晶胶黏剂，也必须将被连接部件加热到足够高的温度。这些玻璃钎料和玻璃结晶胶黏剂可实现玻璃部件、陶瓷部件和金属部件的密封连接，缺点是其熔点比最高工作温度低很多，为 70～100℃，大部分易熔玻璃焊料的主体是 $PbO-ZnO-B_2O_3$，在玻璃结晶胶黏剂中玻璃最初熔化，然后结晶，焊缝组织从玻璃态转变成晶体，结晶点与最高工作温度的差值非常小，为 10～20℃。玻璃结晶胶黏剂的组成有氧化物 PbO、ZnO、B_2O_3、SiO_2、Al_2O_3、CuO、BaO、Na_2O 和其他成分。结晶点因组成的差异一般为 420 ~ 570℃，玻璃钎料和玻璃结晶胶黏剂的线膨胀系数通常在 $(30\sim120)\times10^{-7}$/℃范围内，可以通过添加填料调节线膨胀系数。

石英半球谐振陀螺仪可以采用胶接法，该方法优点是成本低、工艺实现性高，缺点是会在真空中析出大量的气体，这是由于渗透到胶中的反应产物和溶解挥发成分的扩散和解吸作用，所以析出气体少是对谐振陀螺仪装配用胶的一个主要要求。此外，这种胶还应对石英玻璃和金属都有很好的附着力，且同时具有热稳定性足够好、黏度适宜、线膨胀系数低等特点。

石英半球谐振陀螺仪装配还可以采用局部加热的方式进行焊接连接，局部加热方式可采用激光加热和电磁加热。以激光加热为例，当激光脉冲能量密度达到 10^6 W/cm^2 时，就会在焊接金属材料界面上形成焊孔，从而可以利用激光束进行深熔焊接。图 8.16 所示为激光焊接示意图。

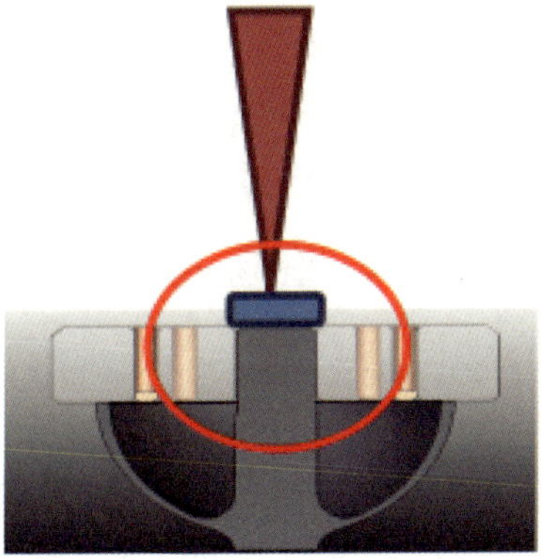

图 8.16　激光焊接示意图

激光焊接特点如下：

（1）激光束易于聚焦、可用光学仪器引导对准。可与工件保持适当距离，进而避开装配工装及其他障碍物。

（2）激光焊接可聚焦在很小的区域，可实现局部加热。

（3）不受磁场影响。

（4）可在真空下进行焊接。

8.7.3　谐振子与基座间隙测量技术

在所有采用电容传感器和控制电极的振动陀螺仪中，间隙对准是装配的一个主要任务。相关文献表明，若 4 次谐波间隙不均匀程度为 1μm，则可引起陀螺仪的速度漂移高达 1.6°/h。因此，石英半球谐振陀螺仪装配过程中主要注意的是环形电极间隙和测量回路间隙的一致性。

间隙测量的方法一般可选用电容法与物理测量法。电容法即通过同时测量谐振子外部和内部的所有传感器的电容来监控两个间隙的值。但由于每个电容传感器的电容都是皮法量级，而寄生电容又对间隙的测量精度有明显影响，因此测量过程相当复杂。此时，可采用交流电测量传感器的电容。该方法向谐振子金属镀层施加交流电，同时将电容电极接到电流－电压变换器上，该变换器的输出电压与传感器的电容成正比，这时电极本身的电位势接近于零，从而将寄生电容对测量结果的影响抑制到最小。

物理测量法可利用镜面反射检测弧面电极的间隙。此时，可选用一种高精度位置传感器，再加工金属镜面反射镜，修改电极结构，将反射镜装入电极内部，彩色共聚焦传感器的光路从电极内部经镜面反射穿过间隙射到谐振子内壁镀膜上，进而准确测量间隙数据。

相比电容检测法，利用高精度传感器直接测量间隙，测量精度可达0.15μm。

参考文献

[1] 张琳，杨涛，王佳民. 半液浮陀螺浮子的静平衡方法研究［J］. 弹箭与制导学报，2007（3）：74－76.

[2] 张彩兰. 液浮惯性元件的真空检漏和真空充液［J］. 中国惯性技术学报，1997（1）：58－60，63.

[3] 徐国栋，杨守安，张兰，等. 用于石英挠性加速度计表芯的装配装置：104384919A［P］. 2015－03－04.

[4] 张国锐，高力，王晓东，等. 脉冲激光热传导焊接技术在石英挠性加速度计组件装配连接上的应用研究［J］. 导航与控制，2016，13（3）：95－98.

[5] 潘天鹏，等. 加速度计表芯的焊接方法及焊接结构：104400236A［P］. 2015－03－11.

[6] 卢宁·鲍里斯·谢尔盖耶维奇，马特维耶夫·瓦列里·阿列克桑德洛维奇，巴萨拉布·米哈伊尔·阿列克谢耶维奇. 固体波动陀螺理论与技术［M］. 张群，齐国华，赵小明，译. 北京：国防工业出版社，2020.

[7] 赵小明，蒋效雄，魏艳勇，等. 谐振陀螺仪与系统技术［M］. 北京：国防工业出版社，2021.

9

第 9 章　新技术应用及展望

虽然精密以及超精密加工技术的发展已为航海导航仪器中精密惯性元件及惯性平台制造提供了可达到亚微米量级精度和纳米级表面粗糙度的加工手段，但由于惯性产品的不断发展和要求的多样化，使得机械加工技术的局限性变得越发突出。目前，惯性仪表质心稳定性要求控制在纳米量级，这种精度已相当于原子直径大小，此外，惯性仪表零件形状的特殊性，原材料品种的日益多样化，要求极小的应力积累等特点，必然要求加工手段的多元化，使得在惯性仪表的精加工中越来越多地引入了激光和超声等新型的特种加工技术。

9.1　激光加工技术

激光加工技术是 20 世纪 60 年代初发展起来的一门学科，具有巨大的技术潜力。经过多年发展，已成为先进制造技术中不可缺少的组成部分。激光因具有单色相、平行性和相干性三大特征而特别适用于材料加工，应用于打孔、焊接、热处理等众多领域。由于激光加工具有良好的时间、空间控制性，工件表面变形小，加工速度快，加工材料种类多等特点，非常适合自动化加工。激光加工对被加工材料的形状、尺寸、环境要求低，加工质量好、效率高和成本低，为新的加工技术开辟了广阔空间。

9.1.1　激光加工的基本原理与特点

9.1.1.1　激光加工技术的原理

激光加工主要原理是：将激光束照射到工件表面，以激光的超高能量来切除、熔化材料及改变物体表面性能。由于激光加工时工具与工件不直接接触，不会产生摩擦阻力，所以激光加工具有极快的加工速度，较小的受热影响的范围，并且不会产生噪声。

9.1.1.2　激光加工技术的特点

与常规热加工相比，采用激光对材料进行加工，具有以下优点。

（1）加工对象广泛。激光可加工各种金属和非金属材料，特别用于加工高硬度、耐热合金，以及陶瓷、宝石、石英、玻璃等硬而脆的非金属材料。

（2）加工质量好，精度高。由于激光能量密度高，加工的速度极快，工件变形小，可实现高速加工，加工效率远超其他方法。对于采用激光平衡技术的 PC 硬盘高速转子，其转子平衡精度可达微米或亚微米级。

（3）节省能源和材料消耗，热变形小，可省略二次加工。经济效益高，同时激光加工设备操作维护成本低。

（4）激光加工公害小，可在极端环境下操作。

（5）相比于传统的机械加工系统，激光加工更容易采用数字化信号进行控制。激光器经常与机器人相结合，其体积小、精度高、灵活方便，特别适合于多品种、变批量的柔性生产。

9.1.2　常用激光加工设备

制造业为了采用激光加工技术，要求激光加工设备能达到以下几点要求。

（1）能满足使用要求：能够提升产品质量或制造新产品，提高企业的竞争能力。

（2）可靠：能在工业环境下运行，24h 连续工作，一般熟练工作人员就能操作。

（3）安全：设备安全性好，使用中不会发生人身伤害或其他给企业造成损失的事故。

（4）回收投资周期短：要求设备性能好、价格合理、能耗少、占地面积小，使企业能够以较少的投资、较低的运行成本、取得较高的经济效益。

目前，激光加工技术的系统设备组成主要有激光器、与之相匹配的聚焦设备以及相关的电气设备等部分。激光器是该种技术的主要设备之一，其主要产生激光束。设备包括光源、光泵和聚光器以及谐振腔等部分。从现有的技术设备来看，一般有两种：一种是固体激光器，另一种是气体激光器。固体激光器稳定性好，但能量效率低，由于输出能量小，主要用于打孔和点焊及薄板的切割；气体激光器常用于半导体、陶瓷和有机物的高精度微细加工。

聚焦设备的功能是把激光束精确地聚焦在加工部件的位置并放大，调节焦点位置，进行观察显示的相关功能。电气设备主要有激光器电源和控制系统两部分，其作用是对激光器提供能量，并对输出方式进行控制。目前，激光加工设备使用较多的激光器主要包括光纤激光器、紫外波段激光器、飞秒激光器以及半导体激光器等。

1. 光纤激光器

近年来，光纤激光器在技术上取得了巨大的进展，与传统的固体激光器相比较，整体化的结构从根本上解决了由于内腔光学件污染、位置变化引起的故障，大大提高了可靠性；同时，光纤激光器输出激光的模式由光纤波导参数决定，而这些参数取决于光纤的折射率分布，因此输出的激光不仅光束质量好，而且稳定；加上体积小、转换效率高、光纤柔软可弯曲，便于激光传输，使得它在工业应用中对用户来说更具吸引力。

2. 紫外波段激光器

在材料加工中应用比较多的是准分子激光器和全固态UV激光器，波长有157nm、193nm、248nm、266nm、355nm等。加工机理为高能量的光子直接切断材料的化学键，实质上属于光化学反应。当高分子材料吸收UV激光后，分子键迅速断裂，使局部区域的体积迅速膨胀而将碎片“爆炸”式地抛离表面，整个过程时间极短（约20ns），因此热扩散造成的损伤极其微小。与可见光或红外激光利用聚焦到加工部位的热量来熔化、汽化材料相比较，它避免了热传导对周围材料的影响，是“冷加工”方式。另外，由于UV激光波长短，可以聚焦成更小的光斑，因此能够进行更精密的加工。采用UV激光切割硅、砷化镓等晶圆，切口宽度小于3μm，切口平直、光滑、无边缘碎片、几乎没有再铸层。自从全固态UV激光器的输出功率增加，可以满足加工需要后，由于它结构紧凑、稳定可靠、光束质量好、能够在高重复频率下运行，使得UV激光加工得到迅速发展，在基片分割、划片、电路微调、打微孔、医疗器械标记、3D微结构制造、直接微通道成型等方面的应用增长很快。

3. 飞秒激光器

采用飞秒激光器进行材料加工时，由于激光脉冲持续时间为飞秒量级，远小于材料中受激电子的能量释放时间，激光在极短的时间间隔、极小的区域内与物质相互作用，几乎没有能量扩散的影响；另外，由于飞秒激光脉冲峰值功率非常高，如脉宽50fs、能量0.2mJ的激光聚焦成20μm的光斑，可以达到1015W/em^{2}的功率密度，此时，电子受激的动力学过程已不能用传统的线性共振吸收解释，强场使电子通过隧道效应而发生电离或直接摆脱原子的束缚，与材料相互作用时，可能诱发多光子吸收、自聚焦等非线性效应。因此，加工具有非热熔性、高 3D 空间分辨率、能耗低、加工材料广泛等特征，能完成比 UV 激光更精密的加工。飞秒激光器加工技术特别适合于微细加工，能够获得长脉冲无法比拟的高精度和低损伤。

4. 半导体激光器

半导体激光器的主要优点是体积小、电光转换效率和可靠性高，主要缺点是光束质量不好。在材料加工领域，目前主要作为全固态激光器的泵浦源，但已开始把它直接用来焊接、热处理、标记，并且显示出不可比拟的优越性。国内外多家研究单位为使半导体激光系统满足制造业应用，做了较多研究工作。目前，多家公司均能生产激光加工用的高功率半导体激光系统。例如，Rofin 公司的 3kW 半导体激光器体积只有一只鞋盒大小，很容易安装在机械手上。焊接汽车车身用的 2～4kW 半导体激光器与 YAG 激光器相比，其转换效率高 10 倍，占地面积仅为 1/5，维护间隔时间长 20 倍。研究所和企业都十分重视半导体激光器在加工中的应用，如在 2002 年时，Laser Line 公司已具备了 200 台半导体激光加工系统，用于焊接和硬化。可以预言，半导体激光器将在 21 世纪内成为激光加工市场的主力。

9.1.3 激光加工工艺及在航海导航仪器制造中的应用及展望

激光加工被誉为“未来制造系统的共同加工手段”，具有广阔的应用前景。目前已成熟的激光加工技术包括激光快速成型技术、激光焊接技术、激光切割技术、激光打孔技术、激光辅助化学气相沉积技术、激光冲击强化处理技术、激光复合加工技术、飞秒激光微细加工技术等。

9.1.3.1 激光快速成型技术

激光快速成型技术是 20 世纪 80 年代发展起来的一门高新技术，目前已广泛应用于航空航天、汽车、玩具制造等行业。为促进激光快速成型技术的发展，目前很多研究人员对该技术的理论进行深入研究，同时提出了很多新的加工方法和应用系统。大连理工大学提出了一种新型激光快速成型技术——轮廓失效快速成型法。该方法的成型材料是覆膜粉末，通过高能激光束的烧蚀形成制件的轮廓，并叠加成最终零件。结合该方法，他们优化了原有设备，提高了该项技术的应用价值。为节省激光快速成型设备的加工时间、提高系统分层效率，将多线程技术、改进的自适应算法、激光快速成型机的数控代码等应用于激光快速成型加工中。

9.1.3.2　激光焊接技术

激光焊接技术由于其焊接速度快、与工件无机械接触、可焊接磁性材料等优点，在电子、国防、仪表、电池等工业领域，医疗仪器以及许多行业中均得到了广泛应用。目前，研究人员对激光焊接技术的研究主要集中在关键技术研究、提高可加工材料利用率和拓宽应用领域等方面。为有效提高激光焊接技术在热塑性塑料的效率，中国科学院宁波材料技术与工程研究所的研究人员从理论入手，利用 ANSYS 对焊缝有关温度场和应力场进行分析。理论上找出焊接参数对焊缝规律的影响，并通过实验求出最佳工艺参数，为提高该技术的有效性提供了值得借鉴的思路。大功率盘形激光焊接是当前先进的激光焊接技术之一。广东工业大学研究人员以 304 不锈钢为研究对象，对金属蒸汽和飞溅图像进行分析，通过实验证明，上述两项指标的特征参数很好地反映了大功率盘形焊接，为该方法关键技术的提升、焊接质量的实时监控提供了理论和实验依据。同时，他们以熔宽作为衡量焊接质量的标准，以支持向量对两个特征参数进行分类，进一步提高判别焊接类型的准确性。针对具体不同焊接材料，研究人员也进行了不同种类关键技术的研究，如薄板材料、铝合金材料等。同时，激光焊接新技术在大到汽车行业、农机行业，小到电嘴导线修理、钠硫电池等都有广泛应用。

9.1.3.3　激光切割技术

自 1967 年激光切割技术实现以来，该技术以其切割范围广、切割速度高、切缝窄、加工柔性好等优点而被广泛应用。

近年来，研究人员将激光切割技术应用在改变电阻片阻值、调节传感器感应距离、与拉布机结合，完成自动拉布、切割、送料功能，实现水下激光切割、数控机床加工技术等方面都取得了一定成果。同时，研究人员还研究了激光切割工艺参数对粗糙性、切缝宽度等切割质量的影响，为该技术的发展提供了保证。

目前，该技术在农机制造业、造船业、加工业等行业都有广泛应用，同时，在冲压行业未来可能会替代部分修边冲孔模具等，有利于降低整车开发成本，促进经济发展。

9.1.3.4　激光打孔技术

激光打孔技术具有高精度、通用性强、效率高、成本低等显著优点，已成为现代制造领域关键技术之一。为实现激光打孔机高质、高效、高精度的打孔要求，武汉理工大学研究人员对某种型号激光打孔机床横梁进行分析，讨论了温度对打孔精度的影响，为该类机床的横梁设计提供了一定的有效参考。为选取更有利于激光打微孔的工艺参数，长春理工大学研究人员利用有限元分析了激光打微孔过程中温度场变化的情况，得出有关参数，并通过因素无重复试验法和无相互作用的正交性试验法验证了所选参数的有效性。同时，有研究人员对激光束的脉冲宽度、空间分布等因素对打孔质量的影响也做了分析，为提高该技术的工艺性能提供了参考。近年来，该项技术的应用领域也已拓宽到烟草行业、航空航天、消费品包装行业、医疗等领域，并发挥着越来越重要的作用。

9.1.3.5 激光辅助化学气相沉积技术

激光辅助化学气相沉积是在化学气相沉积过程中引入激光，来促进或控制化学气相沉积过程的一种薄膜沉积技术。若用普通的化学气相沉积法加工，可以看到明显的膜－基界面，镀层也存在鼓泡、剥落等问题。从相关研究可以看出，在不改变原有工艺、主要设备的情况下，利用激光的表面加热功能使薄膜与基底实现合金化可以消除膜－基界面，而且激光加热可以对薄膜进行重融实现致密化，能消除针孔、微孔。

9.1.3.6 激光冲击强化处理技术

激光冲击强化处理技术，也称激光喷丸技术，通过高功率密度、短脉冲的激光辐照金属材料表面，利用受激光激发的等离子体产生的强烈冲击波，在目标工件的表层形成残余压应力，以提高目标工件的疲劳强度。

9.1.3.7 激光复合加工技术

复合加工是在多种加工方法的复合作用下，利用多种形式能量的综合作用来实现对材料（特别是难加工材料）进行加工的一种加工手段。激光辅助车削技术是应用激光将工件局部加热，以改善其车削加工性能。激光加热的优点是可加热大部分剪切面处的材料，而对刀刃或刀具前面上的切屑热影响很小，因而不会使刀具加热而降低耐用度。激光辅助切削技术目前主要应用于难加工材料的加工，如铝基复合材料、陶瓷材料等。

9.1.3.8 飞秒激光微细加工技术

近年来，在微流体器件制造、电子封装等领域对高深径比、高精度微孔加工的需求越来越多。微孔一般是指直径小于300μm的孔，在精密加工领域，尤其对微孔的尺寸及质量提出了很高的要求。传统打孔方法包括机械钻孔、电火花打孔、电子束打孔等，然而都存在一定的局限性。特别在一些特殊材料（如玻璃）上，使用传统方法加工高精度微孔显得尤为困难。与传统方法相比，使用飞秒激光进行微孔加工是一种更为高效的方法。飞秒激光则很好地克服了传统加工方法中的困难，能够适应不同材料并能在相对普通环境下进行高精度微孔加工，特别是对直径 30μm 以下的微孔，飞秒激光是最适合的加工手段。如今，飞秒激光微孔加工已在我国航空航天、汽车、医疗等领域得到重要应用，使得一些关键零部件加工制造的技术瓶颈得到突破。飞秒激光作为超快激光的典型代表，具有普通激光不具备的优势。飞秒激光具有极短的脉冲宽度、极高的峰值能量，加工过程中表现出强烈的非线性效应。由于飞秒激光的脉冲宽度小于多数物理化学过程的特征时间，因此加工时热影响区极小，加工质量大大提高。飞秒激光能够聚焦到透明介质内部，可以实现三维空间内几乎任意形状的加工，为高深径比微孔通道的加工提供了可能。飞秒激光的加工过程主要表现为对材料的烧蚀，因此激光光斑的能量密度必须超过材料的损伤阈值。若根据飞秒激光高斯光斑特性，通过控制峰值能量，进而控制加工区域，则可实现微米尺度内孔的精加工。

9.1.3.9　激光加工在航海导航仪器中的应用及展望

目前，部分激光加工技术在航海导航仪器中成熟应用，如激光刻蚀（零件表面打标）、激光切割（原材料下料）、激光焊接（石英加速度计腰带焊接）等，在航海导航仪器制造中发挥了重要作用。但是，激光打孔加工、激光复合加工以及飞秒激光微细加工等在航海导航仪器制造中相对于其他工艺有着其更具优势的应用前景。例如，激光打孔加工可完成常规机械加工无法实现的微小孔系精密加工，加工精度可以满足导航仪器使用需求。激光车削复合加工技术等激光复合加工技术可以应用于石英玻璃半球谐振子或工程陶瓷类零件的高效精密加工中，在保证加工质量的前提下可以大幅提升加工效率。飞秒激光微细加工则可以应用到石英玻璃半球谐振子的精密调平中，较传统方法可有效提升调平精度及稳定性。

9.2　超声加工技术

随着汽车、航空航天、工程机械等行业的高速发展，对高硬度零件的需求正日益旺盛，由此也促进了陶瓷、复合材料、硅、石英、铁氧体、宝石、玻璃和硬质合金等材料的使用。由于这些材料均具有高硬度、易脆性，以及零件形状复杂，使用传统的加工方式加工相当困难，而采用电火花加工和电化学加工却只能加工金属导电材料，不易加工不导电的非金属材料。然而，超声加工不仅能加工脆硬金属材料，而且更适合于加工玻璃、陶瓷、半导体等不导电的非金属脆硬材料。近年来，超声加工在超声加工装置、微细超声加工、拉丝模及型腔模具抛光、超声振动切削、难加工材料加工、声复合加工、旋转超声加工等领域有着较广泛的应用研究，解决了许多关键性的问题，取得了良好的效果。

9.2.1 超声加工的基本原理与特点

9.2.1.1 超声加工基本原理

关于超声振动切削机理，主要理论及观点有刀具与工件间摩擦因数降低理论、剪切角增大理论、加工系统刚性化理论、应力和能量集中观点、净切削时间缩短观点、切削速度变化效应观点。其核心原理为基于附加超声振动实现刀具－工件高频断续切削，将普通切削中连续切削过程细分为高频脉冲切削过程。超声振动切削机理与传统切削机理最大不同之处在于断续切削。断续切削是指超声振动辅助切削过程中，刀具前刀面与工件之间以超声频率循环进行接触－分离－接触，从而实现刀具对工件材料微量去除的过程。

超声辅助切削加工时，超声振动可施加于刀具/砂轮上，也可施加于工件上。按照振动维数，超声振动可以分为一维振动及二维振动两种。一维振动即超声振动系统只沿一个方向产生振动，振动方向平行或者垂直于加工表面；二维振动是指超声振动系统沿两个方向同时产生振动，也称为椭圆振动。不同的振动维数、振动方向与加工表面的相对位置关系条件下，超声辅助加工机理各有差异。20 世纪 60 年代，日本学者隈部淳一郎对超声辅助磨削进行了研究，首先提出了超声辅助磨削表面微细沟槽自成机理。他认为，在振动方向平行于加工表面（轴向振动）的加工过程中，在一定的振幅 A 下，每颗磨粒的运动轨迹与附近磨粒的运动轨迹之间出现轨迹重叠，使得切屑被截短、体积变小，最终使得加工表面质量得以改善、磨削力减小。而在振动方向垂直于加工表面时，诸多研究表明，材料去除过程源于磨粒对材料的锤击及正常磨削的复合作用。切向振动时，振动方向同样近似平行于加工表面，此时超声辅助磨削的特征在于断续磨削。而二维振动时，超声辅助磨削机理一般为两种一维振动分量对应的加工机理的复合作用。

一维超声辅助超精密切削在难加工材料的精密加工方面具有一定优势，但用于高精度切削难加工材料时难以保证加工质量和精度。在一维超声辅助切削的基础上，日本学者 Shamoto 和 Moriwaki 提出了二维超声辅助切削（椭圆振动切削）技术，并成功应用于难加工材料的精密及超精密加工。

N. Suzuki 等通过椭圆振动切削实现了淬硬钢的超精密金刚石切削，同时实现了玻璃、烧结碳化钨等脆性材料的超精密延性域切削。日本的 Shamoto 等实现了二维超声辅助切削淬硬钢的超精密金刚石切削，降低了刀具的快速磨损及工件材料的粘接，获得了 $Ry = 25 \sim 30$nm 的表面。N. Suzuki 等利用超声椭圆振动刨削方法进行硬化钢的超精密显微机械加工，获得了 122mm × 91mm 内的淬火工具钢表面粗糙度 $Ry < 0.04\mu$m。韩国釜山国立大学的 Jun - Seok Lee 和大邱天主大学的 Gi Dae Kim 等通过二维超声振动切削加工玻璃和平面光波电路，用显微照片测量法测量刮削后的沟槽尺寸，得出二维振动切削的切屑长度小于其他切削方法所得，且沟槽形状更好的结论。在碳化钨超硬合金的精密加工方面，新加坡国立大学的 K. Liu 等采用 CBN（立方氮化硼）刀具对碳化钨硬质合金的脆延转变特性进行研究，得到碳化钨延性切屑并获得临界切削厚度；新加坡国立大学的 Nath 采用 PCD 刀具对碳化钨材料进行二维超声振动超精密切削，得出了二维超声振动切削在切削力、刀具磨损及表面粗糙度等方面均优于传统切削方法的结论，并获得了 36nm 表面粗糙度和最优切削深度；日本的 Suzuki 采用二维超声振动切削方法实现了钨合金光学透镜模具的精密加工，表面粗糙度 $Rz < 100$nm。

9.2.1.2　超声加工特点

1. 提高加工精度和降低加工力

将超声能量通过声学系统施加于工具，使其按一定的频率和振幅做圆周方向的扭转振动，形成脉冲力作用的分离型振动切削，消除了普通切削过程中的弹性挤压振动，使切削过程变为有规律的脉冲状断续切削，切削力可降为普通切削的 1/3 ~ 1/10，降低了切削温度，增加了系统刚度。工件做超声振动时，由于等效硬度特性，高频振动导致的内应力对工件的硬度产生影响，使磨削力比降低为 2 ~ 3，磨削力比随磨削深度、磨削速度及工件速度的变化不明显，工作力变化不大而能得到良好的加工稳定性和加工精度。

超声珩磨通过对普通珩磨中不断旋转并上下往复运动的珩磨头施加超声频的振动来实现，由于附加了高频率的振动，使珩磨头上油石条的微磨粒运动规律发生了变化，形成了脉冲切削，因此在相同的切削深度下，动态力是静力的 1/5，大大降低了工作力，同时工作力的减少使加工温度也相继降低，从而提高了工件的表面质量和工件的强度。超声振动拉丝与普通的拉丝相比，在超声振幅达到一定值后，拉拔力也明显降低。

2. 提高加工效率

在传统的加工基础上加入超声振动系统会提高加工效率，能得到很好的加工效果。德国、美国、英国和日本等国家在超声加工技术研究方面具有先进水平，其中德国的DMG公司的ULTRSONIC系列超声加工机床已经能加工工业陶瓷、光学玻璃、硬质合金和优质钢等硬脆或难加工的材料，加工效率远高于传统数控加工机床。旋转超声加工利用金刚石刀具的旋转运动及轴向高频振动，能够方便完成传统加工工艺上难切削材料的机加工，并能够得到表面粗糙度低的表面质量。

国内学者针对铣削和磨削加工材料去除率和去除机理也进行了研究，大连理工大学学者分析了工具的高频振动、旋转及机床进给三种运动综合作用下超声铣削加工的材料去除机理，基于压痕断裂理论，建立了超声铣削加工材料去除率理论模型。上海交通大学学者基于压痕断裂力学理论，在工件横向施振超声振动平面磨削单颗磨粒受力分析基础上，建立了材料去除率综合数学模型，结果表明，在同样磨削条件下，超声振动磨削陶瓷的材料去除率是普通磨削的1.7~3.2倍。

在保证加工精度的前提下，增大切削深度可提高加工效率。脆性材料的超精密切削加工，切削深度小于临界切削深度，延性模式为塑性模式，可实现脆性材料的塑性切削。上海交通大学学者通过理论和实验证实了超声振动金刚石刀具切削脆性材料沟槽时能增大临界切削深度。分析得出，这是由于超声直线针对刀具前刀面与切屑之间的分离特性和超声椭圆振动刀具前刀面与切屑之间的摩擦力方向反转特性导致的，与没有施加超声振动相比，使用超声直线振动金刚石刀具和超声椭圆振动金刚石刀具切削脆性材料时临界切削深度分别增大了8.5倍和16倍。

3. 增大传统工艺方法加工范围

过去传统的机械加工方法只能对普通的材料进行加工，但随着社会的进步，对产品质量的要求越来越高，所以，加工使用的材料范围不断扩大。

当今世界，超硬材料除了已知最硬物质金刚石，还有硬度较高的立方氮化硼、碳化硼，它们除了硬度高，脆性也大，如使用磨料冲击超声加工就能轻松地克服以往传统工艺的加工局限，达到加工要求。例如，将磨料冲击超声加工技术运用到金刚石拉丝模加工工艺的几个重要工序中。超声技术可以去除前道工序的加工痕迹，准确调整模具尺寸至下一道工序预留加工量；并可有效降低金刚石模具的表面粗糙度，逐步去除所留加工余量至金刚石模具成品尺寸，还大大提高了工作效率。除了超硬材料的加工，还有许多应用在国防、航空及一些先进设备上的耐热、耐腐蚀、高比强和高温/常温力学性能良好的合金钢、冷硬铸铁、工程陶瓷等难加工材料，用传统的加工方法，可加工性只有普通材料的40%左右，而且刀具损耗非常大，切削用量非常小，有的材料甚至无法正常切削加工。大量试验表明，通过引入超声加工技术，情况能够大大改善。

9.2.2　常用超声加工设备

超声加工具有很强的工艺优势，其加工稳定且生产效率高，能很好地解决难加工材料、非金属材料和表面质量要求高的零件加工问题。超声加工设备通常由机床本体、电控系统、切削液和超声振动系统组成。超声振动系统作为超声加工设备的核心，主要由超声波发生器、主轴、换能器、变幅杆和刀具等组成。超声振动系统的组成如图9.1所示。

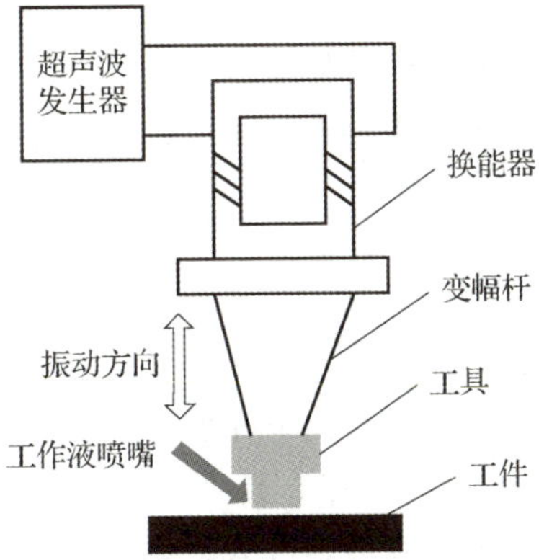

图9.1　超声振动系统组成示意图

超声波发生器又称超声波驱动电源，是超声系统的重要组成部分，它的作用是将220V、50Hz的电信号转换成与超声波换能器相匹配的高频交流电信号。超声波发生器一般具有频率微调功能，在不同的工况条件下略微调整即可使换能器工作始终处于最佳状态下，换能效率达到最大。超声波发生器还有功率调节的功能，输出功率可实现10%~100%的连续调整，以适应各种加工对象的要求。超声波发生器工作时，首先产生超声频电信号，通过电刷传输至超声振动系统进行能量转换，超声换能器接收来自电刷传输的信号将电能转换成机械能，再经超声变幅杆将机械振动进行放大达到加工要求，然后将放大后的振幅作用到工具头上，使工具头端面做高频小振幅振动完成加工。

超声换能器是超声加工的核心部分，它将超声振动传输给加工工具，将电磁能转化为机械能，通常由压电陶瓷或磁致伸缩材料制成。目前，超声波加工设备中应用最广泛的是夹心式压电换能器，由前盖板、后盖板、压电陶瓷片和电极片等组成。超声换能器在两个金属块之间夹持压电材料，通过螺杆施加一定的预紧力来保证压电材料在工作过程中不会因受到较大的张力而损坏，从而实现换能器将电信号转换为高频振动，保证其在低频超声端工作，满足超声复合电解加工的需求。

超声变幅杆又称超声变速杆，是超声振动系统的重要组成部分之一。超声加工时，辐射面所产生的振动幅度非常小，无法满足超声加工形成的必要条件。因此，只有在换能器的端面连接超声变幅杆，才能将机械振动振幅放大，使工具振幅面的振幅达到几十到几百微米。超声变幅杆有两个作用：一是聚能作用，即将机械振动的质点位移或速度放大，使超声能量集中在较小的面积上；二是作为机械阻抗变换器，在换能器和声负载之间进行阻抗匹配，使超声能量更有效地从换能器向负载传输。

超声加工一般与传统加工方法结合使用，常见的加工设备有超声针对车床、超声振动铣床、超声振动磨床等。

9.2.3 超声加工工艺及在航海导航仪器制造中的应用及展望

9.2.3.1 深小孔加工

众所周知，在相同的要求及加工条件下，加工孔比加工轴要复杂得多。一般来说，孔加工工具的长度总是大于孔的直径，在切削力的作用下易产生变形，从而影响加工质量和加工效率。特别是对难加工材料的深孔钻削来说，会出现很多问题。例如，切削液很难进入切削区，造成切削温度高：刀刃磨损快，产生积屑瘤，使排屑困难，切削力增大等。其结果是加工效率、精度降低，表面粗糙度值增加，工具寿命短。如果采用超声加工则可有效解决上述问题。

英国申请了电火花超声复合穿孔的专利，该装置主要用于加工在导电基上有非导电层的零件，如在金属基上涂有压电陶瓷层的零件。整个加工过程分两个阶段进行：首先用超声振动将非导电层去除掉，当传感器感知金属层出现时，即改用电加工或电火花与超声复合的方法进行加工。该装置有效地解决了具有导电层和非导电层零件孔的加工问题。哈尔滨工业大学研究了钛合金深小孔的超声电火花复合加工。该工艺将超声振动引入精密电火花加工中，通过研究超声振动对电火花精加工过程的影响，开发出了一种将超声和电火花结合在一起的新型 4 轴电火花加工装置。实验研究表明，应用该装置可以在钛合金上加工出 $\Phi<0.2$mm 且深径比大于 15 的深小孔。

9.2.3.2 拉丝模及型腔模具研磨抛光

聚晶金刚石拉丝模超声研磨抛光技术在国内外已获得广泛应用，新的超声研磨抛光方法和设备已出现。北京市电加工研究所提出的“超硬工具材料电火花超声波复合抛光方法”，其特点是：采用超声频信号调制高频电火花脉冲电源与超声加工复合进行聚晶金刚石拉丝模研磨抛光。该技术已获得国家专利，并在生产中获得应用。日本研制的 UMA-1 型数控超声研磨机，其研磨时间在 1~999s 范围内可任意设定：①频率自动跟踪，研磨钢针夹持可靠，发热少；②钢针磨耗能自动修整，钢针以固定速度进给，具有研磨时间短、精度高的优点。哈尔滨工业大学针对目前模具光整加工难以实现高精度、高效率加工的实际问题，将电解加工、机械研磨及超声加工相复合，提出了一种新型的光整加工方法——电化学超精密研磨技术，开发研制了一种数控展成超精密光整加工的新工艺及设备。通过对模具型腔高效镜面加工的实验，表明选配适当工艺参数进行光整加工，可以获得表面粗糙度为 $Ra = 0.025\mu m$ 的镜面，效率较普通研磨提高 10 倍以上，较电解研磨提高 1 倍以上。

9.2.3.3 难加工材料的超声加工

金属和非金属硬脆材料的使用越来越广泛，尤其是陶瓷材料，具有高硬度、耐磨损、耐高温、化学稳定性好、不易氧化、腐蚀等优点。然而，由于工程陶瓷等难加工材料具有极高的硬度和脆性，其成形加工十分困难，特别是成形孔的加工尤为困难，严重阻碍了其应用推广。因此，国内外许多学者展开了对难加工材料加工方法的研究，其中以超声加工较多。英国阿伯丁大学国王学院研究了超声钻削难加工材料时工艺参数对材料去除率的影响，建立了间断性冲击过程的非线性模型，对冲击力的特性进行了研究，提出了一种新的材料去除率的计算方法，这种方法首次解释了材料去除率在较高的静态力作用下减小的原因。山东大学研究开发了工程陶瓷小孔的超声振动脉冲放电加工技术，工具电极的超声振动引起脉冲放电，从而代替了传统电火花加工的专用脉冲发生器。另外，工具电极的超声振动还可以起到清洗缝隙的作用，并采用该技术对陶瓷刀具材料表面定位方孔进行加工，研究了其加工机理和加工参数对不同陶瓷材料加工效率、加工表面粗糙度的影响规律。结果表明，该复合加工技术有效地结合了超声加工和放电加工的特点，能高效、高质量地加工陶瓷材料。

9.2.3.4 超声振动切削

超声振动切削作为新兴的特种加工技术，引起了国内外专家学者的广泛兴趣和极大关注。最早对振动切削进行比较系统的研究、可以称为振动切削理论与应用技术奠基人的是日本学者隈部淳一郎。俄罗斯科学院和英国拉夫堡大学对超声振动切削的非线性过程进行了深入研究，利用流变模型对超声振动切削实验结果进行了理论解释。通过对超声切削的动力学研究，得到了振动工具的非线性振幅特性曲线，并讨论了超声振动切削的优越性及其应用领域。我国对振动切削的研究起步稍晚。自广西大学、南京电影机械厂和南京刃具厂联合开发了我国第一台“CZQ－250A 型超声波振动切削系统”之后，许多大专院校、科研院所和工厂都开展了对振动切削的研究，取得了很多重要成果。研究内容从振动切削实验到实际工艺应用，从振动切削实验系统设计到对振动切削机理，范围较广泛，内容较深入。

9.2.3.5 超声复合加工

将超声加工与其他加工工艺组合起来的加工模式，称为超声复合加工。超声复合加工强化了原加工过程，使加工的速度明显提高，加工质量也得到不同程度的改善，实现了低耗高效的目标。罗马尼亚的学者对工具电极在振动力作用下的电火花加工进行了研究，建立了电极在外力振动情形下的数学模型，该外力来源于放电区的汽化和空化作用所形成的放电间隙中压力波的变动，通过这种振动提高了材料的去除率及加工过程的稳定性，该研究直接预示超声－电火花复合加工必将改善电火花加工（Electrical Discharge Machining，EDM）的加工性能。南京航空航天大学进行了工件激振式超声复合电火花微细孔加工的研究，它跟以往的超声电火花复合加工的不同之处在于，通过工件的微幅激振改善微细电火花加工工作液的循环，进而提高微细电火花加工的脉冲利用率和微细孔加工的深径比。研究结果表明，工件越薄，排屑越有利，加工速度提高得越快。研究者认为，这主要由于工件激励后加工间隙内工作液中压力波剧变的冲击和扰动作用，有助于改善电火花微细加工的排屑条件，提高放电脉冲的利用率，使加工速度及微细孔电火花加工的深径比得到提高。

9.2.3.6 超声加工在航海导航仪器中的应用及展望

目前，部分超声加工技术已在航海导航仪器中得到应用，尤其是超声复合加工技术对于硬脆材料的高效加工起到了重要作用。例如，旋转超声铣加工技术已应用于加速度计氧化铝陶瓷骨架及陀螺仪动圈骨架的加工中，加工效率较传统磨削技术提升 30% 以上。超声复合加工技术也已应用于航海导航仪器中硬脆材料零件微小孔的高效加工中，利用超声振动有效减小了加工应力，实现了利用细长小直径刀具加工硬脆材料零件深孔，孔的表面粗糙度及圆柱度等形位精度均能满足使用要求。上述超声加工技术结合材料特性可通过优化工艺参数进一步提升硬脆材料的加工质量及效率，进而满足航海导航仪器制造技术对于更高精度及更高效率的需求。除此之外，拉丝模及型腔模具超声研磨抛光技术在航海导航仪器制造中也有一定的应用前景，结合现有产品抛光特点及超声研磨抛光技术优点对现有研磨抛光技术进行优化，可以解决目前部分产品研磨抛光效率低下的问题。

参考文献

[1] 刘晓婉．激光加工技术的研究发展现状 [J]．中国新技术新产品，2016 (18)：54－55.

[2] 宋威廉．激光加工技术的发展 [J]．激光与红外，2006 (B09)：755－758.

[3] 邱星武．激光技术在材料加工领域的发展及应用 [J]．稀有金属与硬质合金，2010 (1)：60－63.

[4] 席大鹏，廖敏．激光加工技术应用与发展 [J]．装备制造技术，2013 (4)：233－234.

[5] 刘敬明，曹凤国．激光复合加工技术的应用及发展趋势 [J]．电加工与模具，2006 (4)：5－9.

[6] 孟永刚．激光加工技术 [M]．北京：国防工业出版社，2008.

[7] 张德远，刘逸航，耿大喜，等．超声加工技术的研究进展 [J]．电加工与模具，2019 (5)：1－10，19.

[8] 张能，魏昕，谢小柱，等．超声加工技术的研究进展及其发展趋势 [J]．机械设计与制造，2018 (4)：266－268，272.

[9] 曹凤国．超声加工技术 [M]．北京：化学工业出版社，2005.

[10] 黄飞，魏昕，邹建军，等．硬脆材料超声加工技术的研究 [J]．机械工程与自动化，2017 (5)：214－216.

[11] 万宏强，韩佩瑛，葛帅，等．工件表面超声振动抛光方法发展概况 [J]．金刚石与磨料磨具工程，2018 (2)：94－100.

[12] 赵波．超声加工技术的研究现状和发展方向简介 [J]．金刚石与磨料磨具工程，2020 (1)：1－4.